So oder so ist das Leben

Brigitte Horney
So oder so ist das Leben

Aufgezeichnet von
Gerd Høst Heyerdahl

Scherz

Gewidmet
Brigitte Horneys Patenkindern
und meinen Söhnen
Ketil und Halvor Heyerdahl

Erste Auflage 1992
Copyright © 1992 by Gerd Høst Heyerdahl
Copyright © der deutschen Ausgabe 1992 by Scherz
Verlag, Bern, München, Wien. Alle Rechte vorbehalten,
auch die der Verbreitung durch Funk, Fernsehen,
fotomechanische Wiedergabe, Tonträger jeder Art,
Übersetzung und auszugsweisen Nachdruck.
Die Verwendung der Liedzeile «So oder
so ist das Leben» erfolgte mit Genehmigung
der Ufaton Verlagsgesellschaft mbH.
Musik: Theo Mackeben
Text: Hans Fritz Beckmann
© 1934 by Ufaton Verlags-
gesellschaft mbH, Berlin – München.
Schutzumschlag von Manfred Waller.

Inhalt

Vorwort	7
Sonni Brigitte	9
Kindheit in Berlin	11
Schauspielerin will ich werden!	22
Theaterjahre in Berlin	31
Auf dem Weg zum UFA-Star	40
Der große Durchbruch	44
Blutsbrüder	49
Venedig und «Der grüne Domino»	55
Zwischenspiel in London	58
Zurück in Berlin	66
Ein kurzes Glück	75
Wieder unter Afrikas Sonne	79
Der Krieg rückt näher	86
Begegnung mit Fischi Mischi	90
Eine lebenslange Freundschaft beginnt	96
Heirat mit Kostja	103
Joachim Gottschalk	109
Davos	115
Abschied von Berlin	119
Neubeginn in Zürich	134
Theater, Theater, Theater!	161

Besuch von Fischi Mischi	165
Wiedersehen mit «Mochen»	172
Boni	183
Erste Reise nach Amerika	190
Abstecher nach Japan	195
Krankheit der Mutter	202
Carl Zuckmayers Nachruf	210
Briefe zum Tod der Mutter	213
Ein neues Leben: Hanns	216
Glückliche Zeiten	224
Die Globetrotterin	233
Hausfrau in Amerika	241
Zu Hause und anderswo	246
Zurück in Europa	253
Die Witwe	260
Freude und Leid	265
Ein letzter Besuch	273
Danksagung	280
Brigitte Horneys Theater-, Film- und TV-Rollen	282
Bild- und Quellennachweis	301
Zuletzt ...	302

Vorwort

Um das Leben eines Menschen aufzuzeichnen, muß man zu ihm einen gewissen Abstand haben. Nach einer 49jährigen Freundschaft, die Krieg und Getrenntsein überdauert hat, ist es für mich unmöglich, zu Brigitte Horney diesen Abstand zu gewinnen. Auch nach ihrem Tod nicht.

Schon zu Beginn der sechziger Jahre bat sie mich, später einmal ein Buch über ihr Leben zu schreiben. Nicht aus Eitelkeit oder Selbstliebe, denn sie war einer der bescheidensten Menschen, die ich je getroffen habe, und so ganz ohne Sinn für Karriere. Sie hatte einfach Angst, es könnte jemand über sie schreiben, der sie nicht so gut kannte und sie vielleicht nicht so gerne hatte wie ich. Als ob nicht alle Menschen Brigitte Horney lieben mußten!

Nun, ich habe es ihr versprochen, und sie hat mir dafür nach und nach alles Material zur Verfügung gestellt: Briefe, Bilder, Notizen, Artikel, Interviews. Abends, auf meiner Insel in Norwegen und später in ihrem Wilzhofener Heim in Oberbayern, hat sie mir aus ihrem Leben berichtet. Sie war wie ihre Mutter, die bekannte Psychotherapeutin Dr. Karen Horney, *a storyteller* und hat Teile ihres Lebens wie Geschichten erzählt. Ob diese immer mit der Wirklichkeit übereinstimmten, nahm sie nicht so genau – Hauptsache, es wurde eine gute Geschichte! Der Leser wird bestimmt einige wiedererkennen.

Wir haben auch die ganzen Jahre hindurch korrespondiert und unsere Korrespondenz – sozusagen als fortlaufende Gespräche – aufbewahrt. Dasselbe gilt für meine Tagebuchnotizen, die – mit wenigen Unterbrechungen – bis zum Zweiten Weltkrieg zurückgehen.

Als Brigitte Horney 1986 erfuhr, daß sie eine tödliche Krankheit hatte, erinnerte sie mich an mein altes Versprechen: «Als einen letzten Gruß an mein geliebtes Publikum, wenn ich dort oben bin.»

Ihre Berichte habe ich nicht immer überprüfen können. Das Gedächtnis ändert sich oft mit den Jahren, unangenehme Episoden werden leicht verdrängt, während man die angenehmeren gerne vertieft und verschönert. Brigitte Horneys oft erzählte Lebensgeschichten behielten aber während der ganzen Jahre dieselbe Fassung und dieselben Pointen.

Da viel in diesem Buch auf Brigitte Horneys eigenen Berichten und Briefen fußt, kann man Teile davon als ihre Autobiographie betrachten.

Jeder Mensch wird von anderen Menschen unterschiedlich erlebt. Bei einer so vielseitigen Persönlichkeit wie Brigitte Horney läßt sich nicht alles, und nicht alles gleichermaßen, beleuchten. Eine Wahl mußte getroffen werden.

Meine Wahl wurde persönlich und konnte nicht anders sein: es ist ein Freundschaftsbuch.

Gerd Høst Heyerdahl

Sonni Brigitte

Am 1. April 1911 erschien im Standesamt Berlin-Dahlem «der Persönlichkeit nach bekannt, der Generalsekretär doctor Heinrich Wilhelm Oscar Horney, wohnhaft in Dahlem, Schweinfurthstraße 4, evangelischer Religion, und zeigte an, daß von der Karen Clementine Theodore geborenen Danielsen, seiner Ehefrau, evangelischer Religion, wohnhaft bei ihm zu Dahlem, in der Wohnung des Anzeigenden, am neunundzwanzigsten März des Jahres tausend neunhundert und elf vormittags um fünf Uhr ein Mädchen geboren worden sei und daß das Kind einen Vornamen noch nicht erhalten habe».

Im Protokoll steht daneben handschriftlich hinzugefügt:

Dahlem, am 29. Mai 1911.

Vor dem unterzeichneten Standesbeamten erschien heute, der Persönlichkeit nach bekannt, der Generalsekretär doctor Heinrich Wilhelm Oscar Horney, wohnhaft in Dahlem, Schweinfurthstraße 4 und zeigte an, daß dem nebenbezeichneten Kinde die Vornamen «Sonni Brigitte» beigelegt worden seien.

Vorgelesen, genehmigt und unterschrieben

Kindheit in Berlin

«Meine Eltern – ach, meine Eltern, ich hätte sie nicht besser wählen können. ‹Pachen› hat Volkswirtschaft studiert. Er war Dr. pol. und Dr. jur., ein bekannter Anwalt; Dr. phil. war er auch. Pachen schrieb nämlich leidenschaftlich gerne Doktorarbeiten – auch für andere! Er hatte eine herrliche Bibliothek, lauter Erstausgaben. Nachts, wenn er nicht schlafen konnte, las er Griechisch und Latein, so wie wir Krimis lesen. Es war für ihn kein Problem, eine neue Sprache zu lernen. Wenn er wollte, dauerte das nur ein paar Wochen. Er war ein hervorragender Mathematiker, ein glänzender Organisator. Als meine Eltern im Jahre 1909 heirateten, war er Syndikus der gesamten deutschen chemischen Ein- und Ausfuhr. Später war er bei Hugo Stinnes und den IG-Farben. Es gab, so glaube ich, kaum Unternehmen, wo er nicht im Vorstand war. Ja, er war ein vielseitiger Mann! Irgendwo hatte er auch eine Fabrik.

Und ‹Mochen› – meine geliebte Mutti – sie hat Medizin studiert und ihr Staatsexamen mit ‹gut›, nur neun Monate nach meiner Geburt, bestanden, fabelhaft, wie? Sie arbeitete auf dem Gebiet der von Sigmund Freud begründeten Psychoanalyse, und das Leben mit ihr war keineswegs langweilig! Gelegentlich nahm sie Patienten, die sie für harmlos hielt, mit ins Haus, um sie dort mit Kochen, Waschen oder im Garten arbeiten zu lassen. Eine dieser Patientinnen hieß Emma. Sie war tüchtig, und wir mochten sie alle. Eines Morgens beim Frühstücken fragte mein Vater: ‹Wer ist denn der nette junge Mann, den ich heute im Bad beim Rasieren überrascht habe?› – ‹Das ist doch die Emma›, sagte Mutti ruhig. Es stellte sich also heraus, daß unsere geliebte Emma ein Mann war, der leidenschaftlich gerne Frauenkleider trug und als Frau arbeitete.

Pachen hat immer in Berlin gelebt. Mutti kam aus Hamburg, wo sie zur Schule ging, in das erste Gymnasium für Mädchen, das es dort gab. Später studierte sie in Freiburg und Berlin. Durch sie bin ich norwegischer Abstammung. Ihr Vater war ein reiner Norweger aus Bergen. Er hieß Bernt Henrick Wackels Danielssen, war Kapitän bei der Hapag und ist 68mal um Kap Hoorn gesegelt. Leider habe ich ihn nie getroffen, denn er ist ein Jahr vor meiner Geburt gestorben. Auf Fotos sah er großartig aus. Er war kerngesund, hat nie in seinem Leben einen Zahnarzt gebraucht. Schlechte Zähne kämen nur von der grauenhaften Art, wie sich die Menschen die Zähne malträtieren, meinte er. Wenn er sie überhaupt putzen mußte, nahm er dazu den Zeigefinger und aß hinterher ein Stück steinhartes Schwarzbrot! Sein Vetter war der berühmte Bergener Oberarzt Dr. med. Daniel Cornelius Danielssen, der u. a. die Vorarbeit bei der Entdeckung des Leprabazillus gemacht und die Stadt Bergen im norwegischen ‹Storting› repräsentiert hat. Eine Zeitlang stand seine Büste vor dem Hospital in Bergen, jetzt ist sie im dortigen Museum aufgestellt.

Meine Großmutti war lebenslustig, schön, klug und

witzig. Sie war Holländerin, Clothilde van Ronzelen, wurde aber nur ‹Sonni› genannt. Nach ihr habe ich meinen ersten Vornamen Sonni, den ich aber nie benutze. Ihr Vater war Hafenbaudirektor Baurat Johannes Jacobus van Ronzelen aus Amsterdam. Mit 27 Jahren wurde er vom Bremer Bürgermeister Johann Smidt nach Bremerhaven berufen, um die mit der Gründung der Stadt verbundenen Hafenanlagen zu bauen. Dadurch und durch den Bau von Seezeichen, wie den Hoheweg-Leuchtturm in der Wesermündung, hat er sich einen großen Ruf über die Landesgrenzen hinaus erworben. Er muß ein fabelhafter Mensch gewesen sein!

Mutti hat wohl von beiden Familien etwas geerbt. Sie war so schön, so strahlend gesund und gedankenklar. Sie war auch meine beste Freundin. Ich vermisse sie so sehr!

Wenn ich an meine Eltern und meine Vorfahren zurückdenke, spüre ich, daß der norwegische Teil in mir der stärkere ist. Deshalb komme ich auch so gerne hierher, habe das Gefühl, einmal – vielleicht in einem früheren Leben – hier gewesen zu sein. Alles kommt mir so bekannt vor. Schon beim ersten Besuch war das so.»

Wir saßen auf einem Felsen meiner Insel in Südnorwegen und ließen uns die Wellen über die nackten Füße spülen. Eigentlich waren es keine Wellen, eher ein freundliches Gekräusel des Wassers, denn Wind wehte kaum. Es war im Sommer 1965. Die Sonne strahlte von einem strahlend blauen Himmel. Kleine Makrelenwolken zogen langsam über uns vorbei.

Wir hatten zu Mittag gegessen und etwas zum Trinken mit an den Strand gebracht. Wir ruhten und plauderten, waren glücklich und faul.

«Erzähl doch bitte mehr, Biggy!»

Sie konnte so schön erzählen und tat es auch gerne. Sie erzählte von ihren jüngeren Schwestern Marianne und Renate, auf die sie sehr stolz war. Marianne war Ärztin. «Stell dir mal vor: mit sechzehneinhalb Jahren hat sie in Berlin ihr Abitur gemacht, und zwar mit einer Sonderbewilligung, weil sie zu jung war. Mit zweiundzwanzig Jahren machte sie das deutsche medizinische Staatsexamen und nur ein Jahr später in Chicago das amerikanische! Nun arbeitet sie als Psychoanalytikerin in den USA. Renate ist verheiratet und lebt in Mexiko. Sie malt herrliche Bilder.»

An die Zeiten des Ersten Weltkrieges konnte Biggy sich nicht erinnern, dafür war sie zu jung gewesen. Eine kleine Geschichte erzählte sie aber gerne:
«Es war in Berlin am Ende des Krieges. Am Anfang hatten die Familien Eßpakete an ihre Lieben an der Front geschickt. Später mußten die Soldaten Pakete nach Hause schicken. Hunger und Not waren überall, besonders in den Städten.

Im Osten Berlins wohnte eine arme Familie, eine Mutter mit drei kleinen Kindern. Sie lebten von Kartoffeln und Brotkrusten, aus denen die Mutter Suppe kochte. In der Nacht krochen sie dicht zusammen, um sich warm zu halten. Dann erzählte die Mutter Märchen und Geschichten, und die Kinder hörten zu und vergaßen Hunger und Kälte. Besonders glücklich waren sie, vom Frieden zu hören. Denn wenn der Frieden käme, würden sie Essen, Kleider und Wärme bekommen. Sie würden nie mehr zu hungern brauchen, nie mehr zu frieren. Wenn doch bloß der Frieden käme! Ach, dieser Frieden, dachten die Kinder, das müßte doch etwas ganz Wunderbares sein!

Die Pakete vom Vater kamen immer seltener, denn auch an der Front gab es Hunger. Aber schließlich kam doch eines Tages ein kleines Päckchen. Die Mutter untersuchte den Inhalt, rief die Kinder herein und sagte: ‹Jetzt müßt ihr euch schön aufstellen! Macht die Augen zu und den Mund auf, nun werdet ihr etwas ganz Wunderbares zu essen bekommen!› Die Kinder stellten sich in eine Reihe. Die kleinen Herzen klopften vor Freude und Aufregung: Was könnte es wohl sein? Die Mutter packte eine kleine Tüte mit Kakaopulver aus. Es gab nur drei Teelöffel, genau einen für jedes Kind.

Die drei Kleinen ließen das Pulver lange, lange auf der Zunge liegen, so etwas hatten sie nie gekostet. Das müßte wohl das Beste auf der Welt sein? Zuletzt wurde aber das Kakaopulver doch geschluckt. Und als nur noch ein Geschmack im Mund zurückblieb, fragte das kleinste Kind: ‹Mutti, ist das der Frieden?›»

Im Jahre 1918 zog die Horney-Familie aus der Stadt hinaus und fand in Zehlendorf, in der Sophie-Charlotten-Straße 15, ein neues Heim. Damals lag das Haus wie eine ländliche Idylle am Ende der Straßenbahnlinie, ohne störende Nachbarn, neben einem schönen Park mit alten Bäumen. Hinter dem Haus gab es einen Gemüsegarten, einen Blumengarten und einen Spielplatz für die Kinder.

Es war ein Haus wie kein anderes! Die großen Fenster ließen viel Licht herein, die Zimmer mit den hohen Decken und die gedeckte Terrasse machten einen freundlichen, wohlhabenden Eindruck.

Damals ging es der Horney-Familie gut. Sie hatten zahlreiche Dienstboten: Chauffeur, Gärtner, Koch, Hausmädchen – und eine englische Gouvernante für die Töchter.

Tagsüber arbeitete Karen Horney in ihrer Praxis in der Stadt, nachmittags empfing sie Patienten zu Hause. Bei Hugo Stinnes, wo der Vater Generaldirektor war, hatte man den Überschuß in Devisen angelegt und konnte ein Weltunternehmen aufbauen.

Die Horney-Töchter wurden modern erzogen: gesundes Essen, viel Sport und frische Luft.

«Wenn das Gemüse in unserem Gemüsegarten nicht ausreichte, hat uns Großmutti aus Wolfenbüttel neue Vorräte geschickt. Von ihr bekamen wir auch Eier und – Kuchen! Ach, sie konnte so herrlich backen. Sie war nicht meine richtige Großmutti, denn Großvati, d. h. der Vater meines Vaters, war Witwer und sie seine zweite Frau. Sie war jünger als unsere Mutter, aber eine bessere Großmutti hätten wir nie haben können!

Wir wurden als Kinder hingeschickt, wenn unsere Eltern keine Zeit für uns hatten. Und was wir je an Kochen und Hausarbeit gelernt haben, hat sie uns beigebracht. Wenn wir da wohnten, war sie nur für uns da. Ich wußte gar nicht, daß so viel Liebe und Zärtlichkeit in einem Menschen stecken konnten. Sie hat uns gefüttert, unsere Haare gebürstet, die Kleider in Ordnung gebracht und jeden Abend Wärmflaschen in unsere Betten gelegt. Kummer ist ihr nicht erspart geblieben: ihre einzigen Kinder, zwei junge Söhne, hat sie im Krieg verloren.»

Schon als Kind konnte Brigitte gut singen, Menschen nachahmen, und sie nahm lebhaft Anteil an allem, was zu Hause und draußen geschah. Sie war vital, willensstark und stets eifersüchtig auf ihre jüngere Schwester Marianne. Warum? «Ach, ich kann mich gar nicht so genau daran erinnern», lachte Biggy, als sie mir auf der Insel davon erzählte.

Sie hatte geschwommen, stieg aus dem Wasser und trocknete sich in der Sonne. Die dunklen Haare lockten sich um ihren Kopf. Weit draußen tuckerte ein Fischerboot vorbei. Sonst war alles still. «Natürlich haben wir uns gezankt und uns gegenseitig geärgert, so wie es Geschwister in einem gewissen Alter eben tun. Sie konnte mich manchmal wahnsinnig ärgern. Alles machte sie mir nach, und dann wurde es mir einfach zuviel. Ich habe ihre Puppe kaputtgemacht und all ihre Spielsachen zum Fenster hinausgeworfen. Mit ihren blonden Locken und blauen Augen fanden unsere Gäste sie immer sehr hübsch, und das hat mich natürlich auch geärgert. O ja, ich war bestimmt eifersüchtig! Mit Renate ging es besser, sie war ja auch viel jünger.»

Mit sechs Jahren bekam Brigitte Tuberkulose und wurde in die Schweiz geschickt. Beinahe zwei Jahre blieb sie dort, ging in die Bellaria-Schule in Zuoz und wurde dort auch behandelt. An die Art der Behandlung konnte sie sich nicht erinnern. Nur an die Schmierseife: «Jeden Abend wurde ich damit eingepackt. Später habe ich Schmierseife nie mehr riechen können.

Neulich habe ich meine Weihnachtsbriefe aus Zuoz gefunden. Noch in deutscher Schrift. Ich wollte so gerne einen kleinen Elefanten haben, zum auf dem Rasen und im Garten herumreiten. Mutti hatte einen Stiefbruder. Der lebte in Afrika und hatte mir einen versprochen. Warum verspricht man was, wenn man es nicht halten kann? Von einem kleinen Elefanten habe ich mir auch immer gedacht, er könne Blumen noch besser riechen als ich. Wir hatten so viel Blumen und Stauden im Garten. Ich dachte, der Elefant könnte dann mit mir die Wege entlanggehen und mir erzählen, wie die Blumen in der Mitte vom Beet röchen, an die ich nicht rankam.

Da war ich so fünf Jahre oder sechs. – Du, sag mal, was ißt ein Elefant? Er hat doch so einen kleinen Mund. Ach ja, Erdnüsse natürlich. Seit meinem Traum damals liebe ich Elefanten.»

Die Mutter hat berichtet, daß der kleinen Brigitte der Abschied von daheim nicht schwerfiel. Nach ein paar Tagen war das Heimweh überwunden, und sie war glücklich mit den neuen Schulkameraden, mit den Ärzten, Lehrern und ihrem Schlitten. Auch Ski- und Schlittschuhlaufen hat sie dort gelernt. Sie hatte keinerlei Angst, zu allen Vertrauen, und alle liebten sie. In der letzten Zeit kam auch ihre kleine Schwester Marianne nach Zuoz.

Der Schulverlauf der drei Schwestern war wohl eher unkonventionell, beinahe zufällig. Als Karen Horney aber später ihre Töchter auch noch zur Psychoanalyse schicken wollte, protestierte die vierzehnjährige Brigitte entschieden: «Ich habe mich nicht überreden lassen, schließlich bin ich doch ein Widdermensch!»

In Berlin der zwanziger Jahre blühte das kulturelle Leben. Die Theater, die Konzerte, die Kabaretts, die Kunstausstellungen, die Galerien und die Restaurants – die Leute strömten hin. Nach dem Krieg lebte die geistige Welt auf. Die Universitäten waren überfüllt. Deutschland wurde für eine Zeit wieder das Land der Dichter und Denker.

Die soziale Ordnung änderte sich, so auch der Wert des Geldes: wie gewonnen, so zerronnen. Leichtsinn, Genußsucht und eine gefährliche «Nach-mir-die-Sintflut»-Stimmung verbreiteten sich. Unter der strahlenden Oberfläche gärte es aber. Millionen Arbeitslose hungerten. Straßenkämpfe gehörten zum Alltag.

1923 erreichte die Inflation den Höhepunkt. Das Papiergeld knisterte, verlor jede Stunde an Kaufkraft und taugte nur noch zum Verbrennen. Ein einziger amerikanischer Dollar war zweieinhalb Billionen Mark wert.

Als Hugo Stinnes 1924 starb, brach sein Imperium zusammen, und Biggys Vater, Oscar Horney, war ruiniert. Verzweifelt probierte er, in andere Unternehmen einzusteigen, u. a. auch eine Filmgesellschaft zu gründen, aber nichts gelang. Im selben Jahr wurde er sehr krank, und als er endlich wieder zu Kräften kam, mußte er den Bankrott erklären. Nun war es nicht mehr möglich, die Zehlendorfer Villa zu behalten. Sie wurde verkauft, und im Frühjahr 1926 mietete die Horney-Familie am Steinplatz in der Stadtmitte eine große Wohnung. Die Ehe stand seit langem auf schwachen Füßen, und die finanzielle Situation wurde immer schlechter. Schließlich bezog Karen Horney mit ihren drei Töchtern eine kleine Wohnung am Lützowufer 38, in der Nähe vom Tiergarten. Die Ehe war zu Ende. Es wurde für die Horney-Familie eine schwere Zeit.

Biggy sprach selten über diese Epoche ihrer Jugend. 1954 schrieb sie aber: «... und zu Haus – da sie (die Mutter) mit Papa nicht so sehr glücklich war – war es nie so, daß jemand sich um uns gekümmert hätte –, sie hatte doch ihre Arbeit, und die Erzieherinnen und Hausdamen lieben einen ja nicht... Und ich war so dreizehn, da wurde das Haus draußen verkauft, und wir zogen in die Stadt. Und dann trennte sie sich von Papa. Und es war auch plötzlich kein Geld da, und da war ja nur ihre Arbeit wichtig. Und ich habe eingekauft und den Haushalt geleitet neben der Tanzschule und Schauspielschule. Das war eine Zeit, in der ich eigentlich mit niemand überhaupt sprach. Sie war müde und arbeitete wie verrückt...»

Ja, Karen Horney war immer beschäftigt. Schon seit 1919 hatte sie als Fachärztin ihre Privatpraxis in der Kaiserallee 202, nicht weit von dem später eröffneten Psychoanalytischen Institut, wo sie auch arbeitete. Daneben hatte sie Patienten zu Hause, schrieb ihre wissenschaftlichen Arbeiten, hielt Vorlesungen, bildete Studenten aus und hielt oft mehrmals im Jahr Vorträge auf Kongressen. Da blieb natürlich nicht viel Zeit für ihre Töchter übrig.

Wie die meisten jungen Mädchen hatte auch Brigitte eine «beste» Freundin. Sie hieß Inga Jacoby und ging wohl in die gleiche Klasse. Fast täglich kam Biggy in das Haus von Ingas Eltern, wo sie eine «Ersatzfamilie» fand. Die beiden Mädchen spielten in der Schule nur Gastrollen und schockierten ihre Mitschüler teils durch ihre Kleidung und teils, weil sie nie Schularbeiten machten. Für sie war alles zu leicht und selbstverständlich. Bei Inga haben sie sich mit anderen Freundinnen verkleidet, getanzt und Theater gespielt. Ingas Vater schätzte Brigittes Besuche, ihre beginnende Theaterneigung und spätere Theaterkarriere. Einmal hatte Biggy einen Auftritt bei Jacobys angekündigt, und Ingas Vater, Familie und Gäste warteten gespannt. Aber Biggy kam viel zu spät. Ingas Vater tobte, Biggy entschuldigte sich, hielt dabei aber immer den einen Arm auf dem Rücken. Als Herr Jacobys Zorn seinen Höhepunkt erreicht hatte, streckte Biggy ihm plötzlich eine *Drei*-Liter-Flasche mit ausgesuchtem Kognak entgegen! Die sofortige Versöhnung wurde natürlich besonders herzlich.

Was Frau Horney im Winter versäumte, holte sie in den acht Wochen langen Sommerferien nach. Dann fuhr sie mit ihren drei Töchtern nach Österreich oder in die Schweiz. Das waren glückliche Zeiten! Sie wohnten in kleinen Berghotels, machten morgens Wander- und Klettertouren und badeten anschließend in den Gletscherseen. Nachmittags arbeitete Dr. Horney meistens mit Patienten oder schrieb wissenschaftliche Artikel, während ihre Töchter auf Entdeckungsreisen gingen. Besonders gerne wohnten sie am Lago Maggiore im Schweizer Kanton Tessin, in Lugano, Ascona, Locarno und Ronco, einer Gegend, in der Biggy auch später, nach dem Zweiten Weltkrieg, so schöne Zeiten verbringen sollte.

Schauspielerin will ich werden!

Wenn man Brigitte als Kind fragte: «Was willst du werden, wenn du groß bist?», antwortete sie umgehend: «Sekretärin von Papa!» Der Vater meinte aber: «Meine Mädchen brauchen keinen Beruf. Ich habe Geld genug, sie sollen heiraten und glücklich werden.» Die Mutter protestierte: «Das kommt gar nicht in Frage, natürlich sollen sie einen Beruf lernen! Einen, der ihnen Spaß macht und durch den sie selbständig werden. Denn auf zwei Dinge ist kein Verlaß: Auf Geld und auf Männer!»

Mit zwölf Jahren begann Biggy zu tanzen: «Mutti, die als Ärztin darauf bedacht war, daß wir drei Mädchen uns körperlich betätigten, hatte schon frühzeitig dafür gesorgt, daß wir Gymnastik- und später auch Tanzunterricht erhielten. Zunächst waren es die üblichen Gesellschaftstanzstunden, dann aber meldete sie mich bei der Schule Trümpy an, wo ich mich dreieinhalb Jahre dem Kunsttanz widmete... Daneben trainierte ich in der Tanzgruppe Vera Skorouel, sogar bei der berühmten Tatjana Gsovsky bekam ich Unterricht...»

Im Jahre 1924 hatte Brigitte Horney ein Erlebnis, das sie aufs tiefste erschütterte und begeisterte: Sie sah die umjubelte Elisabeth Bergner als heilige Johanna in

Bernard Shaws gleichnamigem Stück am Deutschen Theater in Berlin. Ein Welterfolg des Regisseurs Max Reinhardt! Für die dreizehnjährige Biggy wurde dieses Erlebnis ein Traum, den sie tief in ihrem Herzen trug, bis er 23 Jahre später in ihrer eigenen Verkörperung der Rolle am Stadttheater Chur in der Schweiz verwirklicht wurde.

Eines Tages verlangte die Mutter, Biggy solle sich nun ernstlich überlegen, was sie werden wolle. In der Nacht dachte Brigitte lange und gründlich darüber nach, obwohl sie eigentlich keinerlei Zweifel hatte. Was sie beim Tanzen besonders faszinierte, war das Pantomimische – und das Mimische: Das Seelische durch das Körperliche auszudrücken, Freude und Schmerz, Liebe, Haß, Zärtlichkeit, Abscheu und Gleichmut, dies alles durch eine Bewegung, durch einen Wechsel des Ausdrucks, der Stimme, der Satzmelodie ausdrücken zu können – nein, nicht auszudrücken, sondern nur anzudeuten. Denn dem Publikum sollte Spielraum für die Phantasie erhalten bleiben. Die Menschen unten im Dunkeln, jenseits des Rampenlichts, sollten mitempfinden, die Gedanken des Dichters in ihren Herzen weiterentwickeln und so vielleicht dazu beitragen, die Welt schöner und besser zu machen. Ja, Schauspielerin wollte sie werden!

«Als ich das Mutti am nächsten Morgen schüchtern beibrachte, war sie entsetzt. Denn auch sie hatte als junges Mädchen Schauspielerin werden wollen. Als sie so alt wie ich gewesen sei, habe sie alle klassischen Dramen auswendig gekonnt, sagte sie. Um mir dies zu beweisen, fing sie an, aufgeregt einige Zeilen aus Shakespeares ‹Sturm› zu deklamieren. Es war fast komisch: Sie pustete wie ein Blasebalg, und die Stimme zitterte pathetisch.

Ach, meine arme süße Mutti, es war *der* Auftritt ihres Lebens, der Moment, von dem sie in ihrer Jugend geträumt hatte. Ich applaudierte, weil ich sie so rührend fand und sie so sehr liebte. Ich gab aber nicht nach. ‹Gut›, sagte sie dann, ‹ich werde mich erkundigen, wo man den besten Schauspielunterricht bekommt. Du hast zwei Jahre, und wenn es dir im Laufe dieser Zeit gelingt, über das Mittelmäßige hinauszukommen, darfst du weitermachen.›»

So kam die sechzehnjährige Brigitte Horney zu der großen Schauspielerin Ilka Grüning, sprach ihr vor und wurde als Schülerin angenommen. Bei der Grüning studieren zu dürfen, bedeutete schon etwas. Denn sie nahm wenige Schüler und nur solche, die sie für besonders begabt hielt.

Für Biggy fingen zwei schöne Lehrjahre an. Sie verehrte ihre Lehrerin, die sie in einem Stück von Knut Hamsun auch als Schauspielerin erlebte. In der Welt des Theaters war viel los, und Brigitte ging in so viele Aufführungen, wie sie konnte. «Die Dreigroschenoper» von Bert Brecht, die 1928 unter Erich Engels Regie und mit Kurt Weills Musik uraufgeführt wurde, sah sie so oft, daß sie die ganze Oper auswendig konnte.

Zu ihren Mitschülerinnen bei Ilka Grüning gehörten u. a. auch Inge Meysel, für die sie große Bewunderung empfand, und Lilli Palmer, mit der sie eine lebenslängliche Freundschaft verband.

Ilka Grüning wohnte hinter dem Lietzensee. Bei schönem Wetter hielt sie den Unterricht draußen im Wald ab. Jeder Schüler hatte zwei Privatstunden in der Woche. Alle mußten aber jeden Tag von neun bis zwei Uhr dableiben, um bei den anderen zuzuhören. Denn so gewöhnte man sich gleich an Publikum.

«Im Wald studierte ich gerade die Julia», erzählte Brigitte, «und stand mit meinem Monolog ganz versunken an einem Baum, alles um mich herum vergessend. Da unterbrach mich die Grüning ruhig und trocken: ‹Nimm den nächsten Baum, bitte!› Ich war so aufgeregt, daß ich – oben ganz hingegeben und zärtlich mit meinem Romeo sprechend – unten mit den Fingern die ganze Rinde abgekratzt hatte. So war meine Ilka!»

«Meine Schüler erhalten eine gute Ausbildung, für ihre Karriere aber tue ich nichts», sagte die Grüning und lehnte Protektion ihrer Schüler ab. Bei Brigitte Horney war aber keine Protektion nötig!

«Meine erste Erinnerung an Biggy war, als sie – vor 1930 – ihre Abschlußprüfung bei Ilka Grüning in einem Saal in der Bellevuestraße machte», schrieb Marianne Hoppe, «und ich sehe sie noch vor mir – in einem bäuerlich-russischen Kostüm – in einer Szene – herrlich aussehend und wunderbar eindringlich ihren Text sprechend.»

Nach dieser Prüfung sagte die Grüning, daß sie ihren Schülern nun nicht mehr helfen könne, und schickte sie im Mai, gegen Ende der Schulzeit, zu dem Bühnenagenten Vale, an den sich die Intendanten wandten, um junge Schauspieler zu engagieren. Nachdem sie vorgesprochen hatte, bekam Brigitte Horney für die Spielzeit 1930/31 ihr erstes Engagement am Stadttheater Würzburg. Sie konnte ihr Glück kaum fassen. Da die Spielzeit erst im September begann, arbeitete sie in der Zwischenzeit bei der Grüning weiter.

Im Juni rief Ilka Grüning eines Morgens bei Brigitte an: «Du mußt morgen im Deutschen Theater vorsprechen!» und erklärte ihr, es gäbe dort einen Reinhardt-Preis für junge Schauspieler, die vor ihrem ersten Engagement stünden.

Nachts rief die Grüning noch einmal an: «Mir fällt ein, du hast noch kein Lustspiel einstudiert!» Brigitte wurde mutlos: «Aber die Prüfung findet morgen um halb zwölf statt, und ich kann doch kein Lustspiel vorsprechen, wenn ich keins kann!» – «Dann lernst du eben eins! Morgen früh zehn Uhr bist du bei mir und sprichst es mir vor», lautete die unbarmherzige Antwort. Brigitte kochte sich schwarzen Kaffee und paukte den Rest der Nacht. Punkt zehn Uhr war sie am nächsten Morgen bei der Grüning.

Der Akt, den sie nachts gelernt hatte, begann damit, daß eine Dame zur Tür hereinkommt und sehr lacht. Mit zitternden Knien und schwindlig vor Müdigkeit ging Brigitte hinaus, kam zur Tür wieder herein, stöhnte ein verkrampftes «Ha-ha» hervor und spielte wie bewußtlos weiter. Die Grüning meinte, na, vielleicht ginge es. Sehr überzeugt klang sie aber nicht.

Als Brigitte zum Theater fuhr, wußte sie genau: Diese Lustspielrolle spreche ich nicht vor, nicht um alles in der Welt!

In den Kulissen des Deutschen Theaters standen etwa siebzig verängstigte junge Schauspieler aus den Schauspielschulen Deutschlands und Österreichs und warteten darauf, aufgerufen zu werden.

«Ich war Nummer sechs», erzählte Biggy. «Ich weiß noch, daß derjenige vor mir viel zu laut sprach. Werde ich nicht tun, dachte ich! Na, da stand ich also in den Kulissen dieses berühmten Theaters und starrte durch ein Guckloch hinunter in den Zuschauerraum. Dort saßen viele bekannte Schauspieler und – lieber Gott –

Max Reinhardt! Ich hörte meinen Namen und ging auf die Bühne hinaus. Ganz leise fing ich mit der Hero aus Grillparzers ‹Des Meeres und der Liebe Wellen› an. Von unten kam plötzlich eine Stimme. Es war Reinhardt: ‹Fräulein – wie heißt sie denn – Horney, würden Sie bitte ein bißchen lauter sprechen!›

Ich hatte große Angst vor dem Vorsprechen gehabt, und als ich diese nun endlich überwunden hatte, wollte ich wirklich nicht unterbrochen werden. Daher sagte ich nur: ‹Das kommt später!›, und sprach genauso leise weiter. Nachher folgten aber Rollen, die lauter waren, weil sie Ausbrüche hatten, und dann donnerte ich los! Als alles vorüber war, mußten wir sehr lange im Hof warten. Dann wurden wir wieder hereingerufen und – ich war mit Wilfried Seyferth an erster Stelle!»

Brigitte Horney bekam nicht nur den Reinhardt-Preis, sie bekam auch von den Reinhardt-Bühnen sofort ein Angebot. Den Vertrag konnte sie aber erst ein Jahr später antreten, da sie sich ja für die kommende Spielzeit am Stadttheater Würzburg verpflichtet hatte. Die Zeitungen brachten sie groß heraus, und sie war auf einen Schlag bekannt. Die UFA wollte sie sofort für Probeaufnahmen, und sie wurde gleich für ihre erste Filmrolle engagiert.

«Diesen Sommer geschah aber auch alles! Ich war neunzehn Jahre alt und hatte das Gefühl, auf dem Gipfel der Welt zu stehen. Es war unwirklich, berauschend schön.»

Von nun an verdiente sie ihr eigenes Geld und brauchte nicht mehr der Mutter zur Last zu fallen. Das tat ihr wohl, denn finanziell ging es Karen Horney nicht sehr gut. Die neue Wohnung war kalt und Brennmaterial teuer. So wurde nur Dr. Horneys Praxisraum einigermaßen gut geheizt. Außerdem fror die Wasserleitung immer wieder ein, und Wasser mußte unten auf der Straße an einer alten Pumpe geholt werden. All dies störte Dr. Horney aber nicht. Sie war nun der einzige Verdiener und mußte nicht nur für sich selbst, sondern auch für ihre drei Töchter sorgen. Die jüngste, Renate, hatte am meisten unter der Trennung vom Vater und dem Umzug in die kleine Wohnung gelitten und wurde in das berühmte Internat Salem am Bodensee geschickt, wo sie drei glückliche Jahre verbrachte. Die zweitjüngste, Marianne, machte mit siebzehn Jahren und ausgezeichneten Noten ihr Abitur und begann mit dem Medizinstudium. Und Biggy war ein Star geworden! Dr. Horney hatte jeden Grund, auf ihre Töchter stolz zu sein. Das war sie auch.

1954 schrieb Biggy darüber:

«Aber in der Zeit hat sie auch nicht bemerkt, daß ich keine richtigen Kleider mehr hatte ... ich machte mir immer irgend etwas aus Sachen, die sie weggeworfen hatte – (daher die Liebe zu den alten Klamotten: Man könnte ja noch etwas daraus machen.) Und dann war ich plötzlich über Nacht mit neunzehn eine Schauspielerin bei Reinhardt und im Film als Star ... Aber alle hatten nie die leiseste Idee, daß ich so viele Dinge nicht wußte, und so hat mir nie jemand geholfen oder mich fertig erzogen. Alle waren so ehrfürchtig, weil ich soviel Geld verdiente, und in meinem Beruf wußte ich ja auch Bescheid ... Siehst Du, Mutti konnte ich vieles nicht fragen, was mit täglichem Leben zu tun hatte – sie hatte so viel Arbeit und dann, wenn sie damit durch war, war sie einfach müde, und ich brachte sie zu Bett ...»

Brigitte Horneys erster Film hieß «Abschied». Billy

Wilder hatte das Drehbuch geschrieben, Robert Siodmak führte Regie, und Eugen Schuftan stand an der Kamera.

«Es war Siodmaks Meisterstück und die Arbeit mit ihm so herrlich! Die Zeit war knapp, denn ich mußte ja nach Würzburg, wir haben es aber in acht Tagen geschafft. Zuerst wurde der ganze Film gründlich durchprobiert, damit jede Szene vor der Kamera sofort richtig saß. So hat es auch Heinz Hilpert immer gemacht. Das gibt es leider kaum noch. Wenn wir heute ein Drehbuch bekommen, heißt es meistens: ‹Hier wird sowieso geändert.› Das ärgert mich so, denn ich kann ja nichts im voraus einüben, wenn soviel geändert wird, daß oft der Sinn verlorengeht!»

Nachher wollte die UFA sie sofort fest engagieren. Dreitausend Mark im Monat – damals eine Riesensumme – wurden ihr angeboten. Aber sie hatte ja den Vertrag mit Würzburg und wollte auch lieber Theater spielen. Sicherheitshalber fuhr sie zu ihrer Lehrerin Ilka Grüning und fragte: «Was soll ich tun?» – «Nach Würzburg fahren. Du hast noch viel zu lernen, Biggy. Du mußt Theater spielen. In Würzburg lernst du es. Der Film läuft dir nicht davon.»

Brigitte Horney ging nach Würzburg und bereute es nie.

Am 31. Oktober 1930 fand dort ihre erste Premiere, ihr erster offizieller Bühnenauftritt statt, und zwar als Rita in dem Lustspiel «Trio» von Leo Lenz. Es wurde ein großer Erfolg.

Am Theater wie im Film: Brigitte Horney fing sofort mit Hauptrollen an, und dabei blieb es ihr Leben lang.

Im Laufe dieses ersten Bühnenjahres hat sie noch sechs große Rollen gespielt, und immer mit großem Erfolg.

Es war eine lehrreiche Zeit: «Man lernt nur vom Spielen. Spielen muß man, immer spielen!» Auch sonst genoß sie das Leben in der schönen Bayernstadt des Mittelalters und Barocks. Sie liebte das Einkaufen auf dem Markt, das Schwimmen im Main, das Angeln und das Zusammensein mit liebenswerten Kollegen. Zwischendurch bekam sich auch einen Filmurlaub von sechs Wochen, um in Paris «Fra Diavolo» zu drehen, nach ihrer Meinung kein gelungener Film. Paris aber liebte sie: «Ja, Paris war himmlisch, obwohl es gar nicht so angenehm war, dort jung und allein zu sein.» Das kann man verstehen, denn die so schöne und blendend gewachsene junge Schauspielerin mit den großen ausdrucksvollen Augen, den hohen Backenknochen, der faszinierenden Stimme und der ungewöhnlichen Ausstrahlung erregte überall Aufsehen. Das konnte natürlich dann und wann auch unangenehm sein, aber vorläufig genoß sie das Leben und den Erfolg in vollen Zügen.

Theaterjahre in Berlin

Am Ende ihrer Würzburger Zeit rief die Mutter eines Morgens aus Berlin an: Das Lessingtheater wolle Brigitte für die Sommersaison als Fanny in der Komödie «Zum goldenen Anker» von Marcel Pagnol engagieren. Es wäre die zweite Besetzung, und sie solle die Hauptrolle nach Käthe Dorsch übernehmen.

Biggy sprang beinahe an die Decke vor freudiger Aufregung. Ach, war sie gespannt! Als sie abends gegen elf Uhr am Anhalter Bahnhof ankam, wartete dort ihre Mutter mit dem Intendanten des Lessingtheaters auf sie.

Er gab ihr das Rollenheft und sagte, sie müsse es schnell lesen, er würde sie in wenigen Stunden anrufen. Zu Hause kochte Brigitte eine große Kanne Kaffee und arbeitete sich durch das Stück. Als der Intendant um halb zwei Uhr nachts anrief, jubelte sie erschöpft, aber eifrig: «O ja, diese Rolle möchte ich gerne spielen!» – «Gut», sagte er, «dann kommen Sie bitte morgen früh um halb zehn Uhr zur Probe ins Lessingtheater. In vier Tagen ist Premiere, die anderen Schauspieler haben das Stück ja schon gespielt.»

Wenn man jung, gesund und glücklich ist, schafft man alles. Zur verabredeten Zeit kam Brigitte zur Probe des ersten Aktes, am zweiten Tag probten sie den zweiten und am dritten den dritten Akt. Die Kostüme mußte sie sich selber zurechtmachen, denn im Sommer war die Schneiderin im Urlaub. Am vierten Tag war die Premiere.

Ihr Erfolg war groß. «O ja», sagte sie begeistert, «es war eine großartige Aufführung unter Heinz Hilperts Regie, mit Mathias Wieman, Rosa Valetti und Jacob Tiedtke. Die Proben mit mir wurden von Hilperts damaligem Assistenten Ibach geleitet. Er war hervorragend.»

«Zum goldenen Anker» wurde bis Ende Juli gespielt.

Brigitte blieb nun in Berlin. Am 15. August fingen die Proben am Deutschen Theater bei Reinhardt an, und am 1. September 1931 fand die Uraufführung von «Kat» statt, einem Schauspiel nach Ernest Hemingways Roman «In einem anderen Land». Über diesen Roman schrieb Thomas Mann: «Faszinierend vom Anfang an durch seine diskrete Kühnheit und gegen das Ende hin immer erschütternder, ein Buch der großen Schlichtheit und Aufrichtigkeit, ein wahrhaft männliches Buch, ein Meisterstück neuen Typus.» Unter Carl Zuckmayers und Heinz Hilperts Regie wurde die Aufführung ein großes Erlebnis. Käthe Dorsch spielte die Hauptrolle, Gustav Fröhlich den jungen Offizier Frederic Henry und Brigitte Horney die Krankenschwester Miß Ferguson. Es war ihre erste Rolle mit Hilpert als Regisseur und für sie entscheidend: «Zum ersten Mal habe ich voll und ganz – mit Herz und Seele – den Sinn des Theaterspielens begriffen, wie man arbeiten soll, und daß man nie genug arbeiten kann. Es war ein neuer Tag, ein neues Leben.»

Heinz Hilpert war damals, 1930 bis 1932, unter Max Reinhardt Oberspielleiter und Direktionsstellvertreter am Deutschen Theater in Berlin. Als er am 1. Juli 1932 Direktor der Volksbühne, Theater am Bülowplatz, wurde, nahm er Brigitte Horney mit, und die Freundschaft und künstlerische Zusammenarbeit der beiden hielt das ganze Leben an.
Brigitte Horneys erste Rolle an der Volksbühne war das Dienstmädchen Pauline Piperkarcka in Gerhart Hauptmanns «Die Ratten».
«Die Rolle als Pauline Piperkarcka war einfach herrlich, ich habe sie richtig geliebt. Es ging auch gut, sogar Alfred Kerr hat mich gelobt!»
Das stimmte. Am 10. Oktober 1932 schrieb dieser strenge Kritiker im Berliner Tageblatt u. a.: «... Alles Episodige kommt schlagend. Die Piperkarcka, Brigitte Horney, redet, sehr taktvoll, nicht allzu Polnisch. Zum Glück nicht jenes Phantasiepolnisch, das außerhalb der Operette so peinlich wird. Auch sieht sie aus... Ja, in Berlin wird noch immer meisterhaftes Theater und meisterhaft Theater gespielt.»

«Im Laufe dieser Aufführungen geschah so viel», erzählte Biggy weiter. «Die Nazis kamen an die Macht und mischten sich in alles ein. Auch in das Theaterleben. Ich war froh, nicht länger am Deutschen Theater zu sein, denn dort kamen die braunen Unruhestifter jeden Abend hin und unterbrachen die Vorstellung. Es war das historische Drama ‹Gott, Kaiser und Bauer› von Julius Hay. Die Nazipresse hetzte dagegen, und die abendlichen Ruhestörer terrorisierten Schauspieler und Publikum derart, daß das Theater geschlossen wurde.»
Interessant ist es, Alfred Kerrs Bemerkungen dazu im

Berliner Tageblatt vom 30. Dezember 1932 zu lesen: «... Die Direktion hätte nicht weichen sollen. Aus Grundsatz. Sie gibt sich auf diese Art künftig in die Hände beliebiger Demonstranten, die rein gar nichts in der Kunst zu entscheiden haben. Sie könnte dann am eigenen Leibe den Vers Heinrich von Kleists spüren, der sagt:

‹Und über uns seh' ich die Welt regieren
Jedwede Rotte, die der Kitzel treibt.›
Dahin darf es nicht kommen.»

«Und so ging es nun weiter», fuhr Biggy fort. «Am 30. Januar 1933 feierte die SA mit einem Fackelzug Hitlers Ernennung zum Reichskanzler, am 27. Februar brannte der Reichstag. Eines Abends – es war wohl im Juni 1933 – nahm ich ein Taxi, um meinen Auftritt in ‹Viel Lärm um nichts› zu erreichen: ‹Bitte Volksbühne, Theater am Bülowplatz!› – ‹Bülowplatz gibt es nicht!› antwortete der Fahrer. – ‹Wie bitte?› – ‹Es gibt keinen Bülowplatz!› – Ich dachte, ich werde verrückt. So ein Frecher! ‹Fahren Sie mich bitte sofort zur Volksbühne! Ich spiele dort jeden Abend und habe wenig Zeit!› rief ich aufgeregt. – ‹Wie Sie wollen, Fräulein, aber Bülowplatz gibt es nicht›, antwortete er sauer. Ich war außer mir, auf den Straßen gab es Unruhe, man sah Volksmengen und Braunhemden überall. Endlich waren wir da. Aber – was war geschehen? Der Fahrer hatte recht. Den Bülowplatz gab es nicht mehr. Im Laufe der Nacht waren all die alten Straßenschilder verschwunden. Jetzt hieß die Volksbühne ‹Theater am Horst Wessel Platz› – und später in der DDR lag dasselbe Theater am ‹Rosa Luxemburg Platz›!

Es ging damals alles so unheimlich schnell. Am

10. Mai wurden die Bücher von Schriftstellern und Dichtern verbrannt, die zu den bedeutendsten und bekanntesten Deutschlands gehörten. In den Universitätsstädten errichteten die Braunhemden große Scheiterhaufen, holten Bücher aus den Buchhandlungen und Bibliotheken und warfen sie ins Feuer. Ich wußte nichts davon, im Theater erzählten sie es mir. Hilpert hatte uns verboten, von Politik zu reden, weil alles damals so gefährlich war. Man sah ja Leute verschwinden, und wußte nie, wohin. Viel wurde also nicht darüber gesprochen, aber immerhin genug.»

Am Theater arbeitete Brigitte Horney hart und diszipliniert und hatte in all ihren verschiedenen Rollen bei Hilpert aufsehenerregenden Erfolg.

Was aber war mit der Liebe?

Brigitte Horney war kein oberflächlicher Mensch. Begriffe wie Leichtsinn, Koketterie und Flirt lagen ihr fern. Sie war seriös, stolz, empfindlich und vertraute sich selten jemandem an. Sie vergaß kaum ein Unrecht und konnte sich jahrelang damit quälen, wenn sie sich verletzt fühlte. Sie hatte Leidenschaft und Temperament, konnte aufbrausen, explodieren und vielleicht auch anderen Menschen weh tun, bereute es aber sofort und bat rührend um Verzeihung.

Eine Frau, die viele Verehrer hat, wird leicht wählerisch. Biggy ging gerne aus, verliebte sich aber selten ernstlich. Sie zog es meistens vor, «gut Freund» zu sein.

Wenn Goethe sagt: «Tadle die Frau nicht, die schwanket vom einen zum andern; sie sucht den beständigen Mann», so paßt das auf Brigitte Horney. Sie suchte immer das Glück, das GROSSE GLÜCK. «Ich möchte ja so gerne glücklich sein, bin so schrecklich gerne glücklich», sagte sie oft und in verschiedenen Phasen ihres Lebens. Kurz: Sie wollte heiraten. Nicht nur aus bürgerlichen Gründen, denn trotz ihres manchmal flotten Mundwerks war sie in ihrem streng gehüteten Innern *une petite bourgeoise.* Nein, sie war romantisch, sie suchte das ständige Glück, die Liebe, die fürs ganze Leben hält: immer zu zweit sein, über dieselben Dinge lachen und weinen können. Sie wollte ihren Mann verwöhnen, die schönsten Sachen für ihn kochen! Sie träumte vom Heiraten, heiratete aber erst, «als ich uralt war, erst mit neunundzwanzig Jahren!» Bis dahin war sie ständig auf der Suche.

«Natürlich verliebte ich mich in meine Regisseure und Mitspieler, aber das war nichts Ernstes. Ernst wurde es mit Victor Henckel. Er war meine erste große Liebe. Wir waren mehrere Jahre zusammen. Er studierte Medizin, war später ein hervorragender Arzt. Er sah gut aus und war so klug. Ich habe viel von ihm gelernt. Wir reisten viel zusammen, und Mutti mochte ihn auch so gerne. Warum nichts daraus wurde, weiß ich eigentlich nicht, denn wir liebten uns sehr und hatten es immer schön und lustig zusammen. Vielleicht waren unsere Berufe zu verschieden. Ein Arzt braucht ja eine Frau, die für ihn da ist. Und ich war mit der Filmerei den ganzen Tag weg – oder auch wochenlang, wenn woanders gedreht wurde. Ich war außer mir, als es zu Ende war. Ich habe nächtelang geweint und empfand eine große Leere. Wir sind aber Freunde geblieben. Im letzten Weltkrieg war Victor als Soldat in Rußland und fünf Jahre in Gefangenschaft. Als er zurückkam, war er – wenn möglich – noch warmherziger und menschlicher geworden. Er ist großartig.»

Sie seufzte leicht, dann lächelte sie wieder, und ich

mußte an das Wort ‹Ausstrahlung›, ‹Charisma›, oder wie man es nun nennen will, denken. Das kann nie erlernt werden. Man ist damit geboren oder nicht.

Brigitte Horney kam zur Welt mit diesem inneren Licht, und es leuchtete, bis sie von uns schied.

«Wir trafen uns zum ersten Mal 1930 in Breslau bei der Premiere ihres ersten Films ‹Abschied›, und es war sofort die große Liebe», erzählt Victor Henckel 1991. «Wir wohnten aber nie zusammen. Natürlich gab es auch Krisen während der langen Freundschaft, mit Höhen und Tiefen. Die erste Trennung war wohl 1933. Dann hat sie mich in Freiburg besucht, wo ich damals studierte, und die Trennung war überbrückt. Wir waren 1934 skifahren in den Alpen, 1935 mit und bei Freunden in Venedig, und im November 1936 besuchte ich sie in London mit Kurt Heuser zusammen. Dann war wieder Bruch, und die Gegebenheiten des Krieges brachten uns auseinander. Erst in den späten siebziger Jahren haben wir uns in München wiedergetroffen und die alte Freundschaft weitergepflegt.»

Es war für Brigitte Horney gut, ihren Victor an der Seite zu haben und bei Hilpert zu arbeiten, denn im Jahre 1932 ging ihre Mutter nach Amerika.

Dr. Karen Horney war nicht politisch aktiv, nicht jüdisch und *mußte* also Deutschland nicht verlassen. Aber Deutschland war anders geworden, vor allem Berlin, das Institut und ihr psychoanalytischer Kreis. Sehr viele ihrer Freunde und Kollegen waren Juden. Sie verschwanden nach und nach. Die Psychoanalyse wurde ablehnend als «jüdische Wissenschaft» definiert. Im Institut tauchten Worte wie «Rassentheorie» auf.

Auch das Straßenbild änderte sich. An den Zeitungsständen hingen neue Zeitungen. Im Hauptorgan seiner Partei, «Völkischer Beobachter», publizierte Hitler ständig neue hysterische Angriffe gegen Juden und Kommunisten. Man hörte Gerüchte. Etwas Dumpfes und Drohendes lag in der Luft.

Es ist klar, daß ein frei- und klardenkender Mensch wie Karen Horney sich in dieser Atmosphäre nicht wohl fühlte. Und nach gründlichen Überlegungen faßte sie den schweren Entschluß, Land und Heim zu verlassen und ein Angebot des neugegründeten Psychoanalytischen Instituts in Chicago anzunehmen.

Ihre jüngste Tochter, die sechzehnjährige Renate, nahm sie nach Amerika mit. Marianne blieb noch in Berlin, um dort ihre ersten vorklinischen Semester zu beenden. Sie wohnte zeitweise mit Biggy zusammen, bis sie auch nach Amerika fuhr.

Brigitte fiel der Abschied von der Mutter schwer. Natürlich verstand sie, daß die Mutter es sich finanziell nicht leisten konnte, alle drei Töchter mitzunehmen. Brigitte hatte in Deutschland ihren Beruf, war schon bekannt, während die beiden jüngeren Schwestern noch in der Ausbildung standen. Das Herz hat aber seinen eigenen Rhythmus: Die Wunden heilen, die Narben bleiben. Und obwohl Biggy sich nichts anmerken ließ und selten darüber sprach, bei mir auf der Insel, nur zwei Wochen vor ihrem Tod, schaute sie mich traurig an und sagte: «Mutti hätte mich damals nicht verlassen sollen.»

Im Sommer 1933 kehrten Frau Dr. Horney und Renate für einige Wochen nach Berlin zurück, und nachdem Marianne im August ihr Examen glänzend bestanden hatte, gingen sie alle drei nach Amerika. Nun war

Biggy allein. Sie kaufte sich ihre erste Wohnung in der Augsburger Straße 40 und richtete sie ein.

In dieser für sie so schweren Zeit geschah aber auch etwas Erfreuliches: Durch Victor Henckel lernte sie den bekannten Basler Kunsthistoriker und Kunsthändler Christoph Bernoulli kennen, der ihren Sinn für Kunst entwickelte. Und mit seiner Hilfe legte sie den Grundstein für ihre später so wertvollen Sammlungen.

Etwa dreißig Jahre später schrieb sie mir über ihn:

«Ja, Christoph, den würdest du mögen, wenn du ihn gekannt hättest. Er hat sich so seine eigene Welt gemacht, so eine philosophische Zauberwelt, von der aus er alles betrachtet. Ich kann mir Christoph nie an eine Sache oder an einen Menschen hingegeben und verloren vorstellen. Immer betrachtend – dabei lebt er in allem. Seltsam – ein Beschauer – ein positiver Kritiker – sehr treu zu allen seinen wirklichen Freunden. Er liebt es, ‹Jünger› zu haben, denen er – wie auch mir – seine Weisheit auf eine großartige Art weitergeben kann. Nie mit dem deutschen erhobenen Finger. Er kann einem, z. B. wenn man unglücklich, nervös und zerrissen ist, wunderbar helfen. Seine Ruhe und sein angebliches ‹über den Dingen stehen› überträgt sich ... Ich war ja so verrückt allein in Berlin, nachdem die Mutti mit den Schwestern fortging. Ich glaube, ich wäre eingegangen, wenn Christoph nicht dagewesen wäre, und auch seine Frau Alice und Victor; mit den dreien hatte ich ein neues Zuhause gefunden ...»

Auf dem Weg zum UFA-Star

Es war am Anfang der dunklen Jahre, auf der Straße herrschten Gewalt und Angst. Klardenkende Menschen packten schnell ihr Hab und Gut und gingen ins Ausland, so Elisabeth Bergner, Fritz Kortner, Ernst Deutsch, die junge Lilli Palmer und viele, viele andere. Jüdische Sterne durften nicht mehr am Himmel funkeln. Nicht alle hatten aber die Kraft, den Mut und die Möglichkeit, ihr bisheriges Leben aufzugeben und irgendwo in der Fremde ganz von vorne anzufangen. So blieben sie, warteten und hofften.

Denkende Menschen fühlten sich hilflos, andere machten die Augen zu: Bloß nichts sehen, nichts hören, nichts wissen.

Nach 28jähriger Leitung des Deutschen Theaters verließ Max Reinhardt am 8. März 1933 Berlin für immer, und zu Beginn der Spielzeit 1934 betrat Heinz Hilpert die Direktionsräume des Hauses Schumannstraße 13A.

«Ich habe nur gearbeitet», sagte Biggy. «Wenn ich spiele, vergesse ich alles, dann existiert die Außenwelt nicht.»

Sie hat sich in die Arbeit geflüchtet, das war ihre Art. Sie arbeitete eisern und diszipliniert. Schon am frühen

Morgen ging es los mit Gymnastik, Sprech- und Stimmübungen. Im Theater wurde ständig geprobt oder gespielt oder beides. Sie liebte ihre Arbeit, sie liebte das Leben, war fröhlich und hilfreich, ein guter Kamerad.

Auch in den Jahren ihrer ersten Bühnenauftritte blieb es bei der Gewohnheit, daß sie sich bei ihrer Freundin Inga von ihrem aufregenden Leben erholte. Dabei wurde es oft spät, sehr zur Verzweiflung von Ingas Verlobtem Rudi Seiffert, der am nächsten Tag seine ganze Kraft für den Beruf brauchte. Er war Reisefachmann und organisierte Reisen für die Prominenz in Diplomatie, Wirtschaft, Kunst und Theater in alle Welt und erwies Biggy stets besondere Aufmerksamkeit, was speziell zu würdigen war, da sie die Abende oder Nächte bei Inga oft in folgender Weise zu beenden pflegte:

Da Herr Seiffert noch nicht mit Inga verheiratet war, brach er wohlgesittet mit Brigitte auf. Sie hatten den gleichen Weg bis zum etwa drei Kilometer entfernten Taxistand. Oft stand dort aber nur ein Taxi, und die beiden wohnten in entgegengesetzter Richtung. Biggy kam gar nicht auf die Idee, Ingas Verlobtem das Taxi zu überlassen, obwohl er über zehn Kilometer nach Wannsee laufen mußte!

Mit voranschreitender Karriere bezog Brigitte die Familie Jacoby und Herrn Seiffert immer ausgiebiger in ihr Theaterleben mit ein. Nach den Vorstellungen wurde immer großartiger und länger im Kreise berühmter Kollegen in den gemütlichen Theaterkneipen gefeiert. Oft waren die Restaurants schon dabei zu schließen, wenn Brigitte mit Theaterkollegen und Freunden erschien, um etwas zu essen – und vor allem zu trinken. Aber überall, wo sie sich zeigte, bekamen die Kellner sofort Anweisungen, alles bereitzustellen, was Keller und Küche hergaben. Und immer wieder wunderte sich Inga dann darüber, daß dieselbe Brigitte, die vor jedem Auftritt völlig zusammenbrach, sich wie das letzte Elend fühlte, schwor, nie wieder Theater zu spielen, nach der Vorstellung wie eine strahlende Göttin voller Siegesbewußtsein und Lebenslust ins Lokal rauschte! Dieses Lampenfieber hat sie ihr Leben lang behalten.

Trotz vielen Theaterrollen spielte Brigitte Horney auch immer wieder in Filmen mit, wie in «Rasputin» mit Conrad Veidt: «Ich spielte seine sibirische Geliebte, die mit ihm tanzte und lachte und dann, von ihm verlassen, mit tränennassem Gesicht dem Schlitten nachstarrt!»

Ihre Rolle in «Heideschulmeister Uwe Karsten» beschrieb sie als «einfach schrecklich»: «Ich war seine Sekretärin, die ein uneheliches Kind erwartete. Als ich später den Film sah, hatte man das Kind gestrichen! Die Zuschauer konnten natürlich nicht begreifen, warum diese Sekretärin immer so tragisch aussah und ihre Hände auf dem Bauch hielt. Das einzig Schöne an dem Film war, mit Marianne Hoppe zu spielen. Denn die liebe und bewundere ich sehr.»

Warum war sie nicht wählerischer bei der Auswahl der Filme? «Ich wollte immer lernen, und man lernt nur beim Spielen. Man weiß ja auch nicht immer, wie ein Film wird. Auch von schlechten Filmen lernt man. Hauptsache ist, daß man spielt.»

Der Film «Ein Mann will nach Deutschland» mit Carl Ludwig Diehl spielt teilweise auf Teneriffa, und die Außenaufnahmen dort haben ihr viel Freude gemacht. «Nur die Kampfhähne machten uns Schwierigkeiten. Sie werden auf Teneriffa gezüchtet, Hahnenkämpfe sind ja dort ein beliebter Sport. Überall hörten wir ihr ‹Kikiriki›. Auch in den Filmszenen, ungefähr so: ‹Ich liebe dich – Kikiriki – komm bitte zu mir – Kikiriki – verlasse mich nie – Kikiriki!› Auf der Heimreise kreuzte unser Schiff fahrplanmäßig auf hoher See ein anderes. Das mußten wir beim Filmen ausnützen und eine sehr wichtige Szene drehen, und zwar genau in dem Moment, wo das andere Schiff vorbeifuhr. Wir hatten es genau eingeübt, schließlich konnten wir es ja nur einmal drehen. Als aber das andere Schiff vorbeifuhr, ertönte mitten in meiner langen Rede an den Kapitän ein lautes, schrilles ‹Kikiriki›! Es stellte sich nachher heraus, daß der Aufnahmeleiter, der zu Hause eine Hühnerfarm hatte, heimlich einen Kampfhahn mitgenommen und auf Deck versteckt hatte. Die Rache des Hahns war schrecklich: Zu Hause sperrte ihn der Mann in den Hühnerstall ein, und als er am nächsten Morgen nachsah, waren alle Hühner tot, vom Kampfhahn besiegt!»

Der große Durchbruch

Von nun an ging es Schlag auf Schlag, eine schöne Hauptrolle folgte der anderen: Ergreifend spielte sie die Maria in dem UFA-Film «Der ewige Traum», aber erst 1934 verhalf die darauffolgende Rolle Brigitte Horney zum großen künstlerischen Durchbruch beim Film. Mit Heinz Hilpert als Regisseur spielte sie das lockere Hafenmädchen Rubby in «Liebe, Tod und Teufel» nach Robert Louis Stevensons Novelle «Das Flaschenteufelchen». Als sie Hilpert fragte, wie sie als Rubby aussehen sollte, sagte der: «Ganz einfach. Hinten hat sie einen Mozartzopf, und vorne muß sie aussehen wie eine Sau! Sie war doch eine Hafendirne von Beruf.»

Für diese Rolle schrieb Theo Mackeben auf den Text von Hans Fritz Beckmann das berühmt gewordene Lied «So oder so ist das Leben». Voller Angst fragte Brigitte: «Das nehmt ihr doch wohl vorher auf, damit ich es zuerst hören kann?» – «Ja, ja», sagte Hilpert beruhigend. Sie hat es dann aber hintereinander durchgesungen, und gerade diese Szene, ganz in Großaufnahme, ist hervorragend gelungen. Sie hatte vorher nie öffentlich gesungen. Ihre dunkle, heisere Stimme klang geheimnisvoll, ihre herbe Schönheit strahlte Erotik aus. Dieses Chanson machte sie über Nacht berühmt.

> So oder so ist das Leben,
> so oder so ist es gut.
> So wie das Meer ist das Leben,
> ewige Ebbe und Flut.
>
> Heute nur glückliche Stunden,
> morgen nur Sorgen und Leid –
> Neues bringt jeder Tag,
> doch was auch kommen mag,
> halte dich immer bereit!
>
> So oder so ist das Leben,
> ich sage: heute ist heut!
> Doch was ich je begann,
> das hab ich gern getan,
> ich hab es nie bereut!

Die Berliner Morgenpost schrieb nach der Uraufführung am 21.12.1934: «Im Gloria-Palast wurde der UFA-Film ‹Liebe, Tod und Teufel› uraufgeführt, den der bekannte Bühnenleiter Heinz Hilpert gemeinsam mit Luis Trenkers früherem Mitarbeiter Reinhart Steinbicker inszeniert hat... Von seinen Darstellern gibt Brigitte Horney die reifste Leistung. Ihre erstaunliche Wandlungsfähigkeit läßt sie das triebhafte Naturkind genauso überzeugend spielen wie die betrunkene Hafendirne oder die mondäne Kokotte. Käthe von Nagy strahlt eine zarte Innerlichkeit aus, und Albin Skoda zeigt die Gehetztheit eines Menschen, der sich mit dem Teufel eingelassen hat. Eine Fülle ausgezeichneter Nebenfiguren gibt dem interessanten und phantastischen Film eine unerhörte Lebendigkeit...»

Das Lied wurde als Platte aufgenommen und gut verkauft. «Leider habe ich daran nichts verdient. Man hat mich richtig reingelegt. Ich ging zur Deutschen Grammophon und fragte nach meinem Honorar. Sie gaben mir fünfzig Mark. Fünfzig Mark! Aber als Anfängerin fühlte ich mich unsicher und akzeptierte es eben. Das Taxi mußte ich auch noch selber bezahlen! Von der UFA in die Stadt hinein kostete das 27,50 Mark, den Rest habe ich den Musikern für Bier gegeben. Das waren meine Einnahmen von dieser Platte, die sie so oft gepreßt haben, daß die Vater- und Muttermatrizen verbraucht wurden.»

Aber was spielte das Geld für eine Rolle! Brigitte war jung, schön und glücklich, die Welt gehörte ihr. Sie war beliebt, begehrt, wurde überall gefeiert und genoß ihren Erfolg. Der norwegische Journalist Sigvard Abrahamsen, der damals als fester Korrespondent für die größte norwegische Zeitung «Aftenposten» in Berlin lebte, gab nach der Premiere eine Party für sie. Die Wohnung war überfüllt, alles, was in Film und Theater Ruhm und Namen hatte, war da. Voller Übermut und etlichen Kognaks – denn wie Hans Albers konnte sie damals ziemlich viel trinken und trotzdem gerade gehen – sang die Horney mit ihrer dunklen sensuellen Stimme ein heiteres Lied, das Heinz Hilpert und sie in einer beseelten Stunde geschrieben hatten:

Melodie: «Marseillaise»
    In Paris bin ich gewesigen,
    in Paris, der schönen Stadt.
    In Paris bin ich gewesigen,

> das so wunderbare Türme hat.
> Hübsche Mädchen sind gekommen,
> lockten mich mit Blick und Gruß,
> lockten mich mit Gruß und mit Kuß.

Melodie: «Deutschlandlied»
> Doch ich hab sie nicht genommen,
> weil man sie bezahlen muß,
> und ich denke an die Heimat,
> an die Heimat schön und gut –
> an die schöne, deutsche Heimat,
> wo man es aus Liebe tut!

Nach der Premiere von «Liebe, Tod und Teufel» bekam Brigitte Horney ein Angebot vom englischen Film, das sie annahm. Sie konnte aber erst ein Jahr später nach London fahren, da sie bei der UFA im festen Vertragsverhältnis stand. Jede Filmrolle, die ihr die UFA anbot, war jedoch eine Kopie der Rubby in «Liebe, Tod und Teufel», und noch einmal Hafenmädchen spielen wollte sie nicht. Daher nahm sie ein Angebot der Alkafilm in Wien für den Film «Blutsbrüder» an, der mit J. A. Hübler-Kahle als Regisseur in Jugoslawien gedreht werden sollte. Ihre Mitspieler waren Willy Eichberger und Attila Hörbiger. Sie freute sich natürlich sehr.

Die Herren von Alkafilm hatten Brigitte persönlich nie gesehen. Sie sollte mit einem bestimmten Flugzeug nach Wien fliegen und am Flugplatz von Vertretern der Filmgesellschaft abgeholt werden. Da sie aber noch zwei Tage Zeit hatte und sehr stolz auf ihr erstes Auto namens «Fürchtegott der Erste» war, fuhr sie schnell zu ihren Großeltern nach Wolfenbüttel, um das Wunder vorzuführen.

Ihr Großvater, Rektor Horney, hatte ein Hobby: Bienen. Als Brigitte ihn begrüßte, wurde sie gleich von einer Biene unter dem einen Auge gestochen. Als sie am nächsten Morgen aufwachte, war ihr Gesicht auf der einen Seite so geschwollen, daß vom Auge nichts mehr zu sehen war. Um sich für die Reise und die Wiener Filmleute recht schön zu machen, zog sie ein elegantes Kostüm an und setzte ein schickes blaues Hütchen auf. Mit der dicken Backe und dem zugeschwollenen Auge sah das alles aber recht jammervoll aus. Auf dem Flugplatz in Wien kam kein Mensch auf sie zu. Sie nahm daher ein Taxi und fuhr zum Büro der Filmgesellschaft.

Dort angekommen, fragte sie nach dem Produktionsleiter Alfred Kern. «Der ist nicht hier», sagte die Sekretärin. «Die Herren warten auf die Hauptdarstellerin, unseren Star, der noch nicht angekommen ist.» – «Ich möchte ihn aber trotzdem sprechen», rief Brigitte verzweifelt. «Ich bin ja Frau Horney!»

Die Sekretärin fiel beinahe in Ohnmacht, stammelte «O nein!» und rief ihren Chef. Brigitte mußte erklären, daß sie von einer Biene gestochen worden sei und gewöhnlich nicht so aussähe. Daraufhin wurde der geplante Presseempfang abgeblasen und überallhin telefoniert, Frau Horney käme erst eine Woche später. Diese Woche verbrachte Brigitte im Park-Hotel Schönbrunn, machte Umschläge und nahm Medikamente ein. Nach einer Woche war das Gesicht wieder normal, und sie konnte nach Sarajevo fliegen, wo die anderen Schauspieler schon an der Arbeit waren.

Blutsbrüder

«Als ich nach Sarajevo kam, war auf dem Marktplatz ein großes Fest, nämlich der alljährliche offizielle Heiratsmarkt. Die unverheirateten Töchter Bosniens tragen dafür ihre schönen Nationalkostüme – und auf der Brust ihre Mitgift: Die Taler sind auf die Blusen genäht. Die Männer gehen dicht an sie heran und zählen die Taler. Die mit den meisten haben die größten Chancen, und das sind natürlich die älteren Mädchen, die länger haben sparen können. Während die Musik spielt, probieren es die Männer zuerst bei den Jungen und Hübschen, und wenn da nicht genug Taler hängen, gehen sie zu den älteren über, die dann natürlich aufblühen und wieder jung werden. Der Bürgermeister erzählte mir, daß während der Inflationszeit die Papiergeldscheine vorne in den Ausschnitt gesteckt wurden, um es den Männern leichtzumachen, hineinzugreifen und das Geld zu zählen.

Von Sarajevo fuhren wir mit der Bahn nach Mostar, der historischen Hauptstadt der Herzegowina, und weiter nach Stolac. Dieses Dörfchen, in dem wir drehen sollten, hatte sich seit zweihundert Jahren überhaupt nicht verändert. Es gab weder elektrisches Licht noch

Telefon und nur ein einziges Hotel, das ziemlich verfallen war. Den Besitzer nannten wir immer nur den ‹Bombenschmeißer›. Denn er gehörte zu der Gruppe der jungen Serben, die am 28. Juni 1914 den österreich-ungarischen Thronfolger Franz Ferdinand und seine Gemahlin ermordet hatte. Er wurde als Held betrachtet und erzählte uns, daß das Grab für ihn in Sarajevo schon bereit sei. Die anderen aus der Gruppe seien schon gestorben. Er sei der letzte Bombenschmeißer in Sarajevo. Auch ein Stolz!

Selber sollte ich im reichsten Harem von Stolac wohnen. Ich sah aber nur eine große Mauer mit einem riesigen Holztor. Als wir an einem Glockenzug zogen, ging ein kleines Türchen auf, und eine verschleierte Gestalt erschien. Sie nahm meinen Koffer, und vier andere Frauen in kleinen Blusen und Pluderhosen tauchten auf. Mit viel Gegacker schleppten sie meinen Riesenkoffer durch zwei Höfe in eine winzig kleine Kammer. Da gab es kein Licht, nur eine kleine Fensteröffnung mit einem Gitter davor.

Meine Damen blieben da. Ich sagte: ‹Nun mal raus!› Sie gackerten nur weiter. Jetzt überkam es mich aber, und ich mußte das bestimmte Örtchen finden. ‹Haben Sie eine Toilette?› fragte ich. Keine Reaktion. Ich fragte auf französisch und englisch, aber keine Antwort. Es wäre dringend, sagte ich. Sie gackerten und lachten. In meiner Verzweiflung hockte ich mich wie ein kleines Kind aufs Bett und machte: ‹A-a, a-a!› Da ging ihnen ein Licht auf, sie stürzten aus dem Zimmer, über die beiden Höfe in einen Stall und zeigten auf eine Ecke. Weiter war dafür nichts da, eben nur diese Ecke. Meine Frauen dachten gar nicht daran, mich allein zu lassen. Na gut, ich ließ mich nicht weiter stören. Sie begleiteten mich zurück und blieben bei mir, bis ich mich ausgezogen und ins Bett gelegt hatte. Dann erst verschwanden sie. Eine setzte sich vor die Tür und hielt die ganze Nacht Wache.

Am nächsten Tag frühstückte ich vor den Aufnahmen bei dem Bombenschmeißer, und dann fingen die Dreharbeiten an. Ein Trupp Kosaken mit Pferden war engagiert worden. Bei ihnen habe ich das Reiten gelernt: Man steigt dort nicht aufs Pferd, sondern hält die Hände am Sattel fest, gibt dem Pferd einen Schlag, daß es losgaloppiert, und springt schnell auf. Geübt wurde um fünf Uhr früh! Der Gedanke, das gleich zu können, ist unrealistisch, aber irgendwie habe ich es gelernt. Wir waren schließlich vier Wochen in Stolac. Vorher hatte ich nie auf einem Pferd gesessen.

Vier Wochen – in diesem Film wurde fast nichts innen gedreht, alles spielte sich draußen ab. Es war eine wilde Geschichte, in der ein Mann in der Hochzeitsnacht seinen Hof, sein Vieh und seine junge Braut an einen Freund verwürfelt und der Freund mit der Braut davonreitet. Carl Zuckmayer war der eigentliche Autor der Geschichte, aber er durfte ja damals nicht arbeiten, weil er nicht rein ‹arisch› war, und irgend jemand hat sie dann übernommen und mißgestaltet. Die Folge war, daß das Drehbuch dauernd umgeschrieben wurde. In Ermangelung von Papier, das es ja dort auch nicht gab, wurde auf zwei Rollen Toilettenpapier geschrieben, die jemand als Requisiten eingepackt hatte. So lange Rollen – das hatte etwas Gutes: Man konnte immer das, was fertig war, abreißen und für den gedachten Zweck verwenden.

Eines Morgens fiel mir ein, daß ich mein Drehbuch vergessen hatte, und stürzte zurück. Schon von weitem hörte ich das Gegacker meiner Frauen, und als ich hinkam, standen sie alle am Brunnen und übten mit meiner Zahnbürste. In Stolac konnte man ja keine Zahnbürste kaufen. Ich mußte meine auskochen und trug sie später immer bei mir.

Ach, was gab es dort für reizende Kinder! Bei den Aufnahmen haben wir mit einem achtjährigen Mädchen gesprochen, und Attila Hörbiger streichelte ihre Haare. Am nächsten Tag kam sie nicht mehr wieder, auch am dritten Tag nicht. Sie blieb einfach weg. Als wir nach ihr fragten, erfuhren wir, daß die Mutter sie verschleiert hätte. So ist es dort Sitte. Ein Mädchen wird sofort verschleiert, wenn ein Mann sie zum ersten Mal wohlgefällig ansieht. Wir fanden es alle so traurig. Mit ihren acht Jahren war sie ja doch nur ein Kind.

Bevor wir wegfuhren, gab es ein Abschiedsfest auf dem Platz vor dem Hotel des Bombenschmeißers. Wir aßen zusammen, unser Team von neunundfünfzig Personen und zwanzig Kosaken.

Ich saß mit den Kosaken zusammen. Sie hatten darum gebeten. Es wurde gegessen und getrunken, und dann stand der Anführer auf und hielt eine Rede. Er sagte, wir hätten so schön zusammengearbeitet, und sie hätten es so genossen, mir das Reiten beizubringen, und nun möchten sie so gerne mit mir – nach einem alten Brauch – Brüderschaft trinken. Ich war etwas erstaunt, aber sie erklärten, das sei etwas ganz Besonderes. Das bedeute, wenn mir jemand danach etwas antun oder mich bedrohen sollte, würden sie alle zwanzig für mich durchs Feuer gehen, wie *ein* Mann auf den Angreifer losgehen und Hackfleisch aus ihm machen. Ich sagte ‹gut›, denn ich wollte sie nicht beleidigen, und außerdem dachte ich, ich würde sie sowieso bald nicht mehr sehen, denn am nächsten Morgen sollten wir abfahren. Doch vor etwas hatte ich Angst: mit *allen* Blutsbrüderschaft trinken zu müssen: ‹Denn dann habe ich ja kein Blut mehr!› Sie beruhigten mich: Nur der Anführer würde, das genüge. Ich hatte ein schönes blaues Kleid an, das einzige, das ich als ordentliches Kleid mitgenommen hatte, und beobachtete etwas unruhig das rostige Ding von einer Nadel, das er plötzlich hervorzauberte. Unter großem Zeremoniell mußte ich meinen Unterarm entblößen, er tat dasselbe, und dann wurde mit der rostigen Nadel geritzt. Das Blut kam zusammen in ein Glas und wurde ausgetrunken. Da saß ich nun mit Kosakenblut in den Adern und dachte: Jetzt kann mir nichts mehr passieren!

In diesem Moment fing aber einer von unserem Team zu pöbeln an. Er war total betrunken und schrie: ‹Ist ja furchtbar, wie die da angibt, da sitzt sie mit allen Kosaken!› Offenbar war er nur neidisch. Ich sagte auch nichts, denn ich überlegte mir, daß ich mich jetzt nicht mehr selbst verteidigen müsse, da ich ja starken Schutz hätte. Er pöbelte aber weiter und kam immer näher. Ich dachte nur glücklich an meine zwanzig Blutsbrüder, lächelte den Betrunkenen an und dachte: ‹Du armes Hackfleisch!› Jetzt war er ganz nah. Ich guckte zurück: Mein Tisch war leer! Meine zwanzig Kosaken waren in eine riesige Streiterei zwei Tische weiter verstrickt und prügelten sich mit Serben und Bosniern herum. Messerstecherei. Kein Mensch kümmerte sich um die neuerworbene Blutsschwester. Ich holte aus, traf den Trunkenbold zufällig so am Kinn, daß er drei Meter weiter umfiel und auch liegenblieb. – Reiner Zufall, ich habe nie boxen gelernt.

Aber es brachte mir natürlich unheimlich viel Ruhm ein!

Wir fuhren über Dubrovnik zurück. In ein feines Hotel trauten wir uns nicht. Wir gingen in ein kleines, um die Wanzen loszuwerden. Dort lautete unsere erste Frage: ‹Wo ist die Toilette?› Wie in einer Prozession stiegen wir eine Treppe hoch. Als Frau durfte ich vorausgehen. Ich machte die Tür auf. Es war eine Stimmung wie bei einer feierlichen Handlung, als ich einen Schritt tat und die Wasserspülung zog. Man kann sich das gar nicht vorstellen: Nach diesen vier primitiven Wochen war es wie Weihnachten. Einfach das Rauschen der Spülung zu hören, war himmlisch!»

Ende April 1935 war der Film fertig. Zurück in Berlin konnte ihr auch die UFA eine Rolle anbieten, die ihr gefiel, und zwar die Titelrolle in dem Film «Der grüne Domino» mit Herbert Selpin als Regisseur und Carl Ludwig Diehl als Partner. Da die Dreharbeiten aber erst im Spätsommer anfangen sollten, fuhr Brigitte in der Zwischenzeit mit ihrem Victor nach Venedig.

Venedig und «Der grüne Domino»

«Mit Victor zu reisen war immer schön. Wir gingen Ski laufen in den Alpen, baden in Italien. Diesen Frühling waren wir also in Venedig. Ach, gab es viel Wunderbares dort zu sehen! Ich verdiente ja gut und hatte gerade meinen zweiten Wagen ‹Fürchtegott den Zweiten› gekauft. Der fuhr uns überall hin. Ich war selig.»

In Venedig hatte sie das Glück, mit Victor Henckel im Palazzo Vendramin inmitten von Künstlern und Geistesgrößen zu wohnen. Es war ein ausgesuchter Kreis: Der deutsche Schriftsteller und Mitglied des George-Kreises Karl Gustav Vollmöller, der 1914 durch die von Max Reinhardt inszenierte Pantomime «Das Mirakel» Weltruhm erlangte, hatte das Obergeschoß gemietet. Selber war er selten dort, überließ aber gerne die Räume seinen Freunden, vorwiegend der Schriftstellerin Ruth Landshoff, einer Nichte des großen Verlegers S. Fischer in Berlin.

«Sie war eine unglaublich schöne Person», erzählt die bekannte Fotografin Marianne Breslauer Feilchenfeldt, die auch dort zu Gast war, «sah aus wie ein italienischer Fischerknabe und war lange Zeit die Begleiterin von

Vollmöller, der etwa dreißig Jahre älter war als sie. Sie heiratete noch kurz vor der Nazizeit den Grafen Yorck von Wartenburg, genannt ‹Sohni›. Er und Victor Henckel waren auch befreundet, und Ruth war immer Hosteß bei Vollmöller und lud alle ihre Freunde dorthin ein. Auch Christoph Bernoulli war ein Freund von Ruth. Damals stand Bernoulli auch Biggy sehr nahe. Ich erinnere mich noch an die beiden, die in einem offenen weißen Auto in Berlin herumfuhren, so um 1935!»

Etwa zwanzig Jahre später schrieb mir Brigitte Horney nach einer schlaflosen Nacht u. a.: «... Dann las ich bis drei Uhr früh alles Geschreibe von Ruth Landshoff – weißt Du, es waren hübsche Sachen dabei (auch ein Theaterstück von Vollmöller), aber einige waren so fransig, daß ich überhaupt nicht schlafen konnte – dann las ich die restlichen drei – sie waren viel besser. Dann holte ich einen alten Brief von Dir und schlief bis sieben Uhr ...»

«Der grüne Domino» war ein schöner Film. Wieder faszinierte Brigitte Horneys dunkle Stimme das deutsche Publikum. Wieder strahlte sie Leidenschaft, Vitalität und Heiterkeit mit melancholischen Untertönen von der Leinwand aus.

«Zu Hause war aber alles anders geworden. Laut einer sogenannten ‹Rassenschutzgesetzgebung› vom September 1935 mußten wir uns alle einen ‹Ahnenpaß› besorgen, um durch unsere Großeltern und Urgroßeltern beweisen zu können, daß wir ‹arischer›, d. h. nicht jüdischer oder zigeunerischer Abstammung waren. Scheußlich, kann ich dir sagen. Aber ohne einen solchen Paß durfte man nicht arbeiten, und so hat man sich eben einen besorgt.»

Auf der Insel war es spät geworden. Der Tag ging in die Nacht über. Es war aber eine dieser nordischen Nächte, die sich vom Tag kaum unterscheiden: Das Licht bleibt da, etwas matter vielleicht, etwas mystischer, mit einem perlmuttenen Schein. Kurz vor Mitternacht hält die Natur den Atem an, dann beginnt sie sich zu bewegen: Die Würmer, Käfer und Ameisen kriechen hervor, die Rehe und die Hasen gucken ängstlich durch die Bäume, aus dem Wasser tauchen die Wildnerze empor, und über der spiegelblanken See scheinen die Elfen zu tanzen.

«Bald kommen die Trolle», flüsterte Biggy.

Sie liebte die Insel bei jedem Wetter, zu jeder Tageszeit und kam auch jedes Jahr wieder zurück.

Zwischenspiel in London

In London hatte Brigitte Horney sich bei der IFP-Phoenix-Filmgesellschaft für ein Jahr und zwei Filme verpflichtet. Sie verdiente gut und hatte sich wohl gedacht, länger dort zu bleiben, denn ihre Berliner Wohnung in der Augsburger Straße 40 hatte sie verkauft und einige ihrer Möbel nach London mitgebracht. In London kaufte sie sich eine Wohnung in Tite Street Nr. 33, im selben Haus, in dem Oscar Wilde gewohnt hatte. «In London gefällt es mir sehr gut – ich habe eine ganz besonders schöne Wohnung, sie sieht ein bißchen auch wie ein Rittersaal aus, und meine alten Möbel sehen phantastisch schön aus hier...» schrieb sie Ende November 1936.

Ihr erster Film dort hieß «The House of the Spaniard». Reggie Denham führte Regie, und ihre Partner waren der englische Komiker Peter Haddon und der französische Schauspieler Jean Galland. Brigitte sprach fließend Englisch, das sie schon als Kind durch ihre Gouvernante gelernt hatte.

Der Film spielte zur Zeit des Bürgerkrieges in Spanien. «Um Lokalkolorit zu bekommen, hatten die Autoren etwas Neues hineingeschrieben, wodurch eine

Wirrnis im Manuskript entstand: Laut Drehbuch saß ich irgendwo in England am Flügel und sang herrliche Lieder. Plötzlich war ich aber in Spanien und flüchtete durch einen Fluß. Warum, habe ich nie verstanden. Der Film wurde aber ein Erfolg. Sicher haben alle, die ihn sahen, sich gedacht, sie verständen eben zu wenig von Kunst!»

Während der Aufnahmen rief Gustav Ucicky aus Berlin an. Er drehte gerade den Film «Savoy-Hotel 217», und Pola Negri war krank geworden. Ob Brigitte bitte ihre Rolle übernehmen würde? Da sie zufällig eine Woche frei hatte, fuhr sie sofort hin. Ihre Szenen wurden schnell hintereinander gedreht. Am dritten Tag wurde sie krank und mit 40 Grad Fieber nach Hause geschickt. Das war ihre erste ernste Lungenentzündung. Der Film kennt aber keine Barmherzigkeit: «Krank sein gibt es nicht, nur tot!» Und nach einer Roßkur von drei Tagen mußte Brigitte weiterdrehen. Trotzdem hat sie die Arbeit mit Ucicky und die Rolle sehr genossen: «Eine russische Großfürstin, die männermordend und Hans Albers verführen wollend durch das Hotel Savoy rauscht und im Zimmer Nr. 217 ermordet wird.»

Ihr zweiter englischer Film, «Secret Lives», der nun vorbereitet wurde, basierte auf einer wahren Geschichte. Brigitte spielte Claude France, eine elsässische Spionin, die gegen Mata Hari spionierte. Regie führte der hochbegabte Edmund Creville, ihr Partner war der Amerikaner Neil Hamilton. Da der Film pazifistisch war, durfte er damals in Deutschland nicht gezeigt werden und ist auch später dort nie gelaufen. Leider, denn er wurde ein großer Erfolg und hat Brigitte Horney viel Freude gemacht.

In England lebte sie überhaupt sehr, sehr gerne. Über ein Jahr war sie da, fuhr aber zwischendurch immer wieder nach Deutschland und drehte. Damals gab es noch keine Schwierigkeiten mit Auslandsaufenthalten – falls man «arisch» war. Rastlos wie immer fuhr Brigitte hin und zurück. «Stadt Anatol» war ihr erster Film unter Tourjanskis Regie. Gustav Fröhlich war ihr Partner, und der Film spielte auf dem Balkan, in einem kleinen verschlafenen Ort, der wegen eines plötzlichen Ölfundes berühmt und reich wird.

«Der Film war schön, aber anstrengend! Am Tag drehten wir im Atelier und nachts auf dem Gelände. Manchmal haben wir in der Nacht nur eine Viertelstunde geschlafen. Ja, es war wirklich ein Film ohne Schlaf, aber die Arbeit mit Tourjanski zu schön!»

Mitte November 1936 schrieb sie ihrem Großvater, Rektor Horney in Wolfenbüttel, aus London u. a.:

«Jetzt, wenn der Film fertig ist, arbeite ich mit Kurt Heuser an einem herrlichen neuen Drehbuch für meinen Sommerfilm bei der UFA – wir glauben, er wird sehr gut, und sind schon mit Feuer bei der Arbeit...

Meine Filmarbeit hier ist herrlich, alles junge Leute mit Begeisterung für die Sache – wir haben alle geweint, wie die Atelierarbeit vorbei war. Hoffentlich kommt dieser Film auch nach Deutschland, ich wäre schon froh, wenn Ihr ihn sehen könntet. – Die Menschen hier sind alle zauberhaft zu mir, und ich habe alle Anstrengung, allein zu bleiben und meine Ruhe zu haben, weil ich ewig eingeladen bin, wo es doch sonst beinahe unmöglich ist, in die englische Gesellschaft hereinzukommen. Gesellschaftliche Verpflichtungen sind ja entsetzlich – ich wäre glücklich, wenn ich ein

Double hätte, das alles für mich machen könnte. Und leider kommen alle Leute so gern zum Lunch oder Dinner zu mir, es ist ja auch immer sehr nett. Aber zu viel. Ich beneide Euch um Eure Ruhe in Wolfenbüttel...»

Mit Kurt Heuser kam auch Victor Henckel zu Besuch. Es wurde eine schöne, aber wehmutsvolle Zeit, weil es das letzte Mal war, daß sie sich in Liebe begegneten.

Am 15. Dezember 1936 schrieb sie wieder:
«Mein lieber Großvati!

Tausend Dank für Deinen lieben Brief, ich habe mich so gefreut, von Dir zu hören; so zauberhaft nett von Dir, mir einen so langen Brief zu schreiben. Ich kann Dir nur immer wieder zu Deinen 78 Jahren gratulieren – wir sind alle furchtbar stolz auf Dich.

Hoffentlich kommt ‹Stadt Anatol› bald nach Braunschweig, es ist eine so schöne Rolle für mich gewesen, und ich bin gespannt, ob es Euch gefällt. Mein letzter englischer Film ist soweit fertig, und ich glaube wirklich, daß er sehr schön geworden ist.

Für den nächsten Film hier haben wir noch keine Geschichte und suchen und arbeiten wie Verrückte. Es ist so schwer, einen wirklich guten, interessanten Filmstoff zu finden, der nicht so dumm und albern ist wie die meisten anderen Filme.

Neulich war ich einmal zum Weekend draußen in Wilton in das Schloß vom Earl of Pennbrook eingeladen. Mein Gott, es ist unvorstellbar, wie groß und schön es ist. Voll von den schönsten Gemälden der Welt wie Rembrandt, Frans Hals, dann die ganze Familie Pennbrook von A. van Dyck gemalt. Ich habe mich blöde gestaunt, und nach dreistündiger Wanderung durch das Schloß habe ich die Besichtigung aufgegeben, weil ich müde war und zu kalt. Warm ist es nicht besonders.

Und der Park ist herrlich – es gibt viele Bäume, die über 1100 Jahre alt sind – ganz chinesisch sieht es aus. Diese alten englischen Häuser sind ja wirklich schön – die modernen dafür entsetzlich geschmacklos...»

Und an beide Großeltern am 20. Dezember 1936:
«... Tausend Dank für den himmlischen Honigkuchen – ich habe ihn vorläufig auf die Seite gestellt und werde mich Weihnachten darüber hermachen und furchtbar viel an Euch denken. Nach Berlin kann ich nicht, weil hier noch soviel zu tun ist, aber im Januar kann ich dann fahren – und werde alle wiedersehen. – Mutti sehe ich hier, sie kommt morgen mittag in Southampton an und bleibt einen Tag bei mir in London. Ich freue mich schrecklich, sie einen Tag ganz für mich allein zu haben.

Ich wünsche Euch allen von Herzen ein recht frohes Weihnachten und alles erdenklich Gute im neuen Jahr. Und ein ganz privater Wunsch von mir ist, daß ich irgendwann Zeit haben werde, Euch zu besuchen. Es ist ein Kreuz mit dieser Filmerei, daß man nie die Zeit hat für sich selbst und für das, was man gerne möchte, und mehr oder weniger das Leben eines heimatlosen Zigeuners führen muß. Es ist schwer, alles zu vereinen. Und bei meinem Haß gegen allgemeines sinnloses Herumgehetze komme ich ewig in Konflikte mit mir – meiner Arbeit oder den Menschen, die ich sehen möchte.

Ich hatte mir gedacht, wenn ich in London bin, ist es gut für die Zeit der Arbeit an einem Film, allein zu sein, weil es eben alle Konzentration erfordert. Es hat sich als ein Trugschluß erwiesen, denn alle Freunde von Berlin und die Leute von der UFA (die mit mir verhandeln wollen), sind einfach nach London gekommen, und mein Haus war beinah ein Hotel. Ein sehr lustiges natürlich, aber Ruhe habe ich keine mehr gehabt. Es ist eine Wirtschaft gewesen – ich mußte doch die Freunde, die hier waren, auch überall einführen, was mit sinnlosen Zeremonien vor sich geht, so daß ich erst allein mich zum Tee ansagen muß – erklären, wer diese Menschen sind, woher sie kommen, was sie tun, und fragen, durch die Blume, ob ich sie mitbringen kann. Dann müssen die anderen einmal mit mir zum Cocktail dahinwandern – am nächsten Tag Karten abschicken, dann muß ich diese Lords und Ladys zum Lunch einladen, und dann ist alles in Ordnung. Mein Gott, welch ein Unfug und welche Zeitverschwendung, aber so ist England. Und es war ja wichtig für die anderen, bei diesen Leuten eingeführt zu werden. Man weiß nie, wozu das gut ist.

O Großmutti, Du würdest Dich manchmal totlachen (wie auch ich) über das vorgeschriebene gesellschaftliche Benehmen. Z. B. wenn man zum Mittagessen oder zum Tee eingeladen wird, behält man die ganze Zeit den Hut auf (wo ich doch Hüte hasse), und die Gastgeberin hat ihren auch auf – in ihrem eigenen Haus, bitte! Wenn man abends zum Dinner eingeladen ist, kann man ohne Hut hingehen. Wenn man in das Zimmer hineingeführt wird und der Butler den Namen ausruft, dann rauscht man hinein und sagt sein ‹How do you do›, gibt aber niemandem die Hand, was uns doch einfach unhöflich erscheint. Ich muß immer lachen – und halte mit meiner Meinung über diese Dinge auch nicht hinterm Berg!

Einige sehr interessante Dinge hat man mir gezeigt. Zum Beispiel das House of Commons (Parlament). Von einem Mitglied des Oberhauses wurden wir herumgeführt, auch in alle dem Publikum verbotenen Räume. Wir haben dort ein phantastisches Mittagessen bekommen, mir zu Ehren, mit besonders gutem deutschem Mosel 1921, der herrlich war.

Ein sonderbares Volk, die Engländer, aber nett, sehr nett!...»

Und am 20. März 1937, wieder aus London:
«Lieber Großvati und liebe Großmutti!

Welch ein Glück, daß ich Euren lieben Brief gerade noch bekommen habe – tausend Dank. Morgen früh fliege ich schon wieder nach Berlin, aber dieses Mal für sechs Wochen, um einen Film dort zu machen.

Denkt Euch – ich bin die letzten fünf Wochen jeden Montag in Berlin gewesen – oft nur für sechs Stunden und immer am nächsten Tag zurück nach London fliegen. Es ist auf die Dauer etwas sehr anstrengend – wenn auch das Flugzeug der einzige Platz ist, wo man in Ruhe ein Buch lesen kann... Ich schreib Euch bald aus Berlin. Im April wohne ich mit Papa zusammen in Dahlem. Es wird sicher schön, und ich freue mich schrecklich.

Hier ist es herrlich wie immer. Die Wohnung ist so ruhig, groß und still, und man freut sich jeden Morgen wieder neu. In meinem kleinen Garten blühen Krokusse, und ich pflanze mächtig an den Tulpen herum. Wenn ich säe, fressen die Spatzen immer die Körner wieder auf – und ich weiß nicht recht, ob ich mich über das lustige Gepiepse freuen soll oder ihnen böse sein, daß sie ewig meine Samen wieder aufpicken. Seit drei Tagen ist es etwas wärmer, und dieser dämliche Nebel hört langsam auf. Man bekommt hier solche Sehnsucht nach Sonne und Wärme...»

Zurück in Berlin

Brigitte Horney ist oft gefragt worden, warum sie im Frühling 1937 nach Deutschland zurückgekommen ist: «Ich bekam in England kaum mehr Rollen, weil meine jüdischen Kollegen herüberkamen und natürlich zuerst beschäftigt werden mußten. Und schließlich war ja Deutschland meine Heimat! Meine jüngere Schwester Renate war 1935 aus Amerika zurückgekommen, um ihren Jugendfreund Fredy Crevenna zu heiraten, und im Mai 1936 bekam sie eine Tochter. Ich war Tante geworden! Meine Mutter kam so oft, wie sie konnte, aus Amerika, um ihr Enkelkind zu sehen und uns zu besuchen. Das letzte Mal war wohl Weihnachten 1937. In Berlin hatte ich ja auch meinen Vater, und in Wolfenbüttel meine geliebten Großeltern. Ich hatte das Theater, ich hatte Heinz Hilpert, und so einen Theatermann gab es doch nirgends in der Welt. Ich fand ihn – wenn möglich – genauso bedeutend wie Reinhardt. Die letzte Probe vor der Premiere auf den Tag der Premiere zu legen, war seine Idee: Wie an anderen Theatern hatten auch wir am Tag vor der Premiere große Generalprobe mit Presse. Dann hieß es, solle man sich bis zum nächsten Tag ausruhen. *Ausruhen!!* Das kann man doch nicht!

Man geht ruhelos herum, denkt an die Rolle, regt sich auf und wird ein Nervenbündel. Nein, Hilpert machte es anders: Am Premierenmorgen besprachen wir im Theater die Generalprobe des gestrigen Tages in aller Ruhe und spielten dann das ganze Stück noch einmal mit Kostümen und Beleuchtung durch. Abends bei der Premiere war man dann ruhig, gelassen und ohne lähmende Nervosität. Hilpert hat uns – wie kein anderer – künstlerisch die innere Sicherheit gegeben. Und dann hatte ich ja meine Freunde und die schönen Filme, die man mir in Deutschland angeboten hatte. Warum sollte ich also nicht zurück?»

Auf der Insel hatte es geregnet. Nun klärte sich das Wetter auf, am Himmel leuchtete ein Regenbogen, und aus dem Waldboden brachen die Pilze hervor. Auch da war Brigitte eine Expertin. Sie wußte genau, welche Pilze eßbar und welche giftig waren. So wanderten wir mit unseren Körbchen im feuchten Gebüsch herum und waren jedesmal glücklich, wenn wir eine eßbare Pilzfamilie fanden.

«Aber die Nazis, Biggy», fragte ich, unser Gespräch fortsetzend. «Hattest du denn keine Angst?»

Biggy setzte sich auf einen bemoosten Stein, nahm ein kleines Messer hervor und fing an, die Pilze zu säubern.

«Nein, die politische Welle machte mir keine Angst. Ich dachte wie meine Kollegen damals: Sie wird bald vorübergehen, diese Welle. Es ist nur eine Zeitfrage. Man mußte bloß aushalten.»

«Kanntest du Dr. Goebbels persönlich?»

«Ach, was heißt ‹kannte›. Ich habe ihn getroffen, das

ließ sich nicht vermeiden. Er war ja der oberste Kulturchef und überhaupt für Presse, Film, Funk, Theater und Kunst verantwortlich. Das erste Mal traf ich ihn im Frühjahr 1937, als ich aus London nach Deutschland zurückkam. Da war ich auch zu einem Empfang bei Hitler eingeladen.»
«Wie fandest du sie denn?»
«Gesellschaftlich sind alle Menschen nett, Fischi Mischi. Goebbels war ganz witzig, den Hitler fand ich eher komisch. Es wunderte mich eigentlich, daß er mit Messer und Gabel essen konnte. Ich habe die beiden überhaupt nicht ernst genommen, was von mir, na ja, von allen, eben ein Fehler war. Natürlich wußte ich, daß die Juden unerwünscht waren. Ich hatte selber jüdische Verwandte, und in London traf ich meine Freundin Lilli Palmer, die als jüdischer Flüchtling nach England kam. Wir sprachen viel zusammen. Wir beide meinten, daß sie bald nach Deutschland zurückkehren würde, denn so lange könnte es wohl nicht mehr dauern, bis ein Regierungswechsel käme. So weit wußte ich es also. War aber die menschliche Vorstellungskraft je imstande, das zu ahnen, was später geschah? Naiv wie ich war, dachte ich sogar, es könnte nicht schaden, Beziehungen nach oben zu haben, denn so würde man vielleicht jemandem helfen können, der Hilfe brauchte. So ging ich ein paarmal zu den Goebbels-Empfängen hin. Das heißt, wenn ich dreimal abgesagt hatte, ging ich das vierte Mal hin, fühlte mich aber immer unwohler dabei. So empfanden es auch meine Kollegen. Wir hatten wohl doch alle etwas Angst. Ich war außer mir, als ich erfuhr, er hätte nach beendeten Dreharbeiten einige meiner Filme umschneiden und für seine propagandistischen Zwecke ändern lassen. – Nach dem Selbstmord der Gottschalkfa-

milie im November 1941 war bei mir Schluß. Über den Schock bin ich nie hinweggekommen.

Aber damals, im Frühjahr 1937, machte ich mir nicht viele Gedanken darüber. Ich wollte nach Hause, ich wollte spielen und ging von der einen schönen Rolle in die andere über. Wunderbare Regisseure und Mitspieler hatte ich auch. Die Vorbereitungen zu dem Film ‹Revolutionshochzeit› waren in vollem Gang. In der Zwischenzeit spielte ich die Regine in dem Film ‹Der Katzensteg› nach dem gleichnamigen Roman von Hermann Sudermann, ‹Treu bis in den Tod› und Hannes Stelzer sklavisch liebend unter Fritz Peter Buchs Regie!

Ja, so sauste ich von morgens bis abends mit Aufnahmen herum, und nachts mußte ich Manuskripte lesen. Ruhe hatte ich auch zu Hause selten. Manchmal denke ich, daß es ein furchtbarer Beruf ist – nie hat man Zeit für sich. Manchmal möchte man ja doch allein sein können. Mit dem Menschen, den man liebt. In Ruhe über Dinge nachdenken, ohne daß andere Leute störend dabei sind, die wollen, daß man sich für irgend etwas einsetzen soll. Man möchte doch selber herausfinden, was man will und wozu man taugt, nicht?»

Brigitte seufzte, schwieg, und langsam wanderten wir nach Hause. Die Möwen kreisten schreiend unter dem Himmel. Im Westen zeigten sich schwarze Wolken am Horizont. Bald würde es wieder regnen.

In der Küche machten wir unsere Pilze zurecht, und beim gemütlichen Abendessen berichtete Biggy weiter:

«Wenn ich zurückdenke, Fischi Mischi, fällt mir so manches ein, z. B.: Im September 1937 kam Mussolini nach Berlin und fuhr mit Hitler zusammen bei strahlendem Wetter durch das Brandenburger Tor. Im offenen Wagen und von einem Menschenmeer umjubelt. Freunde von mir haben es gesehen. Und niemand, kein einziger Mensch unter den vielen Tausenden, hat probiert, die beiden Verbrecher zu erschießen. Im Gegenteil, himmelhoch jauchzend war die Menge!

Und dann den ganzen Herbst die Ausstellungen von ‹entarteter› Kunst – als ob wahre Kunst je entartet sein könnte! Jetzt versteht man nicht, wieso das alles möglich war. Es ist aber immer leicht, hinterher klug zu sein.»

Biggy konnte stundenlang essen, nahm dabei aber sehr wenig zu sich. Wie ein Vögelchen. Sie liebte es zu kochen und ihre Freunde zu verwöhnen. Sie liebte die Mahlzeiten und das Zusammensein am Tisch. Das waren für sie die Höhepunkte des Tages.

Mit der Gabel nahm sie einen Pilz, schaute ihn zärtlich an, schnitt ihn in ganz kleine Stücke auf und ließ jedes Stück langsam und genießerisch im Mund zergehen.

«Es ging also alles weiter», fuhr sie fort. «Die Bäcker backten, die Bauern lieferten ihre Waren, die Geschäfte waren geöffnet, auch die Restaurants und Cafés, die Theater spielten – und ich drehte. Nur etwas fehlte: Die jüdischen Menschen waren aus dem Stadtbild verschwunden. Sie hielten sich im Hintergrund und warteten und hofften.

Ende Oktober kam wieder ein Film mit Tourjanski, und an diesem Film – es war ‹Verklungene Melodie› – hatte ich viel Freude. Ein reicher Industrieller, Willy Birgel hat ihn gespielt, muß wegen des schlechten Wetters in der Wüste in Afrika landen. Als er weiterfliegen kann, nimmt er ein junges Mädchen – mich – mit, weil ich nach Berlin auf die Theaterschule will. Ich habe kein Geld, darf daher bei ihm wohnen und verliebe mich in ihn. Stolz wie ich bin, sage ich es ihm aber nicht. Sein Bruder – das war Carl Raddatz – verliebt sich in mich, ich heirate aber einen Dritten in New York. Dort sucht mich Birgel auf, aber zu spät.»

Besonders die Außenaufnahmen in Biskra machten Brigitte Spaß. Die Filmequipe fuhr über Marseille nach Algier und mit dem Zug weiter nach Biskra. Von dort schrieb Brigitte am 5. November 1937: «Lieber Großvati! Wir sind auf der Oase Biscra – heiß – Sonne – Palmen – Sahara – gestern sind wir zwei Stunden durch die Wüste geritten, es ist wie ein Traum so schön.»

Am ersten Tag nach dem Essen ging Brigitte mit den Kollegen aus, um die Oasen-Stadt zu besichtigen, die Kuppeln der Moschee, den klaren Sternenhimmel, den Vollmond. – «Es war wirklich wie eine kitschige Operettendekoration», erzählte sie. «Tourjanski und Birgel begannen sofort, Opern zu singen, ich lief eine Treppe hinunter und sang: ‹O rette mich, mein Vater, rette mich!› Plötzlich verschwand ich aber in einem Loch unten an der Treppe. Als man mich heraufzog, war der linke Fuß geschwollen und die Sehne gezerrt. Ein arabischer Arzt wurde geholt. Er sah schrecklich aus: vermummt, verkrautet und schmutzig, mit Ausschlägen zwischen den Fingern und einem langen Bart. Er machte einen Draht glühend und brannte damit kleine Löcher um die Geschwulst. Als das nicht half, stieß er mir am nächsten Tag eine ungekochte Spritze ins Gelenk. Wahrscheinlich mit Kokain, denn ich spürte nichts, konnte mich aber schwer allein bewegen. Wenn ich also weg mußte, um hinter einer Düne etwas zu verrichten, bestieg ich ein wunderschönes weißes Kamel, das neben mir lag. Es hatte lange dunkle Augenwimpern und einen lässigen Mund. Wir tauften es Greta Garbo. Es war ein Traumtier!

Als die Dreharbeiten beendet waren, fuhren wir über Algier zurück nach Marseille. Dort ging Tourjanski zum Schaffner und sagte, wir brauchten drei Schlafwagen erster Klasse nach Paris. ‹Das kostet 1800 Franc›, sagte der Schaffner. So viel Geld hatten wir nicht. ‹Wir sind aber Araben!› rief Tourjanski. ‹Wir fahren zur Weltausstellung nach Paris!› – ‹Aha›, meinte der Beamte, ‹dann gibt es eine Ermäßigung.› Tourjanski war ja Russe und sein Deutsch dementsprechend. Bei ihm endete der Plural immer auf -*en*, daher Araben statt Araber! Aus Unsinn hatten wir uns arabische Feze aufgesetzt, und so haben wir – als Arab*en*! – verbilligte Karten bekommen.

Wegen des Waffenstillstandstages waren alle Banken in Paris zu. Unser Geld reichte gerade noch für die Weltausstellung. Wir hatten Hunger, und Tourjanski führte uns zu dem russischen Restaurant Kornilow. ‹Hier habe ich früher viel Geld ausgegeben, und der Inhaber ist mein Freund!›

Drinnen brach ein Jubel aus, als der Besitzer, auch ein Russe, Tourjanski sah. Wie lästige Fliegen wischte er die Gäste von einem schönen Tisch weg. Dann stellten Kornilow und Tourjanski ein endloses, aber herrliches Menü zusammen, und wir haben von halb zwei bis halb sechs gegessen!

‹Wir haben kein Geld›, sagte Tourjanski. ‹Ich muß meinen Freunden Paris zeigen. Wir müssen gehen in ein

Lokal, wo tanzen Zigeunen. Sie müssen mir Geld geben, auch für drei Schlafwagen nach Berlin.› Und Kornilow hat ihm das ganze Geld gegeben! Wir haben einen herrlichen Abend in Paris verbracht und gegen Mitternacht den Schlafwagen nach Berlin genommen. Nein, nie im Leben werde ich diesen Tag in Paris ohne Geld vergessen!»

Geburtstage vergaß Brigitte Horney nie. Als sie nach Berlin zurückkam, schrieb sie am 22. November 1937 folgenden Brief an Rektor Horney in Wolfenbüttel:

Mein lieber Großvati!
Alles Liebe zu Deinem Geburtstag! Ich wäre gern mit den andern zu Dir gefahren und hätte Dir persönlich gratuliert, aber ich kann nicht fort, wir drehen wieder von früh bis nachts im Atelier, jeden Tag. Und es wird bis zum 23. Dezember so weitergehen. In Afrika war es herrlich – und die Aufnahmen, die wir gemacht haben, sind richtig schön geworden. Ich habe solche Sehnsucht und möchte wieder runterfahren. Die Wüste und die Sonne, und hier ist es so kalt. Morgens um sechs, wenn ich ins Atelier fahre, sind die Straßen meistens so vereist, daß ich nur langsam vorwärts rutschen kann; gestern habe ich statt fünfzehn Minuten eine Stunde gebraucht, um herauszufahren, so glatt war es – trotzdem war ich doch der erste Wagen bei der UFA. Ich hätte Dir so gern etwas Hübsches geschenkt, aber ich bin ja im Atelier und sehe nie einen offenen Laden. Ich lege Dir so nur etwas in den Brief, damit Großmutti Dir etwas besorgen kann, womit sie Dir Freude macht. Es ist wieder so lange her, daß ich bei Euch war. Manchmal habe ich gar keine Lust zu arbeiten, weil ich mich lieber ausruhen möchte oder mal so et-

was wie ein Privatleben haben ... Papa sehe ich beinahe so wenig wie Euch, obwohl wir gar nicht so weit von einander entfernt wohnen. Die einzige Zeit, die ich für mich allein habe, ist, wenn ich im Wagen nach Neubabelsberg herausfahre, denn abends bin ich viel zu müde, um auch noch das Geringste tun zu können. Sogar beim Textlernen nachts drehe ich oft das Radio an, damit ich wach bleibe. Aber doch ist es ein herrlicher Beruf!

Lieber Großvati – alles alles Gute für Dich und viele Glückwünsche von Deiner Bigge.

Du Großvati, verzeih – ich habe über all dem Trubel vergessen, den Brief einzustecken und finde ihn eben noch auf dem Schreibtisch – bitte, sei nicht böse. Viele Grüße an Großmutti.»

Dieser Brief wurde per Eilboten abgeschickt. So typisch für die liebe Biggy! Wie oft passierte es, daß auch ich von ihr einen Monate alten Brief per Eilboten bekam – mit so lieb-lustigen Entschuldigungen hinten auf dem Briefumschlag wie: «Bitte, verzeih! Ich dummes Ding trage seit Monaten diesen Brief in meiner Tasche herum – habe eben soviel zu tun, daß ich zu gar nichts Richtigem komme!»

Sofort nachdem der Film «Verklungene Melodie» fertig war, begannen die Dreharbeiten zu «Revolutionshochzeit» nach dem gleichnamigen Bühnenwerk von Sophus Michaelis – mit Hans H. Zerlett als Regisseur und Paul Hartmann als Partner. Als Aline hatte Brigitte Horney eine Wunschrolle und sah wieder mal prachtvoll aus. Dieser Film hatte seine Premiere nur zehn Tage nach der Uraufführung von «Verklungene Melodie». Es ging eben Schlag auf Schlag.

Ein kurzes Glück

Ja, viel zu tun hatte sie! Voller Begeisterung und mit einer nie erlahmenden Energie ging sie auf die eine große Rolle nach der anderen los. In «Anna Favetti» freute sie sich über die Drehtage in der Schweiz, in St. Moritz, und über die gute Zusammenarbeit mit dem Regisseur Erich Waschneck und den Kollegen Mathias Wieman, Gina Falckenberg und Karl Schönböck. Neun Jahre später, am 21. Januar 1947, schrieb Brigittes Mutter, Dr. Karen Horney, aus New York über einige ihrer damaligen Filme:

«Hier habe ich Dich jetzt drei Mal im Film gesehen: ‹Der General› (wohl ‹Der Gouverneur›), ‹Winterstürme› (‹Anna Favetti›) und ‹Katzensteg›. ‹Anna Favetti› ist doch ein schöner Film. Und Du bist ganz wunderbar groß darin. Die anderen beiden haben mein Herz auch erfreut – nur sind sie als Filme so scheußlich. Aber in ‹Anna Favetti› und ‹Katzensteg› bringst Du das allmähliche Erwachen einer gedrückten und hoffnungslosen Seele mit großer Überzeugungskraft heraus. Da ist eine Tiefe und Innerlichkeit, die mich tief gerührt hat.»

Lob von ihrer Mutti machte Brigitte Horney immer sehr glücklich.

Für sie persönlich war aber der Wolfgang-Liebeneiner-Film «Du und ich» mit Joachim Gottschalk der allerschönste. Die Aufnahmen fanden im Vorsommer 1938 statt.

«Es war so eine glückliche Zeit! Gottschalk konnte so wunderbar albern sein, ach, was haben wir gelacht! Und ich Vollidiot habe mich wieder verliebt. Diesmal in Wolfgang Liebeneiner. Ich war so erstaunt, denn ich dachte, ich könnte nicht mehr lieben. Aber plötzlich fing es an in mir zu kribbeln und zu krabbeln, und zwar immer, wenn er in der Nähe war. Und in meiner Nähe hielt er sich die ganze Zeit auf. Ich dachte, nanu, das ist doch nicht möglich? Aber es war möglich, Fischi Mischi, es war wunderschön! Er ist ein bezaubernder Mensch, ein herrlicher Regisseur, mit soviel Wärme und Humor. Es war nicht etwa wie *ships who pass in the night*, eher wie Schiffe, die sich am hellichten Tag bei Wind und Sonne unter einem fröhlichen Himmel begegnen. Es wurde aber ein kurzes Glück.

Die Außenaufnahmen fanden in Oberlungwitz in Sachsen statt. Dort saßen die Mädchen wirklich in den Fabriken und sangen das lustige Lied ‹Kan scheeneren Bam gibt's wie der Vochelbeerbam, ä cho – ä cho – ä cho, wie der Vochelbeerbam, wie der Vochelbeerbam...›, so ging das ewig weiter. Wir fingen dann auch an, ach, wie haben wir gealbert! Ich bin ja so furchtbar gern albern, möchte am liebsten Clown sein! Freuen muß man sich, ernst ist das Leben von alleine.

Gottschalk hatte ja eine jüdische Frau, Meta, früher Schauspielerin, ein wunderbarer Mensch. So tapfer. Sie hatten einen kleinen Sohn, Michael. Damals haben wir uns deswegen kaum Sorgen gemacht. Wir dachten: Kommt Zeit, kommt Rat, kommt Sommer, kommt Spinat, in ein paar Jahren ist der Hitler weg, und wir haben eine ganz andere Regierung! Die Gottschalks gehörten zu meinen besten Freunden. Sie sind es immer noch, denn nicht einmal der Tod kann eine wirkliche Freundschaft auflösen.»

Brigitte Horney, die nun ein berühmter Star war und viel verdiente, hatte nach der Rückkehr aus London ein schönes Haus in Neu-Babelsberg gekauft, nicht weit von der UFA. Sie war 27 Jahre alt und hatte schon so viel in ihrem jungen Leben erreicht. Nur fehlte ihr die Mutter. Jeden Sommer trafen sie sich, in Deutschland, Italien oder in der Schweiz, wo Frau Dr. Karen Horney ihren Urlaub verbrachte. Das letzte Mal vor dem Krieg war das im Sommer 1938 und für Biggy eine der schönsten Zeiten ihres Lebens. Im selben Jahr verließ ihre Schwester Renate mit Mann und Kind Deutschland und ging nach Mexiko.

Noch ein gelungener Liebeneiner-Film, «Ziel in den Wolken», näherte sich dem Ende, und schon warteten ein neuer Film und ein neuer Geburtstag:

«Meine liebe Großmutti!» schrieb Brigitte von ihrem neuen Haus am Hindenburgplatz 8 (jetzt Johann-Strauß-Platz). «Zu Deinem Geburtstag wünsche ich Dir alles Gute und gratuliere Dir von ganzem Herzen. Ich bin unglücklich, weil ich nun wieder nicht kommen konnte. Vor zwei Tagen ist mein Film endlich fertig geworden, weil wir so schlechtes Wetter hatten, und eben erfahre ich, daß ich schon am Donnerstag nach Afrika fahren muß, wo wir in Tripolis den nächsten Film drehen. Das Schiff fährt Freitag früh in Bremen ab. Ich bin wieder einmal in irrsinniger Hetze. Kostüme sind noch nicht gemacht, Koffer noch nicht gepackt, überhaupt weiß ich kaum, wie ich das schaffen soll. Hab tausend Dank für den himmlischen Honig – er ist einfach herrlich.

Großmutti, wenn ich nicht so herumtoben müßte, um alles zu schaffen, dann hätte ich Dir ein schönes Geburtstagspaket gemacht. Aber die Zeit langt einfach nicht. Das Geld, was ich Dir schicke, ist nur für *Dich* allein! Und zwar könntest Du Dir ein oder zwei hübsche dunkle Wollkleider kaufen. Tue es wirklich, Großmutti!

Pachen erzählt, Du kommst vielleicht im November her – da mußt Du dann auch zu mir kommen. Ich werde wohl Mitte November wieder da sein. Wenn Du früher kommst, kannst Du mit Pachen hier wohnen und Euch fern von der Stadt verwöhnen lassen. Alles Liebe, es umarmt Dich Deine Bigge.»

Wieder unter Afrikas Sonne

Der neue Film hieß «Aufruhr in Damaskus». Gustav Ucicky führte Regie, Joachim Gottschalk und Hans Nielsen waren Brigitte Horneys Partner. Wochenlang drehten sie in der Wüste, mit Tripolis als Stammquartier. Dort wohnten sie bequem in einem guten, modernen Hotel, und wenn die männlichen Kollegen mit Wüstenkämpfen beschäftigt waren, benutzte Brigitte Horney ihre freie Zeit, um herumzufahren und sich die Umgebung anzuschauen. Besonders interessierten sie die Ausgrabungen in Leptis Magna und Sabratha.

«Offen gestanden erinnere ich mich viel weniger an den Film als an Afrika und meine lieben Kollegen Gottschalk und Nielsen. Ucickys Regie machte Freude. Und sonst! Es ist wie ein Wunder, daß die Statuen, Mauern und Säulen, die einmal dort standen, heute wieder aufgerichtet, fest und unversehrt dastehen. Sie sind ja nicht, wie in Pompeji, unter Lava gekommen. Sie sind einfach umgefallen, vom Sand zugeweht und nun wieder ausgegraben. Herrlich sieht es aus! In dem alten Palast gibt es Räume, die zehn mal zwanzig Meter groß und sechs Meter hoch sind. Und alles ist noch da! An der Straße, durch die man hineingeht, steht ein zweihundert Meter langes Relief, so etwa anderthalb bis zwei Meter hoch, auf dem ein ganzer Kriegszug dargestellt ist. Einmal sind wir bei Sonnenuntergang dort entlanggegangen. Es war zu dieser Dämmerungszeit beinahe unheimlich, und wir hätten uns nicht gewundert, wenn plötzlich ein Römer mit klirrendem Schwert um die Ecke gekommen wäre. Es war auffallend, wie lebendig alles war, mit einem Schwimmbecken mitten in der Anlage, und wenn man sich dann denkt, daß sie da alle herumgesessen haben! Es war alles so großzügig angelegt, nicht zu vergleichen mit Herculaneum und Pompeji!

Wir haben uns natürlich ‹Barakani› gekauft. Das sind lange Schals aus ungebleichter Schafwolle, die die Araber ganz um sich wickeln. Sie schützen gleichzeitig vor der Sonne und gegen die Kälte.

Einmal waren wir sehr fein eingeladen. Wir drehten in der Nähe von Garian, etwa vier Stunden mit der Eisenbahn von Tripolis. Das ganze Gebiet gehörte einem reichen arabischen Scheich, der dort Mandelbäume angepflanzt hatte. Es war damals die größte Mandelfarm in Nordafrika. Wir haben ihn daher den ‹Mandelscheich› genannt. Wieviel ihm wirklich gehörte, konnte man nie erfahren. Während der Fahrt dorthin ging sein Besitz immer bis zum Horizont, und wenn ich nach einigen Stunden wieder fragte, gehörte ihm immer noch alles, so weit das Auge reichte! Aus Angst, daß wir kein Wort verstehen würden, hatten Ucicky, Gottschalk, Nielsen und ich unseren Dolmetscher mitgenommen. Er war ein Prinz aus zweiter Linie des herrschenden Königshauses von Tripolis. Er arbeitete kaum, feierte meistens Ramadan – das ist der mohammedanische Fastenmonat – und war immer müde. Er hatte schwarze Lackschuhe, schwarze Socken und lange weiße Unterhosen an. Darüber trug er schwarze Sockenhalter, die die weißen Unterhosen schmückten. Oben trug er einen Barakani, der ihm bis zu den Knien reichte. Und zum Zeichen seiner Würde ging er immer mit einem schwarzen Regenschirm herum!

Das Haus, in dem wir eingeladen waren, war der Stolz unseres Mandelscheichs. In dem großen Eßzimmer stand ein richtiger Tisch mit Stühlen und einer Anrichte, alles mit Perlmutter eingelegt, genau das, was man früher in der türkischen Abteilung bei Wertheim kaufte!

Nachdem wir alles bewundert hatten und am Tisch saßen, kamen zwei kleine, vielleicht neunjährige, süß angezogene Mädchen herein. Jedes trug ein riesiges Messingtablett auf dem Kopf. Auf dem Tablett lag ein ganzer Hammel. Die Hammel waren beide in vier Teile geschnitten, und jeder bekam ein Viertel auf seinen Teller gelegt. Das Fleisch war mit Reis, Mandeln und vielen Gewürzen gemischt und so scharf, daß wir das Gefühl hatten, keine Luft mehr zu bekommen. Gott sei Dank bekamen wir Chianti dazu, das löschte den Durst etwas. Unser Mandelscheich trank nichts, obwohl wir dauernd versuchten, ihn zu überreden.

So tranken wir fröhlich weiter und haben unser Hammelfleisch vertilgt. Nachher bekamen wir eine Speise mit Käse und Mandeln, dann Mandeltorten und zum Schluß Obst und grüne Mandeln. Wir wurden derart ‹bemandelt›, daß es schwer im Magen lag.

Als der Kaffee serviert werden sollte, sagte unser Mandelscheich, es sei jetzt an der Zeit, daß ich seine Damen begrüßte und meinen Kaffee mit ihnen einnähme. Er begleitete mich hin. Gott sei Dank sprach er Französisch. Ich flüsterte nur noch schnell meinen Filmfreunden zu: ‹Daß ihr mich bloß hier nicht vergeßt und ohne mich zurückfahrt!› Sie lachten aber nur.

Der Mandelscheich führte mich in einen großen Saal. Dort war alles mit Teppichen ausgelegt, und an den Teppichen steckten überall Flitterpostkarten mit Liebesmotiven. Ein oft vorkommendes Motiv war ein Liebespaar in einer Laube, oben schnäbelnde Tauben, unten Wasser mit Seerosen. Solche Karten hatten sie gesammelt und mit Sicherheitsnadeln auf die herrlichen Teppiche gesteckt!

Im Saal saß sein Harem, der jetzt aus zwei Damen bestand, denn eine war gerade gestorben. Zuerst begrüßte ich die ältere, dann die jüngere. Denn ich wußte, daß man hauptsächlich mit der älteren sprechen sollte. Der Mandelscheich übersetzte alles.

Die ältere ging hinaus, um Kaffee zu holen. Kaum war sie weg, beugte er sich vor, krabbelte die jüngere unter dem Kinn und sagte zu mir: ‹Das ist meine Liebste, die habe ich erst seit zwei Monaten.› Kaum war die ältere wieder da, nahm er die Hand schnell zurück und tat, als sei nichts. Ach ja, die Männer!

Eigentlich muß es schwierig sein mit so einem Harem. Wenn die Frauen einigermaßen gleichaltrig sind, geht es vielleicht besser. Denn dann könnten sie ja Freundinnen werden. Aber so tat die ältere mir leid.

Der Mandelscheich verließ den Raum, um zu den Herren zurückzugehen. Ich fing an, zu den beiden Frauen italienisch zu sprechen, weil wir uns ja sozusagen in einer italienischen Provinz befanden. Keine Reaktion. Dann probierte ich es auf französisch. Sie schwiegen und guckten mich an, so wie wir vor dem Affenkäfig im Zoo. Mit Englisch und Deutsch hatte ich auch keinen Erfolg. Nun wurde die Stille lähmend. Sie saßen nur da und starrten mich mit ihren großen schwarzen Augen an. Hinter ihnen sah ich die törichten Flitterpostkarten an den Teppichen, und mir wurde langsam unheimlich zumute. Plötzlich ertönte ein schallendes Gelächter: an der Tür stand eine dicke Dame und lachte sich kaputt. Die beiden Haremsdamen fingen an zu lachen, ich auch. Wir lachten minutenlang, weil wir vor der Stille Angst hatten. Die Frauen gackerten und erzählten und lachten, so daß es mich beinahe wahnsinnig machte. Ich zeigte der Dicken ein Kinderbild. Sie verschwand und holte die Kinder. Sie waren hinreißend, wir spielten zusammen, und nach und nach schmolz das Eis.

Nach anderthalb Stunden kam der Mandelscheich zurück, und ich sagte ihm, ich müsse jetzt gehen. O nein, sagte er, die Männer hätten gesagt, ich könne gerne dableiben und morgen früh direkt zum Drehort fahren. Beide Haremsdamen klatschten begeistert in die Hände. Plötzlich waren sie mutig, kamen zu mir und befühlten mich. Meine Reithosen und mein Hemd schienen ihnen besonders zu gefallen. Daß man als Frau herumgehen konnte wie ein Junge, war ihnen völlig unbegreiflich.

Keinesfalls wollte ich dableiben, sagte ich energisch. O doch, sagte der Mandelscheich, übrigens seien die anderen schon fort. Ich bekam einen Todesschreck und raste wie eine Wilde durch die Labyrinthe dieses seltsamen Hauses. Endlich fand ich den Ausgang! Die wollten gerade abfahren, der Motor lief schon. Ganz erschreckt sahen sie mich wie eine Wahnsinnige angesaust kommen. Der Mandelscheich hatte nämlich zu ihnen gesagt, daß ich bis morgen bleiben wolle. ‹Na gut›, hatten sie geantwortet, ‹wenn sie das möchte, soll sie eben dableiben, und wir holen sie morgen früh ab.›

Es wäre entsetzlich gewesen.

Nachher wurde mir wahnsinnig schlecht. Von dem Hammel und den vielen Mandeln und Gewürzen. Nach diesem Essen stanken wir noch zehn Tage lang!

Bei den Ausgrabungen in Sabratha hat man ein richtiges Amphitheater gefunden. Wenn man auf der Bühne steht, schaut man durch die antiken Riesenbögen auf das offene Meer hinaus. Kein Land liegt dazwischen – dieser Ausblick ist der schönste, den man sich denken kann. Einmal bin ich ganz hoch auf die obersten Bänke hinaufgekrabbelt und habe mich hingesetzt. Gottschalk ging auf die Bühne und sprach. Ich hörte jedes Wort, jede Silbe ganz deutlich, obwohl er gar nicht laut sprach. Das Theater war ein Traum, so wunderbar gebaut und eingerichtet. Gottschalk und ich sprachen darüber, einmal später im Leben wieder hinzufahren und auf dieser Bühne Theater zu spielen. Wir haben Pläne geschmiedet und uns wie Kinder gefreut, diese Pläne zu realisieren. Warum sollte das auch nicht möglich sein? Wir waren jung und voller Hoffnung. Die untergehende Sonne legte ihre Strahlen zärtlich über das alte Amphitheater und ließ es langsam in einen goldenen Schimmer tauchen. Die Schönheit war so überwältigend, daß man dachte, es könnte nie mehr etwas Böses in der Welt geschehen. Als wir dann in unser Hotel in Tripolis zurückkamen, erzählten uns die Kollegen aufgeregt von der Reichskristallnacht und von den Grausamkeiten dieser Nacht. Gottschalk wurde kreideweiß und verschwand in sein Zimmer. Es war furchtbar.

Die Aufnahmen mußten aber weitergehen, und wir haben uns alle bemüht, ihm zu zeigen, wie wir zu ihm hielten. Es könne unmöglich so weitergehen, sagten wir, das Ausland würde protestieren, schließlich lebten wir doch in einer zivilisierten Welt. Als es uns endlich gelang, Telefonkontakt mit Berlin zu bekommen und so zu erfahren, daß seiner Frau und dem Sohn nichts passiert war, dann erst hat sich unser ‹Jochen› einigermaßen beruhigt.

Bis Ende November haben wir weitergedreht und mußten dann die wärmende Sonne des Südens verlassen.»

Der Krieg rückt näher

Es war eine merkwürdige Zeit. So unwirklich. Alle sprachen vom Krieg. Man flüchtete in sich selbst, man flüchtete in die Arbeit. Letzteres tat ich. Denn sich hinsetzen und denken, hätte mich verrückt gemacht. Die Lage spitzte sich immer mehr zu. Aber einmal mußte doch die politische Welle abfluten und anderen Wellen Platz machen. Aushalten, arbeiten, helfen, wo man konnte, so war unser Programm.»

Als Brigitte schwieg, war es dunkel auf der Insel. Sie war für ein paar Wochen gekommen, und wir hatten viel Zeit zum Erzählen. Wir waren unten am Strand gewesen, um dem Meer, den Schären, den kleinen Inseln und dem Männeken gute Nacht zu sagen. Das taten wir abends immer. Männeken war ein kleines Bäumchen, ein etwa siebzig Zentimeter hohes Tännchen, das hoch oben auf einem steilen Felsen stand. Und weil es so ganz allein und ohne Schutz gegen den Wind dastand, bebte es immer. Es hatte nur zwei Zweige und sah stets aus, als ob es uns zitternd vor Sehnsucht mit beiden Armen willkommen hieße. Wegen der harten Winterstürme wurde es nie größer. Wir liebten unser Männeken und waren glücklich, wenn wir im Frühling hinfuhren und es immer noch dastand und vor Wiedersehensfreude zitterte.

Später saßen wir vor dem offenen Kamin. Die letzten Lohen flackerten, unter der Asche glühte noch das Holz.

«Gottschalk war von Hitler auf die Liste der zwanzig mit jüdischen Partnern verheirateten Schauspieler gesetzt worden, die dadurch zu ‹Ariern› erklärt wurden», berichtete Biggy nachdenklich. «Heute weiß ich nicht, ob das stimmte. Aber damals haben wir daran geglaubt und waren natürlich beruhigt. Man klammert sich ja immer an die guten Hoffnungen.

Die Filmerei ging weiter, ich spielte die Frau von Willy Birgel in dem Tourjanski-Film ‹Der Gouverneur›. Als meine kleine Schwester hatte Hannelore Schroth ihre erste Filmrolle, sie war entzückend, und Rolf Weih spielte sehr ausdrucksvoll meine Jugendliebe. Wie immer bei Tourjanski spielte Nikolai Kolin mit. ‹Kollerchen› war ein bezaubernder alter Russe, der früher bei Stanislawski in Moskau ganz groß war. In ihm steckten tausend Kinder, und wir liebten ihn alle.

Nach beendetem Drehtag durften wir bei Tourjanski nicht auseinandergehen. Wir mußten immer zusammen zu Abend essen, bei ihm, bei mir oder in einem Restaurant. Dann haben wir weitergespielt, er hat uns nie aus den Rollen gelassen! Das war schön und auch wichtig, denn so haben wir am nächsten Tag mit der gleichen Freude weitergespielt. Und Freude am Spielen, es gibt kaum was Schöneres. Alles in allem glaube ich, daß ‹Der Gouverneur› ein ganz guter Film wurde.

Auch in meinem nächsten Film hatte ich das Glück, mit Tourjanski zu arbeiten. Er war eine internationale

Größe und hat u. a. den berühmten französischen Film ‹Schwarze Augen› mit Simone Simon gedreht, die er auch entdeckt hatte: Er saß in einer Kneipe in Marseille, da kam ein junges Mädchen herein, sah ungepflegt und unsauber aus. Er lud sie an seinen Tisch zum Essen ein und plauderte mit ihr. Beim Weggehen gab er ihr vierhundert Franc, damals eine Menge Geld, bat sie, ein Bad zu nehmen, sich neue Kleider zu kaufen, zum Friseur zu gehen und ihn dann in seinem Atelier in Paris aufzusuchen. Zur verabredeten Zeit kam sie an, sah frisch, sauber und gepflegt aus. Er machte Probeaufnahmen von ihr, und ihr Glück war gemacht! Sie hat ihm das ganze Geld schnellstens zurückgegeben. Ja, Viktor Tourjanski und Heinz Hilpert waren meine Lieblingsregisseure, bei diesen beiden wurde auch alles gründlich vorbereitet. Keine Szene wurde gedreht, bevor nicht jedes Wort saß und jede Bewegung genau festgelegt war.

Manchmal habe ich mir wohl zu viel zugemutet, wenn man aber von einer Rolle angetan ist, fällt es einem schwer, nein zu sagen. Der Tourjanski-Film ‹Eine Frau wie du› nach Dinah Nelkens Roman ‹Ich an dich› mit Joachim Gottschalk wurde oft gleichzeitig mit ‹Befreite Hände› gedreht, so daß ich manchmal nachts zwischen München und Husum hin- und herfahren mußte. Und dann brach der Krieg aus.

Es steht noch alles so deutlich vor mir: Ich spielte in ‹Befreite Hände› eine sture scheue Bauernmagd, die sich zu einer wunderbaren Bildhauerin entwickelt und ihre Wahl zwischen Liebe und Kunst treffen muß. Carl Raddatz und ich probierten gerade eine Szene in einem italienischen Restaurant in München. Wir sollten neuverliebt sein und beim Spaghetti-Essen zeigen, wie glücklich wir waren. In der Mittagspause hörten wir dann die furchtbare Hitler-Rede über den deutschen Angriff auf Polen. Es war der 1. September 1939.

Nach der Mittagspause mußten wir die Szene drehen, denn weiterdrehen mußten wir. Es war grausam. Wir waren bei Gott nicht in der Stimmung, etwas Romantisches zu spielen. Aber – wenn man ohne Pause den einen Film nach dem anderen dreht, manchmal sogar zwei gleichzeitig, und immer die Persönlichkeit wechselt, im Laufe einiger Stunden ein ganz anderer Mensch sein soll, dann verliert man jede Beziehung zur Realität der Außenwelt. Man schließt sich irgendwie ein. Nichts hören, nichts wissen. Ich hatte keine Zeit, eine Zeitung zu lesen oder die Nachrichten zu hören. Ich *gab* mir keine Zeit dazu. Denn hätte ich es getan, hätte ich nicht weiterspielen können. Ich schloß mich in mich selbst ein und erlaubte nur den nahen Freunden und den Sorgen um sie, mein Inneres zu tangieren.»

Anfang November 1939 fingen die Proben zu G. B. Shaws «Pygmalion» am Deutschen Theater in Berlin bei Heinz Hilpert an, und Brigitte Horney und ich trafen uns zum ersten Mal.

Begegnung mit Fischi Mischi

«Wenn du eine gute Schauspielerin werden willst, mußt du nach Deutschland», sagte der große norwegische Regisseur und Intendant Björn Björnson, Sohn des berühmten Dichters Björnstjerne Björnson, und schickte mich, die junge Norwegerin Gerd Höst, 1938 zu seinen Freunden Erich Engel und Heinz Hilpert nach Berlin. Erich Engel machte Probeaufnahmen von mir und verschaffte mir bei der Tobis einen Jahresvertrag. Später sprach ich bei Hilpert am Deutschen Theater in Berlin vor und bekam einen Vertrag für zwei Jahre.

Bei Frau Henny Rothenstein in der Spichernstraße 17 fand ich ein schönes Zimmer. Sie war eine kleine, siebzig Jahre alte Jüdin mit einem Herzen aus Gold. Freunde und Bekannte warnten mich. Um damals in Deutschland arbeiten zu können, durfte man offiziell nicht mit Juden verkehren. Ich fragte Heinz Hilpert um Rat. «Bleib nur dort und sei lieb zu ihr. Ich werde schon auf euch aufpassen», meinte er.

Anfangs ging es ihr einigermaßen gut. Sie war immer fröhlich, hörte mich in den Rollen ab; ich nannte sie «Mutti», und wir hatten es schön und gemütlich zusammen. Daß es in den Parkanlagen rote und gelbe Bänke gab und daß sie als Jüdin nur die gelben benutzen durfte, machte sie eher beglückt als traurig. Mit der Würde einer Königin saß sie auf ihrer gelben Bank. Denn sie war stolz auf ihre jüdische Identität, zugleich aber auch stolz, eine Deutsche zu sein. «Dies ist nicht das richtige Deutschland, Kindchen. Es ist nur etwas, das wir durchmachen müssen. Bald kommt die alte, gute Zeit zurück. So wie es jetzt ist, kann es nicht weitergehen. Sie können uns nichts Böses antun, wir haben ihnen doch nie etwas getan.» Wie optimistisch war sie, meine deutsch-jüdische Mutti, und wie sehr irrte sich ihr gutes Herz.

Ich nahm Deutschunterricht, Schauspielunterricht und Tanzunterricht: Akrobatik, Ballett und Gesellschaftstanz. Ich bekam schon kleinere Rollen und war glücklich und gut aufgehoben am Deutschen Theater und bei Mutti.

Der 9. November 1938: Nach der Vorstellung hatten wir wie üblich im D. T., dem Kellerrestaurant des Deutschen Theaters, zu Abend gegessen. Bruno Hübner, Wilfried Seyferth und ich fuhren mit der U-Bahn bis zur Uhlandstraße und wollten am Kurfürstendamm ein bißchen bummeln, bevor wir nach Hause gingen. Die Stimmung war heiter, die Luft rein und klar. Plötzlich tauchten einige ordentlich gekleidete Männer auf, hielten vor jedem jüdischen Geschäft an und schlugen die Fenster ein. All unsere Heiterkeit war dahin, wir spürten nur eiskalte Angst. Die Männer schienen uns nicht zu bemerken, ruhig und systematisch setzten sie ihre Arbeit fort. Ihr taktfester Schritt und das Klirren der Glassplitter zerbrachen die Stille. Mutti, Mutti, dachte ich in Panik. Wir trennten uns schnell, und ich stürzte nach Hause.

Mutti saß angezogen in ihrem Zimmer, die Bibel vor sich, im Gebet versunken. Als ich eintrat, drückte sie sich zitternd an mich: «Lieber Gott, laß sie nicht kommen, lieber Gott im Himmel...» Sie kamen auch nicht zu uns. Als Mutti sich etwas beruhigt hatte, bat sie mich, in die Stadt zu gehen, um herauszufinden, was geschehen war.

Und was war nicht im Laufe einiger Stunden geschehen! In der Fasanenstraße brannte die Synagoge. Gewaltige Flammen züngelten zum Himmel. Ringsum standen die Menschen wie gelähmt. Man hörte nur das unheimliche Knistern des Feuers.

Ich lief wieder den Kurfürstendamm hinauf. Vor einem kleinen Weißwarengeschäft standen Leute. Durch das eingeschlagene Schaufenster zerrten zwei SS-Männer eine halbangezogene jüdische Frau heraus. Apathisch ließ sie sich mitschleppen, die Augen waren rot und geschwollen, das Gesicht schien kreideweiß. Einige Jungen warfen Steine nach ihr. «Aber nein, Kinder, nein!» rief eine ältere deutsche Frau. «So etwas tut man nicht. Vergeßt nicht, daß es einen Gott gibt.» – Gab es wirklich einen Gott? Müde und krank vor Verzweiflung ging ich nach Hause.

Nun wurde alles anders und gefährlicher. Muttis Radio, ihr Telefon und ihre Wertsachen wurden beschlagnahmt. Als Jüdin durfte sie erst nach vier Uhr nachmittags ihre Einkäufe machen. Bus und Straßenbahn, Theater und Kino waren ihr nicht erlaubt.

Trotzdem blieb sie optimistisch. «Es wird schon vorübergehen, Kindchen. Komm, ich mache dir einen Mokka Efti, einen kräftigen, mit knusprigen Brötchen dazu, und die Welt wird wieder wie ein rosa Traum.»

Man gewöhnt sich viel zu leicht an eine schlimme Lage. Irgendwie kamen wir wieder zur Ruhe. Ich kaufte für uns ein, Mutti hörte mich weiter ab und war voller Hoffnung.

Am 1. September 1939 vormittags wurden alle Angestellten ins Theater gerufen. Voller Unruhe fuhr ich hin. Im Theater war die Stimmung nervös. Hilpert vergaß, seine Zigarre anzuzünden, er wanderte ruhelos umher. Wir mußten alle auf die Bühne, niemand sagte ein Wort. Die Stille hing schwer in der Luft. Um zwölf Uhr hörten wir aus dem Radio die hysterische Stimme Hitlers vom deutschen Großangriff auf Polen berichten. Dann wieder Stille. Plötzlich fing Elisabeth Flickenschildt an ganz leise zu weinen. Die Stimme klang wund, wie aus tiefstem Schmerz. Wir standen paralysiert da. Sie beruhigte sich nach und nach, und wir standen immer noch still da. Schließlich sprach Hilpert ein paar Worte, und dann gingen wir alle auseinander.

Ich dachte daran, sofort nach Hause, nach Norwegen, zu fahren. Aber vieles hielt mich zurück. Wie sollte es Mutti gehen? Ich bildete mir ein, als Ausländerin könnte ich ihr vielleicht einen gewissen Schutz geben. Und dann hing ich so sehr an meinen Freunden Erich Engel und seiner Frau Annie, an Hilpert und den Theaterkollegen. Ich hatte eine größere Rolle in einem Stück von Somerset Maugham bekommen. Erich Engel führte Regie, die Proben hatten schon begonnen. Aber als am 3. September England und Frankreich Deutschland den Krieg erklärten, kam «von oben» ein Verbot gegen das Stück.

George Bernard Shaw durften wir noch spielen, und so wurde «Pygmalion» als nächstes ins Programm genommen – «Pygmalion» mit Brigitte Horney als Eliza.

Die Probe hatte schon begonnen, als Brigitte Horney kam. Die Kollegen stürzten freudig aufgeregt auf sie zu und hießen sie willkommen. Es wurde begrüßt und gelacht. Ich hielt mich etwas zurück. Obwohl ich sie mehrmals im Film gesehen hatte und sie sehr bewunderte, hatte ich vor Primadonnen ein bißchen Angst, weil sie mir oft zu ichbetont schienen. Die Horney wirkte aber nicht so. Einfach und natürlich stand sie da und freute sich über das Wiedersehen mit den Kollegen.

Sie warf einen flüchtigen Blick auf mich, plauderte mit den anderen weiter, sah mich wieder an und kam auf mich zu. «Ich höre, daß Sie Norwegerin sind», sagte sie freundlich. «Meine Mutter ist halbwegs eine.» Wir gaben uns die Hand – und hielten seitdem zusammen.

Die Proben unter Heinz Hilperts Regie verliefen harmonisch. Draußen drohte die Welt zusammenzustürzen, wir arbeiteten in seinem Bannkreis weiter. «Als die schwierige Zeit es verlangte, da hat Heinz uns alle beschützt wie seine Kinder. Als außen alles Widersinn und Unordnung war, ging an seinem Theater das Leben und gingen die Proben mit allem Zauber und allem Ringen weiter. Er ließ die Unruhe von draußen nicht in das Theater herein. In seinem Kreis waren wir behütet vor der inneren dumpfen Starre, vor der Resignation, vor dem seelischen Selbstmord. Er hielt uns wach, er war für uns da», schrieb Brigitte Horney viele Jahre später in der Festschrift für Heinz Hilpert zu seinem 70. Geburtstag am 1. März 1960.

Von nun an teilte ich meine Zeit zwischen dem Theater, Mutti Rothenstein und Biggy. Alle mochten sie, und Mutti war von ihr hingerissen. Biggy kümmerte sich auch um sie, sorgte dafür, daß sie gut zu essen hatte, und schenkte ihr Kleider. Sie schien für alles und alle Zeit zu haben.

Die Pygmalion-Premiere fand am 30. November statt, sie wurde für Heinz Hilpert ein großer Erfolg und für Brigitte Horney ein neuer und schöner Triumph.

Unsere Leben nahmen von nun an eine andere und entscheidende Wendung.

Eine lebenslange Freundschaft beginnt

So etwas Verwirrtes wie dich habe ich noch nie erlebt», sagte Brigitte zärtlich. «Du bist ja so ein unmögliches Ding, von jetzt an nenne ich dich Fischi Mischi.»

Ich hatte wieder eine Dummheit gemacht. Meine jüngeren Geschwister und ich waren spartanisch erzogen worden. Wir hatten kein Verhältnis zum Alkohol und wußten wenig von Wein. Als Biggy eines Abends eins ihrer Lieblingsgerichte, Pesto Genuese, gemacht hatte, bekam ich den Auftrag, Rotwein einzugießen. Ich nahm die Flasche und schüttelte sie so, wie man Cocktails schüttelt. Biggy starrte mich an, als traute sie ihren Augen nicht. Dann brach sie in lautes Gelächter aus. Sie lachte und lachte, bis ihr die Tränen in die Augen kamen.

«Also, von nun an heißt du Fischi Mischi, komisch, aber mit Liebe!» Sie nahm eine andere Flasche. «Deinen Schüttelwein kann ich erst in einem halben Jahr wieder trinken.» Und sie erklärte mir, wie man den Rotwein behandeln soll: eine Woche im voraus die Flasche vorsichtig auf eine Treppenstufe legen, jeden Tag eine Stufe höher, und am letzten Tag auf den Tisch stellen und aufmachen. «Der Temperatur wegen. Aber alles sehr vorsichtig, damit der Bodensatz unten bleibt.»

Sie konnte alles. Aus beinahe nichts machte sie die leckersten Gerichte. Aus alten Klamotten zauberte sie die schicksten Kleider. Sie konnte malen. Ich mußte Modell stehen, und das Resultat war verblüffend. Sie war eine großartige Gärtnerin, eine erstklassige Sportlerin. Sie war musikalisch, und wie ganz Mitteleuropa liebte auch ich ihre dunkle, geheimnisvolle Stimme. Sie beherrschte mehrere Sprachen, war intelligent mit einem ausgeprägten Sinn für Humor, hatte viel menschliche Wärme und einen sehr guten Geschmack. Ich bewunderte sie maßlos, hatte mir immer eine ältere Schwester gewünscht und war glücklich.

Meistens wohnte ich jetzt draußen bei Biggy in Neu-Babelsberg. Ihr Haus war bildschön. Der Architekt Hermann Muthesius hatte es im Stil eines alten englischen Landhauses gebaut, mit vielen Glastüren, und Biggy hatte es wunderbar eingerichtet. Ich konnte stundenlang darin herumgehen und alles bewundern. Oft blieb ich vor der Holzbüste eines jungen Mannes mit einem etwas traurigen, aber doch hoffnungsvollen Ausdruck im Gesicht stehen. Eine Kapuze lag um seine Schultern, er sah aus wie ein Diakon.

«Das ist mein Heiliger», sagte Biggy. «Ich habe ihn mit dem ersten Geld gekauft, das ich verdient habe. Ich werde mich auch nie von ihm trennen. Er ist aus dem Mittelalter, etwa aus dem 14. Jahrhundert. Mehr weiß ich nicht von ihm, nur daß ich ihn liebe.»

Ich sah sie nachdenklich an. Die meisten jungen Mädchen kaufen sich Kleider, Pelze, Schmuck oder Autos für ihr erstverdientes Geld. Aber nicht Biggy. Sie hatte ihren Heiligen bei einem Berliner Kunsthändler gesehen und sofort gewußt, daß sie ihn haben mußte. Sie hatte eine kleine Summe anbezahlt und ging immer wieder hin, ihren Heiligen zu besuchen, bis sie das ganze Geld zusammenhatte und ihn glücklich nach Hause bringen konnte.

Zum Haus gehörte ein großer Garten, den sie mit Gemüse, Kartoffeln und Blumen bepflanzt hatte. Eine Garage war auch da.

Nie werde ich ihren Hund vergessen! Pascha war groß wie ein Kalb und so rundherum zugewachsen, daß man nie wußte, wo vorne und wo hinten war. Pascha war ein weißer ungarischer Hirtenhund, und wenn er lief, sah er aus wie ein Bettlaken im Sturm.

«Du mußt bitte dabeisein, wenn wir ihn das nächste Mal baden, denn das schaffe ich nicht allein. Wenn Pascha in der Wanne planscht, ist es, als wüsche ich siebzig Paar wollene Skisocken! Ich habe ihn auf einem Gut an der tschechischen Grenze gekauft, wo man ungarische Steppenhunde züchtet. Da liefen sie alle im Zwinger wild herum, und der wildeste von allen war der sechsjährige Stammvater Pascha. Er raste herum, bellte wie ein Wahnsinniger und gebärdete sich wie ein Wüstentier. Ich habe mich sofort in ihn verliebt, und nach langen Verhandlungen gehörte er mir. Ihn in meinen offenen, langen Wagen zu bekommen, war aber nicht einfach. Wir haben das Verdeck zugeklappt, den Hund mit Maulkorb auf den Sitz geschoben und mit einer Würgeleine an das Verdeck angehängt, so daß er nicht an mich herankonnte. Als nun das Riesenwollknäuel endlich drinnen thronte, war kaum noch Platz für mich da. So brausten wir los!

Zuerst knurrte er, dann bellte er, zog an der Leine und bewegte sich so wild, daß er mit dem Maulkorb gegen die Scheibe stieß, aber nach einigen Stunden wurde er müde, und ich faßte mir ein Herz und lockerte die

Leine etwas. Dabei sprach ich die ganze Zeit mit ihm. Jetzt konnte er mich mit seinem Kopf erreichen. Er knurrte und schnupperte, und die Spannung: Wer frißt wen machte mir Herzklopfen. Zuletzt nahm ich ihm den Maulkorb ab, streichelte ihn und redete mit ihm. Das gefiel ihm, er leckte meine Hand, und die Freundschaft war geschlossen!

Die ganze Fahrt dauerte sieben Stunden. Als wir zu Hause ankamen, hupte ich, und meine Haushälterin, Frau Huhn, kam heraus. ‹Ich habe den Hund!› rief ich.

Sie stürzte zum Auto: ‹Na, wo ist es denn, das kleine Hundili?› fragte sie mit Babystimme, als ob sie einen Schoßhund erwartet hätte. Dann stieß sie einen furchtbaren Schrei aus und raste ins Haus zurück. Im Garten ließ ich Pascha frei, und die ersten Tage sauste er wie ein Wahnsinniger herum. Bald wurden wir ein Herz und eine Seele, und er folgte mir auf Schritt und Tritt. Mit der Ruhe war es aber jetzt vorbei! Kaum trat ich aus dem Haus, kam Pascha angaloppiert und wollte spielen!»

Das habe ich miterlebt: Sobald Biggy sich im Garten zeigte, rammte Pascha seinen Riesenkopf gegen ihren, wie wenn Stiere miteinander kämpfen. Und sie rollten zusammen auf dem Boden herum, so heiß liebten sie sich.

«Er bringt mir auch Geld ein!» sagte Biggy schelmisch. «Berlins Hundefräuleins möchten ihn alle heiraten. Ich bekomme jedesmal siebzig Mark, und Pascha hat das Vergnügen. Nicht schlecht, wie?»

Es war eine unheimliche Zeit. Immer dachte man: So kann es nicht weitergehen, der Krieg wird bald aufhören, niemand profitiert von einem Krieg. Und man wurde wieder optimistisch. Auch Mutti. Man hörte Gerüchte. Die waren aber so ungeheuerlich, daß kein Mensch daran glauben konnte. «Lächerlich!» sagte Mutti. «Schließlich bin ich eine Deutsche, meine Familie wohnt seit Generationen in Berlin. Wer sollte mir was antun wollen? Nein, Kindchen, glaube mir, das wird bald vorübergehen.»

Biggy war etwas nachdenklich geworden, sie machte sich Sorgen wegen Gottschalk und seiner jüdischen Frau. «Es stimmt nicht mehr so ganz», sagte sie. – «Was denn, Biggy?» – «Er war immer so genau, ich meine mit den Kleidern. Alle Farben stimmten, du weißt: die Krawatte mit dem Anzug, und immer mit einem schönen Hemd dazu. Er war gepflegt und sauber. Ja, das letztere ist er auch jetzt, aber die Farben, Fischi Mischi, die Farben stimmen nicht mehr.»

Nach einer Woche strahlte sie wieder: «Ich habe gerade einen neuen Vertrag unterschrieben, und in diesem Film, den Kurt Heuser schon in London zu schreiben anfing, als er mich damals mit Victor besuchte, da spiele ich wieder mit Gottschalk zusammen! Da kann es doch nicht so schlimm mit ihm stehen, wie? Schließlich soll doch Meta zur ‹Arierin› erklärt worden sein, ach, dieses furchtbare Wort. Nein, jetzt will ich mich nur freuen, ganz schrecklich freuen möchte ich mich!»

Und wieder feierten wir schöne Abende in ihrem Heim, gemeinsam mit ihren Freunden. Wir aßen von vergoldeten Tellern, die ihr der Mandelscheich in Afrika geschenkt hatte, und wir aßen gut. Denn trotz strenger Rationierung zauberte Biggy die leckersten Gerichte hervor. Sie war stolz auf ihre Kochkunst und mit Recht verletzt, wenn das Lob ausblieb: «Stell dir mal vor, einmal hatte ich die Zarah Leander eingeladen und so schön für sie gekocht. Sie hat das Essen sehr genossen und nichts übriggelassen. Aber weißt du, was sie nachher bei der UFA gesagt hat? ‹Bei der Horney ißt man zwar von vergoldeten Tellern, aber das Essen schmeckt nicht besonders.› Ich war außer mir, sie wird nie mehr hier eingeladen!»

Nach dem Essen gingen wir hinunter in den Weinkeller, der wie eine «Flaschen-Bibliothek» eingerichtet war. Wir bekamen Papier und Malfarben und arbeiteten eifrig damit. Die besten Resultate wurden an die Wand geklebt.

Wunderbare Menschen habe ich dort getroffen! Viktor Tourjanski, Nikolai Kolin, die Filmautoren Emil Burri und Kurt Heuser, den später so bekannten Professor Dr. jur. Ferdinand Sieger, der Biggy das ganze Leben mit Rat und Tat zur Seite stand, und Ende 1939 tauchte ein neuer Freund auf. Biggy war an diesem Abend besonders schön, und ihre Wangen glühten. Es war der in Moskau geborene Kameramann Konstantin Irmen-Tschet, einer der begabtesten und erfolgreichsten damaligen Kameramänner im deutschen Film. Schon zur Stummfilmzeit hatte er seine Karriere begonnen. Er war der Kameramann des Marlene Dietrich/Willy Fritsch-Films «Frau im Mond» gewesen und hatte eine lange Reihe bekannter Filme hinter sich. Er sah gut aus, war bescheiden, humorvoll, und alle mochten ihn. Er war Biggys neue große Liebe, und sie hatte nur noch Augen für ihn.

Die Außenwelt änderte sich rapide. Ein Land nach dem anderen wurde «ins Reich heimgekehrt». Am 9. April 1940 wurden Dänemark und Norwegen von deutschen Truppen besetzt. Eine Woche später lagen norwegische Heringe und dänischer Käse in den Schaufenstern Berlins. In den Straßen sah man hauptsächlich Soldaten, überall spürte man den Krieg. Meine Aufenthalts- und Arbeitserlaubnis wurde nicht verlängert, ich wartete auf die Einreiseerlaubnis nach Norwegen. Meine deutschen Kollegen vom Theater und Film waren rührend besorgt um mich. Ich konnte mit meiner Familie keine Verbindung bekommen und war außer mir vor Angst. Biggy schenkte mir ihre Strümpfe (sie waren damals schwer zu bekommen), tröstete mich und weinte mit mir.

Mutti Rothensteins Optimismus war dahin. Ihr Gesicht war grau, der Abschied furchtbar. «Versprich mir, daß du nie zu hassen anfängst. Haß ist etwas Furchtbares. Denk an mich und die Meinen, denk an alle, die verfolgt werden. Sie sind nur ein Opfer des Hasses. Man muß Mitleid haben mit den Menschen, die so tief gesunken und so schwach geworden sind, daß ihre einzige Möglichkeit, sich zu behaupten, darin besteht, anderen weh zu tun. Gott hat uns alle geschaffen, und Gott wird uns helfen. Das weiß ich.»

Ein kleines, blasses Gesicht starrte mir aus dem Fenster nach, eine müde Hand winkte. Das war das letzte, das ich von Mutti Rothenstein sah.

Und meine anderen Freunde, Biggy, Erich Engel, Heinz Hilpert, Tourjanski, würde ich sie je wiedersehen, und wenn ja, wie, wann und wo?

Heirat mit Kostja

Im Frühsommer 1940 hatte Brigitte Horney einen Unfall. Sie war frühmorgens auf einem Pferd losgeritten, das zehn Tage im Stall gestanden hatte und das mit ihr durchging. Sie fiel direkt unter das Pferd, das dann auf sie trat. Im Krankenhaus operierte man sie und stellte dabei fest, daß sie auch Tuberkulose hatte.

Zur Erholung fuhr sie nach Usedom an der Ostsee. Von dort schickte sie am 9. August 1940 ihrer Großmutter einen Gruß:

«... Ich hatte mich noch nicht gemeldet, weil ich nur fünf Tage zu Hause war und dann gleich an die Ostsee gefahren bin. Der Arzt meinte, in Berlin erholte ich mich dreimal so langsam, und dann kamen auch zu viele Leute, um mich zu besuchen – das war alles noch viel zu viel für mich. Jetzt habe ich mich schon richtig erholt. Langsam fühle ich mich wieder wie ein Mensch. Die Operation war sehr schwer, aber jetzt ist alles gut. Hoffentlich –

Der letzte Winter war entsetzlich. Zu Hause zu sitzen oder im Atelier und die Angst zu haben und die Ungewißheit um alle Freunde, die draußen sind. Hoffentlich gibt es bald ein gutes Ende. Der letzte Film mit Tourjanski war schwer. Alle Menschen sind jetzt so Nervenbündel und es kostet irre viel Kraft, alle zusammen und bei guter Stimmung zu halten. Den nächsten Film fangen wir in zehn Tagen an, wieder mit Schweikart: ‹Das Mädchen von Fanö›. Ein sehr schöner Stoff, den Kurt Heuser geschrieben hat, und den wir planen seit ich nach England fuhr damals. Ich freue mich darauf.

Unseren Freund Wolfgang L. habe ich über ein Jahr kaum mehr gesehen. Bald nachdem Du damals bei mir warst, war es so – daß es besser war einen mutigen schnellen Schluß zu machen. Es wäre noch ewig mit diesem hin und her so weitergegangen. Siehst Du, ich fand, wenn er nicht den Mut hat bei sich Ordnung zu machen über ein Jahr – doch damals schon einfach den Mut nicht hatte – wie soll es dann später werden. So ist es jetzt besser mit ihm sehr gut Freund zu sein als mit ihm leben zu wollen.

Aber mir geht's jetzt gut und ich bin sehr glücklich und vielleicht werde ich auch bald heiraten. Er ist ein bezaubernder Mensch und alle haben ihn furchtbar gern. Er hat Papa im Schach besiegt – schön nicht? Du hast ihn bei ‹Gouverneur› im Atelier kurz gesehen – er war da unser Kameramann. Konstantin Irmen-Tschet. Na, wir wollen lieber erst abwarten.

Alles Gute für Dich und habe vielen Dank für den Schinken und den Honig...»

Ja, die Wolfgang-Liebeneiner-Episode war längst vorüber und Biggy mit ihrem zukünftigen Ehemann in glücklicher Harmonie.

Die Arbeit an dem Film «Das Mädchen von Fanö» wurde genauso schön, wie sie es gehofft hatte. Die Außenaufnahmen fanden auf Hiddensee, der schmalen Insel westlich von Rügen, statt, und alle wohnten in dem kleinen romantischen Ort Witte. Das einzige, worüber Biggy sich beklagte, war, daß sie die ganze Zeit nur Ölsardinen zu essen bekamen, nature oder im eigenen Öl gebraten. Die Sardinen bekamen ihr aber anscheinend gut, denn ihre brieflichen Berichte strahlten vor Heiterkeit und Glück: Gottschalk sei wieder der alte: «Es stimmt wieder alles bei ihm, Fischi Mischi.» Und alle – von Regisseur Hans Schweikart und ihren Partnern Gustav Knuth und Joachim Gottschalk bis zu dem alten Paul Wegener und den Kameraleuten – seien wie eine große Familie.

Sie war von einem Besuch bei Gerhart Hauptmann sehr beeindruckt. Er wohnte in der Nähe, und Schweikart nahm «die ganze Familie» mit, als er den Dichter besuchte, um ihn wegen einer eventuellen Verfilmung von «Rose Bernd» zu sprechen.

Leider wurde nie etwas aus dem Rose-Bernd-Film. Schweikart wollte ihn mit Brigitte Horney drehen, und sie wollte so gerne die Titelrolle spielen. Aber das Drehbuch wurde nicht gut und auch durch Umschreiben nicht besser. Das wußte sie aber damals noch nicht, und das hätte sie wohl auch nicht besonders gestört, denn – bald würde sie heiraten!

Ihre Vermählung geben bekannt

Konstantin Irmen-Tschet
Brigitte Irmen
geb. Horney

Berlin, 31. Oktober 1940

Ostern 1941, kurz nach ihrem dreißigsten Geburtstag, schrieb Brigitte Horney an ihre Mutter:

«Meine liebe liebe Mo!
   Ach, wie habe ich mich über Deinen Brief gefreut – genau an meinem Geburtstag kam er an, und Dein Kaffee auch. Tausend Dank! Unsere Freude kannst Du Dir ja vorstellen – wir haben so richtig viel sehr guten starken Kaffee zu Frau Huhns prächtigem Geburtstagskuchen getrunken (was heißt getrunken: mit wohligem Stöhnen geschlürft). Es war mein erster Geburtstag zu Hause. Sonst war ich zu dieser Zeit immer fort zu Außenaufnahmen oder Skilaufen in den Dolomiten. Geburtstag ist sehr anstrengend. Alle zehn Minuten klingelt es – immer tobt man raus, fängt den Hund ein (der sonst die Leute schlicht verschlingen würde) und es kommen Briefe (806 Briefe), Telegramme und Blumensträuße. Es sah aus wie in einer preisgekrönten Blumenausstellung, viele von diesen langen zauberhaften Orchideenrispen, und Rosen so viel wie man sonst nur in Filmen sieht. Kostja hatte zu drehen und ich habe mit Frau Huhn gebrutzelt und Pasteten gebacken. Zwischendurch eine lange Drehbuchbesprechung mit UFA-Chef und Dichtern – wenn ich fand, die können jetzt mal eine Viertelstunde ohne mich weiterreden, raus in die Küche – Schürze um und meinen Blätterteig gerollt, dann die Mehlschürze wieder ab, geistiges Gesicht aufgesetzt und wieder hinein.
   Dann am Abend war es sehr sehr nett. Na, ich muß sagen, ich wäre auch gern bei uns zu Besuch. Kostja ist ein himmlischer Gastgeber und er kocht so gut. Wir haben schon überlegt, wenn wir Dich besuchen in Deinem Häuschen, werden wir Dir tolle Dinge zubereiten,

wir besuchen Dich schrecklich oft in Gedanken. Du wirst Kostja noch viel mehr in Dein Herz schließen, wenn Du ihn erst kennst.

Heute habe ich einen Brief von Dir aus Chicago gefunden: ich soll Dich nicht unbewußt zum Vorbild nehmen: in der starken Beziehung zu den Kindern und in der Wahl eines relativ schwächeren Mannes. Was Du Dir wünschen würdest, wenn Du jung wärest, wäre doch der starke *zuverlässige* Mann; so etwas gäbe es selten ... usw. usw. Ist es nicht wie ein Wunder: ich habe ihn ... und bin soooo glücklich! Na ja. Du wirst ihn ja sehen.

Er führt jetzt Regie und dreht erstmal Farbkurzfilme. Nr. 1 ist fertig. Außer meinen Drehbuchsorgen habe ich jetzt auch noch die von Kostja. Es ist eine Schande, aber wir haben nur vier gute Drehbuchautoren im ganzen Reich.

Jetzt über Ostern bin ich ganz allein, Kostja mußte für die UFA fortfahren. Da habe ich mich hingesetzt und ihm einen Kurzfilm geschrieben, heißt ‹Gewitter›, eine Auseinandersetzung zwischen Menschen – parallel zum Gewitter draußen, mit der Schwüle vorher, dann Gewitter, dann Regen und Sonne durch den Regen. Dialoge sind schön geworden, spielt sich von selbst. Heute nachmittag bin ich zu Kurt Heuser geradelt und hab es ihm gezeigt – es hat ihm sehr gefallen. Na, ich bin sehr froh und gespannt, wie es Kostja gefällt, wenn er morgen zurückkommt.

Unser Tourjanski-Lustspiel wird leider nicht gemacht – ich hatte mich so gefreut und das Buch war sehr schön, aber dem alten Rudolf Forster gefiel seine Rolle nicht – und er hat leider die Rechte auf diesen Stoff. Jetzt schreiben wir an einer neuen Geschichte. Der uralte

Forster soll sein Ding allein umschreiben und spielen. Bin sehr froh, daß ich dabeisein darf beim Schreiben. Ich kann zuhören und meinen Senf dazugeben. Aber meine Haupttätigkeit besteht darin, die Guten wieder in Begeisterung zu versetzen, wenn sie keine Lust mehr haben: ach, und wie oft haben sie keine Lust mehr.

Billinger ist noch größer und dicker wie Tourjanski und immer hungrig, und Tourjanski hat Ischias und kann kaum gehen im Moment. Meine beiden kleinen Jungs. Hi, hi.

Seit heute ist es draußen schon wärmer, überall kommen kleine Blumen aus der Erde. Schön, daß es wieder Sommer wird.

Wie Du dreißig warst, hattest Du schon eine Tochter von acht Jahren, eine von sechs Jahren und eine von zwei Jahren. Und ich selten dämliches Geschöpf habe noch überhaupt keine. Ich hätte ja schrecklich gern zwei – aber alles auf einmal kann man ja nicht haben. – Ach meine Mumm – ich habe Dich schrecklich lieb!

Joachim Gottschalk

Am 9. April 1941, also ungefähr zu derselben Zeit, als Brigitte Horney diesen Brief an ihre Mutter schrieb, hatte der Terra-Film «Die schwedische Nachtigall» mit Ilse Werner als Jenny Lind und Joachim Gottschalk als dem dänischen Dichter Hans Christian Andersen seine Uraufführung im Capitol, Berlin.

Es wurde ein strahlender Erfolg und Gottschalks letzter Film. Er hatte seine jüdische Frau zu der Premiere mitgenommen, und dadurch erreichte die Gottschalk-Krise ihren Höhepunkt.

Staatsrat Hans Hinkel, der Handlanger von Dr. Goebbels, hatte mehrmals und vergebens Gottschalk aufgefordert, sich scheiden zu lassen. Schon 1933 mußte Meta Gottschalk-Wolff wegen jüdischer Abstammung ihre Schauspielerkarriere aufgeben. Der achtjährige Sohn Michael war, wie alle in seiner Schule, automatisch Mitglied der Hitler-Jugend geworden. Der arme Junge hatte keine Ahnung, daß er Halbjude war. Er spielte glücklich auf seiner Geige und Fußball mit seinen Kameraden.

Für Meta war es furchtbar. Solange die Ehe mit ihrem «Jochen» dauerte, waren sie und Michael einigermaßen geschützt. Sie bekamen dieselben Lebensmittelmarken wie die «Arier», mußten ihre Wertsachen nicht abliefern etc. Aber ihre sonstige Familie, ihre jüdischen Freunde – sie sah und wußte genau, was mit ihnen geschah. Und Gottschalk wußte genau, was seine beiden Lieben ohne seinen Schutz erwartete: Deportation und Tod.

Er suchte seine engsten Freunde Brigitte Horney, René Deltgen und Gustav Knuth auf. Sie beschworen ihn, mit Frau und Kind sofort in die Schweiz zu flüchten. Noch wäre es möglich, die Gottschalk-Familie über die Grenze zu schmuggeln. In Zürich saßen viele der großen deutschen Schauspieler, die wegen Rasse oder politischer Überzeugung dorthin geflüchtet waren. Bei Dr. Wälterlin am Zürcher Schauspielhaus waren sie alle willkommen. Auch Joachim Gottschalk mit Familie.

Er zögerte aber.

Warum, weiß wohl niemand.

Wahrscheinlich war er nach und nach so deprimiert geworden, daß er für einen so großen Entschluß keine Kraft mehr hatte.

Überall rannte er gegen Wände. Es wurde ihm verboten, die Hauptrolle auf einer Wehrmachtstournee nach Schweden zu spielen – da er «jüdisch versippt» war. Gottschalk war damals an der Volksbühne bei Eugen Klöpfer engagiert. Gustav Knuth bat Gustav Gründgens, ihn für sein Staatstheater zu engagieren, denn dort konnten – Dank sei Gründgens – Schauspieler mit jüdischen Frauen unbehelligt bleiben. Der immer hilfsbereite Gründgens sagte sofort ja, aber Klöpfer lehnte ab, Gottschalk aus dem Vertrag zu entlassen.

«Nichts mehr stimmt bei ihm», schrieb Biggy mir. «Keine Farben, keine Kleider. Alles ist zufällig, er wirkt so nervös, scheint überhaupt nicht beisammen zu sein. Wenn es bloß vorüberginge...»

Es ging nicht vorüber. Am 1. September 1941 kam die Verordnung, daß alle Juden über sechs Jahre den gelben Stern tragen mußten. Weil Meta in einer Mischehe lebte, war sie davon ausgenommen, aber all die anderen, ihre Familie, ihre Freunde...

Und trotzdem ließen sich die Gottschalks nicht überreden, in die Schweiz zu flüchten. Hofften sie auf ein Wunder? Oder hatten sie sich schon für den Tod entschieden?

Ewig unbeantwortbare Fragen.

Brigitte Horney hatte wieder zu drehen begonnen. Es war der Film, von dem sie ihrer Mutter berichtet hatte, bei dem sie am Manuskript mitarbeiten durfte. «Illusion» wurde ein ganz bezaubernder Film. Es war, als ob die Schauspieler sich in eine andere und schönere Welt hineinflüchteten, die Sorgen, das Elend und die Angst hinter sich lassend. Sie sehnten sich so nach ein bißchen Glück, Friede, Unbesorgtheit und Freude, und nur im Spiel konnten sie es finden. Der Regisseur, Viktor Tourjanski, erhob seinen Zauberstab und hielt Brigitte Horney, Johannes Heesters, O. E. Hasse, Nikolai Kolin und die anderen Schauspieler in seinem Bann. Franz Grothe schrieb die schönste Musik. Alles tat sich zusammen, wie um den Menschen zu zeigen, daß es doch irgendwo eine Hoffnung auf Freude gab – trotz allem. Und das spürte man bei diesem Film.

Und nachher?

Brigitte Horney blieb etwas länger in München, um mit den Autoren Emil Burri und Peter Francke über ihren nächsten Film, «Geliebte Welt», zu sprechen. Dort erfuhr sie es.

Am 7. November 1941 erschien Joachim Gottschalk nicht zur Probe in der Volksbühne. Die beunruhigten Kollegen riefen bei René Deltgen an, der in seiner Nachbarschaft wohnte. Da niemand die Tür öffnete, brach er sie auf.

Joachim Gottschalk war mit Frau und Kind in den Tod gegangen. Er hatte Matratzen auf den Küchenboden gelegt, Meta und Michael Schlaftabletten gegeben, den Gashahn aufgedreht und sich zu ihnen gelegt.

Auf dem Schreibtisch lagen Briefe an seine Mutter, seinen Bruder, Brigitte Horney, Gustav Knuth und an einige andere nahe Freunde. In dem Brief an Biggy lag auch ein Ring, der seiner Mutter gehört hatte.

Biggy flog sofort nach Berlin. «Wie drei Engel sahen sie aus», schrieb sie mir.

Gustav Knuth setzte bei der Friedhofsverwaltung durch, daß Joachim Gottschalk zusammen mit Frau und Kind in *einem* Grab bestattet wurde.

Goebbels wollte Demonstrationen verhindern und ließ in der Theater- und Filmwelt verbreiten, daß es unerwünscht sei, an der Beerdigung teilzunehmen.

In seinem Abschiedsbrief an Gustav Knuth hatte Joachim Gottschalk auch selbst darum gebeten, damit seine Kollegen seinetwegen keine Unannehmlichkeiten bekämen. Sogar daran hatte dieser wunderbare Mensch gedacht.

Aber – um das Grab standen Brigitte Horney, Konstantin Irmen-Tschet, René Deltgen, Gustav Knuth, Werner Hinz, Ernst Sattler, Hans Brausewetter und andere Freunde. Von Gottschalks Familie kam sein

Bruder, ein General der Wehrmacht. Um die Trauernden herum standen Gestapoleute, die sie fotografierten. Es gab bei den Berliner Blumenhändlern an diesem Tag keine Blumen mehr. Sie blühten alle auf dem Gottschalk-Grab.

Brigitte Horney ist nie über den Tod der Familie Gottschalk hinweggekommen. Sogar kurz vor ihrem eigenen Tod, beinahe 47 Jahre später, hat sie davon gesprochen. Ihre Briefe wurden anders. Sie, die immer den Wunsch gehabt hatte, den Menschen Mut und Hoffnung zu geben, schien jetzt mutlos und ohne Hoffnung zu sein. In dieser verzweifelten Lage war es gut für sie, ihren Kostja an der Seite zu haben. Er half ihr, war ihr Anker, ihre Stütze, auf die sie sich verlassen konnte. Gemeinsam kämpften sie sich durch die Schwermut.

Ihr nächster Film, «Geliebte Welt», wurde daher auch nicht so, wie sie es sich erhofft hatte. Die Zusammenarbeit mit ihren Partnern Willy Fritsch und Paul Dahlke und mit dem Regisseur Emil Burri ging gut. Eigentlich ging alles gut. Nur fehlte der Schwung. Sie waren alle mehr oder weniger Nervenbündel. Obwohl der Film wegen der ständigen Bombenangriffe auf Berlin meistens in dem weit ruhigeren Prag gedreht wurde, die Gedanken an den Krieg und den Tod und an ihre lieben Vermißten verfolgten sie überall. Sie spielten gut, sie spielten richtig, sie spielten aber auf Routine, wie Marionetten. Ihre Herzen waren woanders.

Im Laufe des Frühlings 1943 wurden die letzten Juden Berlins abtransportiert. Ich hatte die ganze Zeit mit Mutti Rothenstein korrespondiert. Nun kamen keine Briefe mehr. Von Nachbarn hörte ich, daß sie eines

Nachts abgeholt worden sei. Nun stand die Wohnung leer, die Tür war versiegelt. Auch Mutti hatte ihre letzte, schwere Reise antreten müssen.

Berlin war «judenfrei» geworden.

Davos

Den nächsten Film konnte Brigitte Horney mit ihrem Mann zusammen drehen. Es war einer der ersten deutschen Farbfilme, und Erich Kästner hatte in ihrer gemütlichen Küche ein wunderbares Drehbuch geschrieben. Da er Schreibverbot hatte, nannte er sich als Filmautor «Berthold Bürger». «Münchhausen», in Josef von Bakys Regie, wurde ein großer Film. «Ich spiele die Zarin Katharina die Große mit Küchenhänden», schrieb mir Biggy. Nach und nach kamen jetzt die Flüchtlinge aus dem Osten nach Berlin. Viele suchten bei ihr und Kostja Zuflucht, wohnten teilweise im Haus, und nach der Dreharbeit mußte sie manchmal bis tief in die Nacht für alle kochen. Das sah man ihr im Film aber nicht an. Der Farbfilm kam ihr entgegen: Sie sah schöner aus denn je, und alle spielten, als ob dies ihr letzter Film wäre. Für manche wurde er es auch.

Biggys Sinn für Humor verließ sie aber nie: «Stell dir mal vor», erzählte sie später, «als ich am ersten Tag auf dem Thron saß, von meinen Hofleuten umgeben, und fragen mußte: ‹Was gibt es Neues in Deutschland?›, war plötzlich Mittagspause und alle liefen davon, auch meine Garderobenfrau. Selber konnte ich nicht weglaufen, denn allein und ohne Hilfe war es für mich unmöglich, mit meiner fünf Meter langen Schleppe aufzustehen. Also mußte ich da sitzen bleiben. Es war kalt, denn alle Lampen und Scheinwerfer waren ausgeschaltet, wir mußten ja Strom sparen. Und ich war so hungrig! Als die anderen dann nach einer Stunde satt und zufrieden zurückkamen, saß ich noch genau so da, wie sie mich verlassen hatten... Schön sind aber Kostjas Filmtricks geworden. Er bedient ja nicht nur die Kamera, sondern macht auch alle Tricks. Es ist eine unwahrscheinliche Leistung. Er läßt Hans Albers einmal ganz plötzlich verschwinden, in der Mitte einer Menschengruppe – wupp! – ist er weg! Ja, Kostja macht es großartig, und ich bin so stolz auf ihn. Bloß fühle ich mich nicht ganz wohl, bin immer erkältet und huste und so...»

Dies beunruhigte mich. Wenn man einmal mit der Lunge zu tun gehabt hat, muß man sich in acht nehmen. «Sei bitte vorsichtig», schrieb ich ihr. «Mach doch nicht wieder einen Film, fahre lieber mit Kostja irgendwo hin, wo es schön ist, wo Du Dich pflegen kannst!» Genausogut hätte ich probieren können, einen Eilzug in voller Fahrt anzuhalten. Biggy war ein Widdermensch. Wenn sie sich für etwas entschlossen hatte, brauste sie los, und nichts, aber auch gar nichts, konnte sie zurückhalten. Diesmal hatte sie sich für den Film «Am Ende der Welt» entschlossen. Gustav Ucicky führte Regie, Attila Hörbiger war ihr Partner, und der Film wurde in Wien gedreht. Leider ging es wie erwartet: Sie bekam eine Lungenentzündung. Sie dachte, die könnte sie leicht durch Paraffin-Bäder kurieren, der Arzt war aber anderer Meinung. Nach einer gründlichen Untersuchung schickte er sie zum Röntgen, und weil sie so viel abgenommen hatte, bekam sie große Zulagen an Milch und Butter. Als die Dreharbeit zu Ende war, wurde sie wieder untersucht. Man fand Tuberkel in der Lunge und schickte sie in die Schweiz, in das Schatzalp-Sanatorium in Davos.

Der Oberarzt, Dr. Maurer, war ein guter Bekannter von Biggys Vater, der früher auch Tbc gehabt und lange bei Dr. Maurer in der Schatzalp als Patient gelegen hatte. Und weil Dr. Maurer für Biggy garantierte, hatte sie keine Schwierigkeiten mit Visum und Devisen. Er war ein weltbekannter Lungenspezialist und nahm sie sofort in die Pflege. Es war Sommer 1943, und sie blieb bis zum Frühling 1944 dort. Es war für sie eine gute Zeit, denn endlich konnte sie ausschlafen. Sie war ein abgemagertes Nervenbündel, völlig überarbeitet, hatte nie mehr als höchstens eine Woche Ferien im Jahr gehabt. Aber was sollte man machen? «Ich wäre wahnsinnig geworden, wenn ich in dieser schrecklichen Zeit nicht gearbeitet hätte.»

Nun lag sie da oben, auf fünfzehnhundert Meter Höhe, fern von allem und allen, und dachte zurück: an die Trennungen von Menschen, die sie liebte. Daran, daß man nichts machen konnte, um ihnen zu helfen. An die Hilflosigkeit. An die Hoffnungslosigkeit.

Sie war eine hervorragende Patientin. Sie wollte gesund werden, schnell, denn sie wollte nach Berlin, in ihr Haus, zu ihrem Mann zurück.

Brigitte Horney war kein ängstlicher Mensch. Sie fürchtete sich nie vor den Nazis. Aber vor den Russen hatte sie Angst. Ihr Mann war Weißrusse, und sollten die Russen nach Berlin kommen – nach und nach hielt man dies für möglich –, war er in größter Gefahr. Sie las und hörte von den furchtbaren Zuständen in Berlin, konnte aber keine Nachricht bekommen, wußte nicht, ob Kostja noch lebte, ob ihr Haus noch stand, wie es ihrem Vater ging und was mit den Freunden geschah.

Es war schön und friedlich in Davos – auf der Schatzalp hoch oben auf dem Berg. Meistens lag Biggy draußen auf dem Balkon. Sie schlief auch dort, mit Wärmflaschen im Bett und fest in wollene Decken gewickelt. Bei Vollmond sah sie den Nebel im Tal von Klosters heraufsteigen, sah die silbernen Wolken in der schwarzen Nacht schimmern. Sie träumte und schlief, genoß den Frieden und die Ruhe. «Ich schlafe mich gerade, Fischi Mischi.»

Ein dreiviertel Jahr später war sie so weit, daß nichts mehr sie zurückhalten konnte, und sie fuhr nach Hause, nach Berlin.

Abschied von Berlin

Als Brigitte Horney nach Berlin zurückkehrte, war die Kriegswende längst eine Realität. Am 2. Februar 1943 hatten die in Stalingrad eingekesselten deutschen Truppen kapituliert. Die weiter nach Westen vordringenden sowjetischen Truppen eroberten nun Schritt für Schritt die verlorenen Gebiete zurück. Auch in Nordafrika endete der Krieg mit einer Niederlage der Achsenmächte. Am 10. Juli 1943 landeten die Alliierten in Sizilien, am 6. Juni 1944 in der Normandie. In Deutschland machte sich die angloamerikanische Luftüberlegenheit durch vernichtende Luftangriffe bemerkbar. Auch zur See waren die Westmächte überlegen. Der allgemeine deutsche Rückzug hatte begonnen.

In der Nacht vom 20. November 1943 begann eine harte alliierte Angriffserie auf Berlin. Neue schwere Angriffe mit Brand-, Phosphor- und Sprengbomben folgten. Die Engländer kamen pünktlich nach Eintreffen der Dunkelheit, dazu noch starke Tagesangriffe der Amerikaner.

Die Nahrungsmittelkrise verschärfte sich rapide. Die Kartoffeln waren überall verbraucht, die Fleischerläden nur dann geöffnet, wenn Fleisch aufzutreiben war. Ein

Großteil Berlins lag in Schutt und Asche. So war die Lage, als Brigitte Horney im Frühling 1944 aus der Schweiz nach Berlin zurückkam.

Das Haus in Babelsberg stand noch unversehrt. Ihre Garage hatte sie schon vorher an den ausgebombten Produktionsleiter Eberhard Schmidt von der UFA vermietet, der sie in ein Wohnhaus umbauen ließ. Nur vereinzelte Nachbarvillen standen noch.

Im Berliner Sportpalast forderte Goebbels den «totalen Krieg». Am 1. September 1944 schlossen alle deutschen Bühnen ihre Pforten. Die Schauspieler, die für den Film nicht dringend nötig waren, mußten an die Front oder für die Kriegsindustrie arbeiten. In den deutschen Filmateliers wurde jedoch bis zum Ende des Krieges weiter gedreht.

Aus ihrem großen Garten holte sich Biggy Kartoffeln und Gemüse, es war genug da. Wegen ihrer Lunge bekam sie Sondermarken, und sonst gab es ja den schwarzen Markt. Dort hatte sie die besten Verbindungen. Sie war beliebt und populär, die Menschen waren bemüht, ihr helfen zu können und sie mit all dem, was sie nötig hatte, zu versorgen. Ihre Ehe war glücklich, obwohl ihr Mann immer nervöser wurde, je näher die Russen heranrückten. Sie ging regelmäßig zur Kontrolle zu ihrem Arzt, Dr. Walter Berdel. «Das war ein fabelhafter Mensch», erzählte sie mir später. «Er hat so vielen geholfen, die während der Nazizeit verfolgt wurden.» – «Wie war das damals möglich – mit der Gestapo überall?» – «Er ließ einfach einen Juden oder politisch Verfolgten in seine Klinik kommen und gipste ihn ein. Dort mußte er liegen bleiben, bis er ihn in die Schweiz verfrachten konnte.» – «Wie verfrachtete man denn eingegipste Verfolgte zu dieser gefährlichen Zeit in die

Schweiz?» – «Ach, das ging sehr einfach: Er nahm den Gips teilweise ab und brachte den ‹Kranken› zum Anhalter Bahnhof. Dort stand ein SS-Mann in seiner schwarzen Uniform oder was er nun für ein Dingsbums anhatte. Er war in Ordnung. Er übernahm den ‹Kranken› und half ihm in den Schlafwagen, der dann verriegelt wurde. Als sich der Zug der schweizerischen Grenze näherte und etwas langsamer fuhr, wurde der ‹Kranke› wieder lebendig, sprang aus dem Zug und mußte die Grenze zu Fuß überqueren. Dr. Berdel hatte seine ‹Kranken› im voraus angemeldet. Sie haben es, glaube ich, alle geschafft. Er hat auch Röntgenaufnahmen von Schwerkranken gemacht und damit die Häscher überzeugt, daß der oder die Verfolgte nicht transportfähig wäre. Auf dem Duplikat stand dann der Name des Verfolgten, dessen Abholung sich angeblich nicht mehr lohne. Ja, er war ein großartiger Mensch. Kostja und ich haben ihn und seine Frau öfters privat gesehen. Er hat mir mit Attesten geholfen, so daß ich von den Behörden Visum und Devisen für meine zweite Reise in die Schweiz während des Krieges bekam.»

Frau Sigrid Berdel berichtet von einem Besuch bei Brigitte Horney im Sommer 1944: «Ich sehe sie noch strahlend und vergnügt die Treppe herunterspringen. Ihr Mann hatte uns schon begrüßt. Frau Horney hatte einen Russenkittel an, der mit einem breiten russischen Gürtel in der Taille zusammengehalten war. Sie sah entzückend aus, und das Ehepaar machte einen sehr harmonischen und glücklichen Eindruck. Herrn Irmen-Tschet fand ich auch hinreißend, so charmant, freundlich und blendend aussehend. Er war von einer panischen Angst vor den Russen besessen. Vielleicht hatte er Schäden aus seiner Kindheit?»

Ja, Kostja saß die Angst im Nacken. Als Neffe des berühmten Intendanten Konstantin S. Stanislawski hatte er bei ihm am Moskauer Künstlertheater angefangen. Die Revolution machte aber seinen Träumen ein jähes Ende. Ein Bauer versteckte ihn in seinem Heuwagen und half ihm über die Grenze. In Deutschland arbeitete er anfangs als Zirkusartist und bildete sich nebenbei als Kameramann aus. Er änderte seinen Namen von *Irmen Tschetwerikoff* zu *Irmen* mit dem angefügten Künstlernamen *Tschet* und wurde deutscher Staatsbürger. Obwohl er nun ein bekannter Kameramann geworden war, blieb die Angst. Und jetzt, als sich die Russen Berlin näherten, hatte er keine Ruhe mehr. Er wußte und Brigitte wußte, daß sie eines Tages weggehen und vielleicht für immer ihr schönes Heim verlassen mußten.

Im geheimen bereiteten sie sich vor. Sie packten und versteckten. Nach außen taten sie, als ob sie ohne Sorgen seien, waren fröhlich, hatten Gäste. Nach Weihnachten mußte Kostja in die Tauern, um dort an einem neuen Film zu arbeiten. Schweren Herzens und mit den Koffern voller Wertsachen fuhr er weg. Biggy blieb ungern ohne ihn zurück, es war aber noch viel zu erledigen und – vielleicht hoffte sie noch immer auf ein Wunder. Sie räumte auf, versteckte, packte ein. Mitten im Bombenregen behielt sie ihre Ruhe, ihre Heiterkeit. Ihr Vetter, der später so bekannte Augenarzt Professor Berndt Gramberg-Danielsen, half ihr beim Wegräumen: «Sie war wie immer eine exzellente Hausfrau, was auch für sie damals nicht leicht war. Sie konnte einen Tag damit verbringen, in die Gegend der Jannowitzbrücke zu fahren, um Sardellen aufzutreiben und Sauce zu machen. Ich habe Biggy nie kränklich gesehen.»

Ja, so war sie! Sie zeigte niemandem, wie elend sie

sich fühlte. Die Temperaturkurve war aber wenig befriedigend, und Anfang 1945 löste ein tuberkulöser Erguß im Knie Vollalarm aus. Das Bein wurde geschient, und der Instanzenweg in Gang gesetzt. «Deutscherseits fand sie sofort jede Unterstützung, Anfang oder Mitte März war auch das Schweizer Visum da, und ich hörte indirekt, daß sie in Schatzalp gelandet sei... Ich sah Biggy zum letzten Mal, bevor sie im März zunächst zu Kostja, der in den Salzburger Alpen arbeitete, fuhr...», schrieb ihr Vater Anfang Mai 1945.

Zwei Monate vorher ging es Brigitte Horney so schlecht, waren die Bombenangriffe und die Zustände in Berlin so furchtbar, daß sie es kaum aushielt. Als sie ihr Schweizer Visum bekam, verließ sie das Haus, das sie so sehr liebte. Etwas von den Wertsachen hatten sie und Kostja versteckt oder weggeschickt, aber die schönen Möbel, die ganze Einrichtung, blieben da. Daß sie das alles nie wiedersehen sollte, wußte sie Gott sei Dank nicht. Sie drehte sich nicht um. Mit ihrem schmerzenden, geschienten Bein hinkte sie zu dem Wagen, der sie zum Bahnhof brachte. Sie fuhr zuerst nach Radstadt in Österreich, wo Kostja mit Dreharbeiten beschäftigt war.

So brauchte sie nicht das Ende des Berliner Dramas und seine Folgen zu erleben. Nach einem schweren Luftangriff, der Potsdam zerstörte, Telefon- und Bahnverbindungen nach Babelsberg lahmlegte, bekam sie später eine Nachricht über die UFA, daß ihr Haus nur wenig beschädigt worden sei. Dann hörte sie von den ausgiebigen Plünderungen und dachte mit Wehmut an all ihre schönen Sachen. Die letzte Meldung, die sie bekam, war, daß ihr Haus für die Alliierte Kommission, die in Babelsberg säße, beschlagnahmt worden und jeder Zutritt verboten sei. – Vorläufig wußte sie davon aber noch nichts.

Am 13. März 1945 schrieb sie voll Galgenhumor aus Radstadt an Dr. Berdel: «... Meine Reise war großartig – immer zum Fenster raus und rein mit der Schiene – meine Begleiter: ein Holzbein, ein Blinder, eine kotzende Dame, eine normale Sekretärin, ein Schauspieler und neunzehn Gepäckstücke... In Bischofshofen fand ein Bombenangriff statt. Abends ging's dann weiter nach Radstadt und zwar mit einem herrlichen Autobus – ein Heldenklaukommando, dessen General ‹Brigittchen› sagte, dafür mußte er uns mitnehmen. Hier liege ich seitdem im Bett – brav – der Ofen ist vor der Tür und ich habe eine lange Schnur, mit der ich die Tür auf und zu machen kann, damit die Wärme in diese Bude kommt. Kostja dreht auf einer Alm und bringt immer einen Rucksack mit Holz mit zum Heizen...»

Von Radstadt ging es weiter in die Schweiz. Kostja hatte kein Visum, wollte aber probieren, nachts die Grenze zu überqueren. Dies gelang ihm, er wurde jedoch von den schweizerischen Grenzbeamten in die Hände der Gestapo zurückgeschickt. Auf der deutschen Seite wurde er wegen «Fahnenflucht» verhaftet und eingesperrt.

Zum zweiten Mal während des Krieges kam Brigitte Horney im Schatzalp-Sanatorium mit Tbc an. Ihr Bein wurde gleich neu eingegipst, und sie mußte monatelang im Bett bleiben. Sie strickte Pullover, die sie verkaufte. Für einen Pullover bekam sie dreißig bis vierzig Franken, was damals viel Geld war. Sonst hatte sie ja keine Möglichkeit, etwas zu verdienen.

Sie war verzweifelt wegen Kostja und machte sich große Sorgen, nahm sich aber zusammen und konzentrierte sich auf das Gesundwerden. Wieder lag sie Tag und Nacht draußen auf dem Balkon und sah den Mond durch die heraufziehenden Nebelschichten scheinen. Es war so schön, daß sie Angst hatte, einzuschlafen und den Anblick zu verpassen.

Mit dem eingegipsten Bein konnte sie sich kaum bewegen, in ihren Träumen wanderte sie aber frei herum: «Ich möchte so gern auf der anderen Seite des Tales spazierengehen, Fischi Mischi. In meinen Gedanken sehe ich alles deutlich vor mir: die Wege, die Bäume und die Blumen. Ich wandere durch den Wald, folge dem Weg und komme zu einer Lichtung. Da steht eine Sennhütte, so wie ich sie von Bildern aus Norwegen kenne, und davor eine Bank. Ich setze mich und schaue über das Tal zu mir hinüber, zu meinem Balkon. Und ich sehe mich selbst, wie ich so daliege und starre. Ich bin in zwei geteilt: mein Körper liegt hier, und meine Gedanken gehen drüben spazieren. Nun sitzen sie auf der Bank, und unsere Augen treffen sich. Es ist merkwürdig, das muß ich mal Mutti erzählen.»

Sie philosophierte über den Begriff Zeit und das, was ihre Mutter dazu geäußert hatte: «Es ist so wichtig, mal eine Zeit zu haben, in der man verdaut. Damit die Eindrücke nicht zu psychischen Knoten werden und alles zerdrücken. Man muß sie aussortieren, über sie nachdenken und sie in Ruhe verdauen. Es ist so wichtig, daß man nicht atemlos und pausenlos von der einen Alltäglichkeit in die andere rast.»

Lesen tat sie sozusagen immer. Wo sie sich auch aufhielt, auf der Straße, in der Bahn, im Bett: immer war ein Buch dabei. Und hier im Sanatorium hatte sie Zeit, sich intensiv in die Literatur zu vertiefen. Es gab dort eine gute Bibliothek, und Freunde und Bekannte schickten ihr Bücher. Sie las und las. Sonst las sie nie Zeitungen. Hier tat sie es aber. Hitler und Goebbels hatten Selbstmord begangen, der Krieg war zu Ende, aber wo blieb Kostja? Warum kam er nicht? Sie fragte alle, aber niemand wußte Bescheid. Endlich kam Anfang Mai 1945 ein Brief aus Bregenz mit österreichischen Briefmarken:

«Mein Biggylein! Noch kann ich es kaum fassen, daß ich frei bin, kann weiter leben und werde Dich sehen. Die ganze Zeit habe ich nur an Dich gedacht. Nun mußt Du alles, alles machen, um gesund zu werden... Mit dem Leben hatte ich schon abgeschlossen, jetzt ist ein ganz neues Leben, ein Geschenk. Dieses Geschenk mache ich Dir – mein Alles. Wenn ich bloß die Gewißheit hätte, daß Du gesund wirst. Dein kleines Bild war in der Zelle bei mir, als einziger Gegenstand aus dem Leben. Wie sich das Weitere für mich gestalten wird, weiß ich noch gar nicht, aber das Schlimmste ist überstanden... Mach bitte alles, um gesund zu werden. Wie lieb ich Dich habe – mein Leben, brauch und kann ich Dir gar nicht ausdrükken – auf alle Fälle viel, viel mehr als je zuvor...»

Brigitte blühte wieder auf, schrieb sofort zurück, und nach etwa einer Woche war wieder ein Brief da:

«Mein alles, alles, alles in der Welt! Jetzt ist alles wieder gut. Auch gut, daß ich Dir die ganze Zeit nicht schreiben konnte, es wären sonst traurige Briefe geworden und Du hättest Dich umsonst aufgeregt. Deinen Brief kann ich auswendig, er ist so lieb, wie nur Du einen schreiben kannst...

Bei meiner Verhaftung hat die Gestapo mir sämtliche Papiere abgenommen und bei ihrer Flucht alles verbrannt. ich aus dem Gefängnis kam, besaß ich nur einen Entlassungsschein und meinen Fischereischein ... Es war eine schlimme Situation. Ich stand da vor den Toren des Gefängnisses, ohne Papiere, alles flüchtete. Ich sollte für ein Jahr mindestens verurteilt werden, mit Kriegsrecht hat man mir gedroht. Ein wunderbarer Mensch hat mich aufgenommen, wie einen Sohn, für mich gebürgt, meinetwegen sehr viel Scherereien gehabt. Durch seine Vermittlung habe ich jetzt einen Fremdenpaß ...

Mein Leben, ich umarme Dich ganz, ganz fest. Hoffe, bald bei Dir zu sein – dann für immer. Ohne Dich ist ja kein Leben ...»

Leider sollte dies nicht so bald geschehen. Es war damals, kurz nach Kriegsende, sehr schwer, ein Einreisevisum für die Schweiz zu bekommen, und ganz besonders, wenn man nur einen Fremdenpaß besaß. Monatelang mußte Kostja in Bregenz bleiben, wo er bei seinem Gönner und dessen Familie wohnte. «Oft, sogar sehr oft sitze ich auf dem Balkon und schaue auf die Berge, denn hinter den Bergen bist Du ...»

Ja, die Berge trennten sie, aber sie hatten einander. Sie waren beide in Sicherheit und die Angst um den anderen losgeworden. Das Wiedersehen war nur noch eine Zeitfrage.

Wie war es aber in Berlin gegangen? Was war mit ihrem Haus? Mit ihrem Vater? Ihren Freunden und Kollegen? Sie lag in ihrem Gips auf dem Balkon, monatelang auf dem Rücken, und wartete auf Nachrichten. In Berlin war vor dem 6. August 1945 kein Postamt in Betrieb, auf Umwegen hörte sie jedoch am Anfang des Sommers von ihrem Vater:

«Meine liebe, liebe Bigge, die völlige Isolierung auch gegenüber nächstliegenden Gegenden, in der wir nun seit April leben, machte es bisher unmöglich, irgendwie Nahestehenden ein Lebenszeichen zu geben oder etwas von ihnen zu hören ... Was ich über Dein Babelsberger Häuschen weiß, ist nicht viel. Die Verbindung dorthin war schon abgerissen, als der große Angriff auf Potsdam niederging. Ich konnte damals über die UFA nur feststellen, daß der Luftangriff bei Dir nur kleine Schäden gebracht hatte und die UFA Arbeiter senden wollte, um diese zu beseitigen. Inzwischen rückte der Kampf um Berlin ganz dicht an uns heran, auch über Babelsberg ging die Kriegsfurie mit Brand, Zerstörung, Plünderung hinweg, und *alle* Häuser, soweit benutzbar, wurden beschlagnahmt und von deutschen Insassen befreit ... Ja, wir haben es gründlich auskosten können, was Krieg heißt, haben wochenlang im Keller gelebt und sind mit voller Bekleidung bis auf Mantel und Stiefel zu Bett oder auf ein Lager gegangen, während oben die Granaten in das Dach fuhren oder im direkten Panzerbeschuß das Haus durchquerten oder die draußen platzenden Geschosse Fenster, Wände, Decken siebartig durchlöcherten. Am schauerlichsten, dem Getöse nach, waren die Geschosse der ‹Stalinorgel›; das sind die großen russischen Granatwerfer mit fünfzehn Rohren. Dein Kollege Hans Brausewetter, dessen Haus ja nahe lag, fand dabei den Tod. Er steckte den Kopf aus seinem Gartenbunker, als so eine Serie niederging, und verlor seine Beine, erhielt schwere Kopf- und andere Verletzungen und starb nach wenigen Stunden. Am Sonntag den 29.4. früh gingen die Russen hinter dem Westendkrankenhaus über die Spree und besetzten das Lazarett. Abends rückte unsere Artillerie und sonstige Truppe ab, und die Russen besetzten eine Straße nach der anderen, immer fleißig weiterfeuernd. Im Laufe der Nacht folgte die Kapitulation Berlins. Am Dienstag den 1. Mai erschienen dann noch die Russen in unserem Haus. Der erste Trupp rief immerfort: ‹Urr, Urr!› und sammelte alle auffindbaren Armband- und Taschenuhren ein. Bald darauf die nächste Gruppe mit dem Ruf: ‹Schnaps, Schnaps!› Da Cognac nicht mehr vorhanden war, wurde jede erreichbare Flasche, ob sie Mineralwasser, Essig oder einen edlen Wein enthielt, aufgemacht, probiert und einschließlich der guten Weine, die nicht als vollwertig empfunden wurden, weggeschüttet. Am Nachmittag erschienen dann die völlig berauschten Männer und stürzten sich nun auf die Frauen. Es wurden weder fünfzehnjährige Mädchen noch Greisinnen, die älter als achtzig Jahre waren, verschont... Ich weiß von vielen Fällen, die tödlich endeten. Mir besonders nahegehend war das tragische Ende eines alten Studienfreundes, eines 1933 abgesägten Staatssekretärs, mit dem ich in den letzten Jahren regelmäßig wöchentlich einmal zusammenkam und wissenschaftlich arbeitete, da er wie auch ich philosophisch stark interessiert war. Dieser brave Vater suchte die Vergewaltigung seiner Tochter zu verhindern, indem er dazwischentrat, und wurde sofort weggeknallt...

Über die folgenden Tage und Wochen will ich schweigen, es war grausig.

Von gemeinsamen Bekannten kann ich nichts berichten, ein Telefon gibt es nicht mehr, die U-Bahn und die

Stadtbahn fehlen ganz, die Bankkonten sind gesperrt. Der Rundfunk und Film werden von russischer Seite kontrolliert, von einer Filmproduktion wird noch lange keine Rede sein können. Du versäumst also nichts, wenn Du nur daran denkst, dort Dich auszuheilen...»

Ja, vorläufig wollte sie sich nur darauf konzentrieren, gesund zu werden. Sie sehnte sich nach ihrer Mutter. Als sie das erste Mal im Sanatorium Schatzalp mit Tbc lag, hatte sie die Mutter nichts wissen lassen. Damals war ja Krieg, auch mit Amerika. Sie hatte Angst, daß sie ihr vielleicht Schwierigkeiten bereiten könnte, und wollte ihr nicht schreiben, daß sie dalag und lungenkrank war. Außerdem dachte sie, sie würde nur sechs Wochen dort bleiben, und dann hat es doch ein halbes Jahr gedauert, bevor sie nach Berlin zurückkonnte. Nun war aber der Krieg vorbei, sie hielt die Sehnsucht nicht mehr aus und schrieb der Mutter, wie es wirklich war.

Ende Juni 1945 bekam Brigitte Horney einen Anruf aus Amerika: «Frau Horney, Sie werden aus New York verlangt!» Dann war ihre Mutter am Telefon, und nach jahrelangem Schweigen sprachen sie wieder miteinander. Sie hatte lange davon geträumt, die Mutter anzurufen, es kostete bloß so irrsinnig viel Geld. «Wiederholt sagte ich ihr auch jetzt: ‹Mutti, es wird zu teuer, wir müssen aufhören!› Sie hörte aber gar nicht auf, sondern sagte immer wieder, daß sie mich bald besuchen käme. Zuletzt sagte sie ‹Good bye›. Wir mußten nämlich Englisch sprechen, denn Amerika hatte noch Krieg mit Japan, und Spione gab es überall. Ich sagte dann auch ‹Good bye›, habe aber nicht aufgehängt, nur gelauscht. Nach einer Weile sagte sie ‹Hallo› und sprach weiter. Es war für uns beide wie eine Flutwelle, die durch die Schleuse bricht. Nach einer Weile sagten wir wieder ‹Good bye›, um noch einmal anzufangen, und so ging das fort. Wir hatten uns soviel zu sagen und hatten doch nichts gesagt. Wir wußten nicht, wo beginnen und wann aufhören, sagten uns ständig ‹Good bye› und dann wieder ‹Hallo›, denn wir konnten uns nicht trennen, und so waren wir wenigstens telefonisch verbunden. Nachher habe ich vor Sehnsucht und Glück geweint, und ihre Stimme blieb in mir, bis ich sie wiedersah.»

Nun wurde alles besser. Karen Horney übernahm die Kurkosten und schickte Dr. Maurer regelmäßig Geld. Biggy hatte jetzt keine finanziellen Sorgen mehr; das Geld, das sie mit Pulloverstricken verdiente, konnte sie jetzt für «Extras», für Pakete an ihren Vater und an ihren Mann benutzen. Kostja wollte jedoch nichts. Er arbeitete als «Mädchen für alles» bei seinen Gönnern in Bregenz und wartete ungeduldig auf das Visum für die Schweiz. Ihrem Vater ging es aber nicht gut. Er hatte früher sehr lange – auch mit Tbc – bei Dr. Maurer in Davos gelegen, und in Berlin war die Ernährungslage nicht besser geworden: «Es gibt keinen Tropfen Milch, kein Gramm Butter, überhaupt kein Fett, keine Nährmittel, auch kaum Gemüse. Das Selbstgebaute wurde aus dem Garten geklaut. Schlechtes Schwarzbrot und Kartoffeln bleibt die einzige Grundlage der Ernährung.» Ohne die Pakete von Biggy aus der Schweiz, von den beiden jüngeren Töchtern und seiner geschiedenen Frau aus den USA, hätte Dr. Oscar Horney diese Zeit kaum überlebt.

Ein Brief vom 22. Juli 1945 aus Altaussee von ihrem lieben Freund, dem Autor Kurt Heuser, hat Biggy sehr erheitert:

«Geliebte Komplizin, ich habe eine Chance, jemandem einen Gruß mit nach der Schweiz zu geben, vielleicht, daß er Dich erreicht. Er soll Dir nur sagen, daß ich hier gelandet bin, nach abenteuerlichen Fahrten und in der Nacht von Hitlers Tod. Also ist es uns doch gelungen, ihn zu überleben!... Sonst ist man hier noch immer abgeschnitten von der Welt, die sich selber in Atome zerlegt zu haben scheint... Überhaupt verhaften sich alle und konjugieren: ‹Ich war kein Nazi, du warst ein Nazi, er (sie, es) war ein Nazi, wir waren keine Nazis› – und so fort. Der Sommer ist ungeheuerlich schön, ich bin viel im Wald und sammle Beeren. Man hat plötzlich Schätze an Zeit... Wir wollen uns nicht verlieren. – Dein Kurt.»

Auch in Davos war der Sommer schön. Der Herbst näherte sich, und das Laubgrün ging in ein Flammenmeer von Rot über. Brigitte durfte jetzt vorsichtig spazierengehen, aber was anziehen? Ihre Koffer waren auf der Wahnsinnsfahrt von Berlin nach Bischofshofen im Bombenregen verlorengegangen, und sie hatte keine Kleider mehr. Wenn jemand im Sanatorium starb, schlugen die Verwandten sehr oft vor, die Kleider der Verstorbenen anderen zu überlassen. Aber nicht alle waren interessiert, Kleider von toten Patienten zu übernehmen. Sie hatten Angst, sich wieder anzustecken. Oder sie waren abergläubisch. «Mir machte das überhaupt nichts aus, Fischi Mischi. Und weil ich sozusagen die einzige war, die keine Angst hatte, kam ich immer als erste dran und konnte mir das Beste aussuchen. So ging ich gut angezogen im Wald spazieren...»

In Bregenz hingegen wartete Kostja ungeduldig auf sein Einreisevisum in die Schweiz. Er machte bei seinen

Gönnern Garten- und Hausarbeit, fütterte die Hühner – tat überhaupt alles, von fünf Uhr früh bis spät abends, um seine Dankbarkeit zu zeigen. Wenn er ein paar freie Stunden hatte, ging er angeln oder auf den Balkon, um seiner geliebten Biggy zu schreiben:

«Da, hinter dem Berg mit dem breiten Rücken, da liegt immer noch Schnee, und noch ein kleines Stückchen weiter, da bist Du. Der Berg ist mir ganz vertraut geworden, jeden Morgen beim Aufstehen und jeden Abend. Wie ein Muselman nach Mekka, so schaue ich zum Berg und sage viele liebe Worte. Mein Leben, bitte werde bald gesund, sonst kann ich nicht leben...

Vor dem Schlafengehen muß ich immer schnell auf die Veranda, obwohl man den Berg gar nicht mehr sieht, aber in dieser Richtung bist Du. Gute Nacht, mein Alles, Alles. Meine. Hab Dich lieb.»

Beide machten sie sich Sorgen wegen der Zukunft. In Europa war der Krieg vorbei. Sie wollten aber nicht nach Deutschland zurück. In Berlin saßen die Russen in dem schönen Babelsberger Haus, und nicht mal Brigittes Vater durfte hinein. Jeder Zutritt war verboten. Am liebsten wollte Biggy mit Kostja in die USA, zu ihrer Mutter nach New York. Zu der Zeit war es aber fast unmöglich, ein Visum für Amerika zu bekommen.

Was war mit Mexiko? Brigitte Horneys jüngste Schwester Renate wohnte dort und hatte Biggy und Kostja mehrmals herzlich zu sich eingeladen. Ihr Mann, Fredy Crevenna, arbeitete beim mexikanischen Film und meinte, es gäbe dort große Möglichkeiten für Biggy und für Kostja. Warum also nicht probieren? Ihre Mutter riet ihr auch dazu, und langsam fingen Biggy und Kostja an, sich auf Mexiko einzustellen.

Neubeginn in Zürich

Am Dienstag den 14. August 1945 bekam Kostja plötzlich einen Laissez-passer-Schein in die Schweiz, für drei Monate: «Alles ist anders gekommen, meine Sachen sind gepackt und ich bin natürlich sehr aufgeregt. Mein Alles, mein Liebes, jetzt muß es klappen...»

Er fuhr aber nicht direkt zu Biggy, sondern zu Verwandten in Chardonne bei Vevey am Genfer See. Biggy war noch nicht gesund genug, und im Sanatorium durfte er nicht wohnen. So mußte er von Chardonne aus probieren, seine Papiere in Ordnung zu bringen. Er hatte ja nur seinen Fremdenpaß, und als Staatenloser wäre es unmöglich gewesen, das Einreisevisum für Mexiko zu bekommen.

Einfach war es nicht: Geburtsschein, Heiratsurkunde, deutscher Reisepaß fehlten ihm. Biggy hatte nur ihren eigenen Paß. Kostja sprach mit den Behörden, Biggy sprach mit den Behörden, und das Ende vom Ganzen wurde eine neue Heirat, diesmal in der Kirche.

«Gestern war ich beim Notar in Vevey, er macht einen Entwurf für morgen früh, den ich abhole und mit ihm nach Genf zum russischen Archimandrit (hoher Priester) fahre, um die Heirat zu besprechen. Wenn alles klappt, werde ich bitten, die Heirat am 31. Oktober zu machen ... Eine ganz entzückende Kirche ist hier in Vevey, wird Dir gut gefallen ... Was schenke ich Dir zur Hochzeit? Kleine, ich möchte Dir ja so viel, so viel – alles geben. Du mußt mit mir nur noch etwas Geduld haben und dann bekommst Du, was Du willst. Habe Dich entsetzlich lieb und nur das kann ich Dir vorläufig geben, aber das von ganzem Herzen und ohne Einschränkungen...», schrieb Kostja aus Chardonne.

Fünf Jahre nach der standesamtlichen Trauung in Berlin fand in der schönen Kirche in Vevey die kirchliche statt, denn Kostja war griechisch-katholischen Glaubens. Diesmal heirateten sie aber auf den Namen seines Vaters: Tschetwerikoff.

«Tschetwerikoff – das ist mehr als in meinen alten Kopf geht. Und ich fürchte, mehr als die Mexikaner können – obgleich es da indianische Namen gibt, die unsereins unmöglich aussprechen kann!... Ich hoffe von Herzen, daß sich Kostjas Lage bald klärt. Die Heirat wird ja sicher nett und sehr komisch. Darfst Du denn schon reisen?» schrieb die Mutter am 13. Oktober aus New York.

Und aus Berlin schrieb Dr. Oscar Horney am 26. Dezember 1945: «Zunächst müssen wir Euch beiden zu der Wiederholung einer längst vollzogenen Vermählung gratulieren. Daß es Dir langsam besser geht und Kostja bis Mai in Helvetia bleiben kann, sind erfreuliche Nachrichten, und an Eurer Reise nach Mexiko zu Renate wird ja wohl heftig gearbeitet. Aber – wie oft willst Du Dich nun noch mit demselben Mann verheiraten und wie viele Namen habt Ihr noch in Bereitschaft? Wir haben wieder so herzlich gelacht, daß wir nicht einmal Deine kalten Füße bedauert haben!...»

Während des Krieges hatte ich in Norwegen mit der Schauspielerei aufgehört und begonnen, Philologie zu studieren. Schließlich hatte auch ich geheiratet. Biggy war außer sich vor Begeisterung. Als erfahrene Ehefrau schrieb sie mir sofort einen Brief mit guten Ratschlägen: «... Ich bin ja selber so schrecklich gerne verheiratet, Fischi Mischi. Es hilft auch gegen die Selbstliebe: Wenn man nämlich einen anderen Menschen sehr liebt, braucht man sich selbst nicht mehr zu lieben, das tut eben der andere! Ist das nicht schön?»

Ja, jetzt war sie glücklich. Sie wohnte immer noch im Schatzalp-Sanatorium, durfte aber kommen und gehen, wie sie wollte. Und eines Tages, im Februar 1946, rief Heinz Hilpert bei ihr an: Ob sie ihn in Zürich treffen könnte? Gerade dann war ein Ehepaar kurz hintereinander gestorben. Von dem Mann hatte Biggy einen wunderbaren Kamelhaarmantel und ein Paar warme Handschuhe, von der Frau eine schöne Ledertasche «geerbt». So war sie angezogen, als sie Hilpert in Zürich traf. «Du siehst aber unerhört schick aus», rief er. – «Das habe ich alles von meinen Leichen», sagte Biggy.

Heinz Hilpert war in Zürich, um «Santa Cruz» von Max Frisch zu inszenieren. Es war die Uraufführung, und er wollte unbedingt, daß Brigitte Horney die Hauptrolle, die Elvira, spielen sollte. Dr. Maurer riet ihr zu, sie war wieder gesund! Natürlich hatte sie Angst, weil sie so viele Jahre nicht Theater gespielt hatte, nicht seit «Pygmalion» um die Jahreswende 1939/40.

Kostja und sie hatten von nun an ihren festen Wohnsitz bei Kostjas Verwandten in Chardonne. Während

Biggy spielte, mieteten sie eine kleine Wohnung in Zürich.

Dort war es für sie wunderschön: das Schauspielhaus, die Schauspieler und daß man wieder Menschen sah, die gesund waren. Das Leben fing von neuem an. Mit Hilpert als Regisseur fühlte sie sich in guten Händen, und nach all den Jahren mit Angst, Krankheit und Leiden arbeitete sie sich wieder zu einem überzeugenden Erfolg durch. «Max Frisch ist ein großer Dichter, ich bin stolz, seine Elvira spielen zu dürfen, eine Frau, die zwischen Traum und Wirklichkeit hin und her geschüttelt wird. Es ist jeden Abend eine neue Herausforderung!»

Eines Tages im März 1946 las ich in den norwegischen Zeitungen, daß die bekannte deutsche Schauspielerin Brigitte Horney in einem Sanatorium in Davos an Lungen-Tbc gestorben sei. Ich konnte es nicht glauben, weil ich ja gerade so einen «lebendigen» Brief von ihr bekommen hatte. Aber trotzdem war ich unruhig – bis ich etwas später folgende Zeilen von ihr bekam: «Hab keine Angst, Fischi Mischi, ich bin nicht tot, im Gegenteil, mir geht es glänzend! Ich lese jetzt meine Nachrufe und bin sehr zufrieden, wußte nicht, daß ich so ein Engel bin...»

Später hat sie mir folgendes darüber erzählt: «Eines Abends kam ich vor der Vorstellung zur Kasse, um zu fragen, ob es mit den Karten für einige Freunde klappen würde. Die tränenüberströmte Kartenverkäuferin starrte mich an, stammelte: ‹Die sagen, daß du tot bist und daß du so ein guter Mensch bist!› und schluchzte wild.

Ich dachte, sie sei verrückt geworden. Heulend erzählte sie weiter, daß vor zwei Stunden im Radio eine Totensendung für mich gehalten worden sei. Sie habe sie selbst gehört und sei dabei fast zusammengebrochen. Zuletzt habe man gesagt: ‹Und jetzt hören Sie die Stimme der geliebten Toten!› Dann kam ‹So oder so ist das Leben›, das Lied aus dem Film ‹Liebe, Tod und Teufel›, in dem ich eine Hafendirne spiele, ach, Fischi Mischi, eigentlich war alles nur komisch!» – «Nicht für die Menschen, die dich lieben.» – «Du hast recht. Es wurde auch ein großes Durcheinander. Darum habe ich als erstes Mutti nach New York telegrafiert: ‹Was auch immer das Radio sagt oder die Zeitung schreibt, ich bin gesund und spiele jeden Abend.› Das hat sie aber gar nicht verstanden, denn sie las genausowenig Zeitung wie ich, noch hörte sie je Radio – genau wie ich!

In Zürich mußte ich nun täglich Berge von Kondolenzbriefen an Kostja lesen und beantworten. Diese Trostbriefe waren meistens von Frauen und endeten oft so: ‹... aber jetzt schreibe ich ‚Du', denn nun muß es heraus: ich liebe Dich – schon seit langem – und morgen komme ich an!› Auch diese Briefe mußte ich beantworten, denn Kostja wollte nicht. Ach, Tränen haben wir gelacht! Aus Berlin rief mein Vater Dr. Maurer in Davos an und fragte, wie er es geschafft habe, mich umzubringen, da ich doch ganz gesund geworden sei.»

Auf die Dauer war es aber nicht so komisch, schließlich war der 20. März 1946 ihr erster «Tod» – wann würde der zweite, der wirkliche, kommen? Solche Gedanken machte sie sich auch. Da halfen ihr aber einige Zeilen von Kurt Heuser sehr: «... Hast Du einmal berechnet, wieviel Tränen für Dich vergossen worden sind, nachdem Du totgesagt worden warst? Ich wünschte, sie würden ein Faß füllen, und das Faß würde sich in Wein verwandeln, etwa in einen leicht moussierenden Neuchâteler, der mir von allen der liebste ist...

Und da ich über Dich nicht mehr zu weinen brauche, so laß mich weinen über Europa, das immer noch so zerrissen ist, daß man seine liebsten Freunde nicht besuchen kann...»

In Zürich war «Santa Cruz» nicht nur ein Presse-, sondern auch ein Publikumserfolg geworden und wurde ziemlich lange gespielt. Und dann kam der Sommer!
Selten hat Biggy einen Sommer so genossen wie diesen. Sie war gesund und ohne Angst. Mit Kostja wohnte sie bei seinen Verwandten in Chardonne, hoch oben, von Weinbergen umgeben, und mit einem Blick auf die schneebedeckten Alpen jenseits des Genfer Sees: «Wunderbar ist es hier! Kostjas Onkel und Tante sind herrliche Menschen. Kostja arbeitet im Hof. Gestern hat er den Kuhstall geweißt und heute geht er mit dem Onkel auf die Alm – 15 km –, um eine trächtige Kuh zu holen. Selber ruhe ich viel, schlafe und bewundere Tante Manja. Noch nie habe ich so einen fleißigen Menschen gesehen, sie macht aber auch alles. Den ganzen Tag arbeitet sie ununterbrochen und findet noch Zeit zum Stricken für die Gemeinde. Alles wird hier von eigener Wolle gestrickt. Es gibt enorm viel zu essen: zum Frühstück immer Pellkartoffeln, Brot, Butter, Marmelade, Käse... Alle sind lieb zu uns, es geht uns nur gut und bald fängt Kostja an, mit einem Insektenfilm in Lausanne zu arbeiten...»

Die Briefe der Freunde waren eine große Ermunterung. So schrieb ihr Kurt Heuser: «... Ja, liebste Komplizin, es ist so schön, daß es Dich auf der Welt gibt. In all dem Grauen und Leid – und ich hasse nichts so sehr wie das Leid, weil es die Menschen arm, dreckig und gemein macht, keinesfalls aber besser – in all dem Fegefeuer ist es ein tröstlicher Gedanke, daß irgendwo die Erzengel wohnen. Und Du mußt mir verzeihen: für mich zählst Du, dank Deines zu hoher Heiterkeit geglückten Geistes, zu ihrer Ordnung.

Hier in Österreich ist alles verpönt, was irgendwie mit Deutschland zu tun hat (jedenfalls offiziell), und ohne Rücksicht auf Besinnung, Herkunft, Vergangenheit und so weiter. Jetzt sind wir die Parias, und man kann es ja zu einem gewissen Grade verstehen. Da aber zu einem echten Paria die entsprechende innere Haltung gehört, die zu uns nicht paßt, ist man eben doch keiner. Und, wenn wir Verfluchte geworden sind, das Unvergängliche kann uns niemand wegnehmen: die Freude an den Dingen, den Humor, die Kunst, und trotz allem die Liebe zu den Menschen. Vor allem zu den paar, die man auf seinem Lebensweg gefunden hat. Es sind ohnehin nicht viele.

Du, wenn Du mit Zuckmayer in Verbindung stehst – seit Jahren suche ich die Bruchstücke eines Gedichts von ihm zusammen, das für mich eines der schönsten Gedichte überhaupt ist. Es heißt: ‹Kleine Tropfen von der Unsterblichkeit› und fängt so an: ‹Der du dich besinnst – ob du einst verrinnst› – und der Schluß lautet etwa: ‹Selbst das kleinste Sein – schließt ein Wesen ein – dauernd über der Vernichtung Flammen (?)› – Sinn: Wenn es nicht so wäre, so ‹bräche die Schöpfung in sich selbst zusammen›.

Wenn Du je eine Möglichkeit findest, das Gedicht als Ganzes zu bekommen, bitte laß mich es wissen ...

Da gerade in den Zeitungen Artikel standen über den bösen Goebbelsknecht Emil Jannings und über den edlen Albert Bassermann, der freiwillig die Leiden der

Emigration auf sich genommen habe, zog Jannings einen Brief von Bassermann an ihn aus der Lade, in dem jener ihn gebeten hatte, sich doch bei Goebbels für ihn zu verwenden, daß er heim nach Deutschland könnte. – Und so ist es wohl meistens, wenn man näher hinsieht. Und der Thomas Mann macht es sich leicht, wenn er uns verübelt, daß wir im Inneren der belagerten Festung geblieben sind. Hat der eine Ahnung!! ...

Nach der Schweiz zu reisen, soll für einen Deutschen so gut wie unmöglich sein. Ich hätte mich ja, als gebürtiger Elsässer, eventuell als Franzose etablieren können. In diesem Zeitalter des Schwindels wäre das vielleicht nicht unmöglich gewesen. Aber irgend etwas hält einen zurück, sich in diesem Moment schwindelhaft von seinem verprügelten Land zu entfernen...»

Carl Zuckmayer kannte Brigitte Horney schon lange. Er war ja der eigentliche Autor des Films «Blutsbrüder», den sie 1935 gedreht hatte. Nun schrieb sie ihm aus Chardonne nach den USA, wo er mit seiner Frau Alice und der kleinen Tochter Winnetou nach seiner Vertreibung aus Österreich im Frühling 1938 eine gute Zeit verbracht hatte. Am 3. August 1946 antwortete er aus Barnard, Vermont: «... Dein Brief aus Chardonne hat mir ja geradezu Heimweh gemacht. Chardonne, die Weinberge, der Mont Pelerin, die kühlen Keller, die Familie Pelot, die Pompiers, Monsieur Legrand (die Namen der anderen Nachbarn habe ich vergessen), der Kirchhof mit dem wunderschönen Blick und die Funiculaire und die kleine Wirtshausterrasse mitten im Dorf – darnach sehnen wir uns schon sehr und das mag, so Gott will, ein ungetrübtes Wiedersehen sein. Vor dem anderen – dem Wiedersehen mit der eigentlichen Heimat – graut mir ein wenig. So tief geht die Zerstörung – daß man sie in sich selber spürt. Es wurde, wie die rheinhessischen Weinbauern sagen, Arsch in die Worzel gehackt. Und das Sichlosreißen damals war so endgültig, mußte so entschlossen und gründlich sein, sonst hätte man's gar nicht überstanden. Dann hat man allmählich neue Würzelchen und Fäserchen gezogen und ausgestreckt. – Erst schienen sie in der Luft zu hängen und zu schwach, um etwas wachsen zu lassen. Plötzlich merkte man, daß ein Boden sie nährt und daß sie sich, ganz von selber schon, ausbreiten. Und heut ist so ein ‹Heimkommen› von New York auf die Blackwoods Farm, die so tief in den Wäldern und Hügeln versteckt liegt, daß Du auf fünf Quadratkilometer nur einen halben Nachbarn hast, etwas unbeschreiblich Schönes und Herrliches – wovon man sich nie trennen möchte...»

Und doch wollte Zuckmayer nach Deutschland zurück: «... weil ich ganz stark spüre, daß ich hinüberkommen muß, daß ich gebraucht werde – und daß ich auch selbst die Konfrontierung mit unserer zerstörten, zerrissenen und geplagten Ursprungswelt brauche. Und da sind meine Eltern, 82 und 77, die nur noch für den Moment des Wiedersehens leben, und da seid Ihr alle.

Geh mir nur nicht zu bald nach Mexiko – dort könnte ich Euch erst im Jahr 48 besuchen... Leb wohl, geliebte Biggy, grüß mir Deinen in Lausanne Läuse drehenden Kostja und trink sofort einen Demiliter Chardonne auf unser Wiedersehen und Deine hoffentlich jetzt unverwüstliche Gesundheit.

Die ‹Kleinen Tropfen› lege ich bei – mit einem besonderen Gruß an Kurt, den ich sicher aufsuchen werde, – und ein anderes Gedicht, das ich im Jahr 38 in Hollywood gemacht habe. Dort war ich sehr traurig und blieb auch nicht lange. Dein Zuck.»

Die beigelegten Gedichte:

Kleine Strophen von der Unsterblichkeit

Dauer, Zeit und Raum
Sind wie Brandungsschaum,
Der verweht, indes die Flut sich wendet –
Doch das kleinste Sein
Schließt ein Wesen ein,
das von Anfang ist und niemals endet.

Der du dich besinnst,
Ob du einst verrinnst
Gleich dem Sand und gleich dem Regentropfen –
Denk, daß Meer und Land,
Wasser, Fels und Sand
Steter sind als deines Herzens Klopfen.

Nur was in dir brennt,
Was kein Wort benennt,
Dauert über der Vernichtung Flammen.
Wärst du nicht geweiht
Zur Unsterblichkeit –
Bräch die Schöpfung in sich selbst zusammen.

Elegie von Abschied und Wiederkehr

Ich weiß, ich werde alles wiedersehn.
Und es wird alles ganz verwandelt sein,

Ich werde durch erloschne Städte gehn,
Darin kein Stein mehr auf dem andern Stein –
Und selbst wo noch die alten Steine stehen,
Sind es nicht mehr die altvertrauten Gassen –
Ich weiß, ich werde alles wiedersehen
Und nichts mehr finden, was ich einst verlassen.
Der breite Strom wird noch zum Abend gleiten.
Auch wird der Wind noch durch die Weiden gehn,
Die unberührt in sinkenden Gezeiten
Die stumme Totenwacht am Ufer stehn.
Ein Schatten wird an unsrer Seite schreiten
Und tiefste Nacht um unsre Schläfen wehn –
Dann mag erschauernd in den Morgen reiten,
Wer lebend schon sein eignes Grab gesehn.

Ich weiß, ich werde zögernd wiederkehren,
Wenn kein Verlangen mehr die Schritte treibt.
Entseelt ist unsres Herzens Heimbegehren,
Und was wir brennend suchten, liegt entleibt.
Leid wird zu Flammen, die sich selbst verzehren,
Und nur ein kühler Flug von Asche bleibt –
Bis die Erinnrung über dunklen Meeren
Ihr ewig Zeichen in den Himmel schreibt.

      Geschrieben in Amerika, Herbst 1939. C. Z.

Diese Gedichte lagen immer in Brigitte Horneys
Nachttisch-Schublade.

Der Vater – Dr. jur., Dr. pol., Dr. phil. Oscar Horney, Berlin, 1935

Die Mutter (Mochen), Dr. med. Karen Horney, 1947

Brigitte (Mitte) mit ihren Schwestern Marianne (links)
und Renate (rechts)

Mit 13 Jahren als Schülerin in Berlin

16jährig: «Schauspielerin will ich werden!»

Erste Filme: «Rasputin» mit Conrad Veidt, 1932

Erste Liebe: Dr. Victor Henckel, 1934

In Biskra, Aufnahmen zu «Verklungene Melodie», 1937

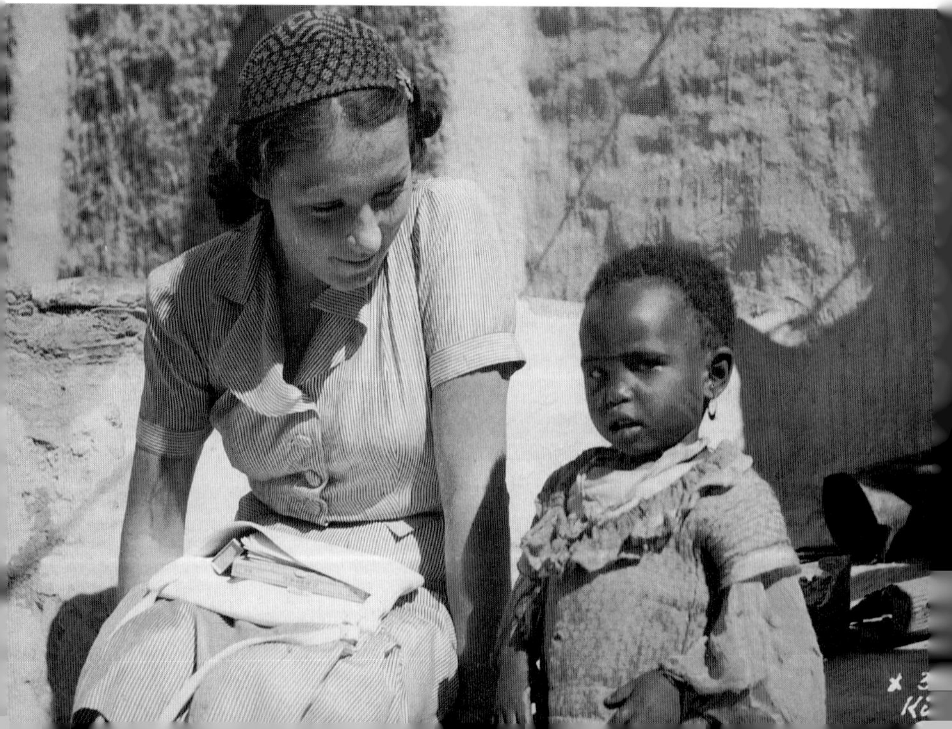

Mit Freundin Marianne Hoppe

Mit Joachim Gottschalk in «Aufruhr in Damaskus», 1939

Mit Willy Birgel und Hannelore Schroth in «Der Gouverneur», 1939

In «Befreite Hände», 1939

Eine Freundschaft beginnt: Biggy und Gerd Høst Heyerdahl (Fischi Mischi), Berlin 1939

Mit Ehemann Konstantin Irmen-Tschet, Berlin 1940

«Illusion» mit Johannes Heesters, 1941

Als Katharina II. mit Hans Albers in «Münchhausen», 1943

Uraufführung «Santa Cruz» von Max Frisch in Zürich, 1946.
Brigitte Horney und Emil Stöhr

«Melodie des Schicksals», 1950

Mit Carl Raddatz und Carl Zuckmayer nach der Uraufführung von «Ulla Winblad», Göttingen, 1953

Mit Günther Ungeheuer in «Santa Cruz» am Deutschen Theater in Göttingen, 1957

Ehepaar Brigitte Horney und Dr. Hanns Swarzenski, Boston, 1961

«Jakob und Adele»: Carl-Heinz Schroth und Brigitte Horney,
in Reineckers Fernsehserie, 1985

Als Gräfin in «Das Erbe der Guldenburgs», 1986

Auf Fischi Mischis Schäreninsel in Norwegen, Sommer 1987

Theater! Theater! Theater!

Nach ihrem großen Erfolg in «Santa Cruz» von Max Frisch am Schauspielhaus Zürich im März 1946 bekam Brigitte Horney für die Spielzeit 1946/1947 ein schönes Angebot vom Stadttheater Chur. Sie war glücklich, wieder ein festes Bühnenengagement zu haben und Geld zu verdienen. Zufrieden schrieb sie: «Hier haben wir aus all den Schauspielern, die gut sind, und nicht alle in Basel und Zürich engagiert sein können (die anderen Theater sind Schmieren), ein sehr gutes Theater gemacht.»

Ihre erste Rolle in Chur war die Mara in Paul Claudels «Verkündigung». Am Tag nach der Premiere, am 17. Dezember 1946, schrieb «Die neue Bündner Zeitung»: «Wirklich, unsere Erwartungen ... wurden nicht nur erfüllt, sondern weit übertroffen. Welch ein Spiel! Oder – ist das Spiel? Sie geht, wie man geht, und spricht, wie man spricht, nichts ist gemacht, nichts ist forciert, daher auch diese Steigerung ins Letzte, diese gewaltige, in den Zuschauerraum übergreifende Wirkung, die uns packt und hält und nicht mehr loslassen will ... wie alles an ihr, alles – *da* ist, in dieser dunkeln, geheimnisvollen, von Dämonen bedrohten Mara, Trägerin schwersten Schicksals! Unvergeßlich!»

Es wurde immer weiter geprobt, manchmal nach der Vorstellung bis halb vier nachts, das machte aber Brigitte Horney nichts aus, denn sie war wieder ganz gesund: «Ich bestehe aus Muskeln und auch das zweite Knie ist vollkommen in Ordnung... wir fahren zu Gastspielen nach Davos und Arosa und ich bin jedesmal dort vorher Ski gelaufen und es ging großartig und ich war sehr stolz auf meine Knie. Nun hatte ich in Chur ein Fahrrad und wohnte bergauf, dadurch hatte ich dann ein ganz gutes Training, denn ich bin auch im Schnee bergauf gefahren...»

Nur sechzehn Tage später fand die nächste große Premiere statt. Diesmal spielte sie die Hermione in Shakespeares «Das Wintermärchen» mit Vasa Hochmann als Regisseur und Partner «liebenswert, ergreifend, verinnerlicht in Liebe und Schmerz, Demut und stolzer Empörung».

Ihre Erfolge überschlugen sich: Schon am 5. Januar 1947 hatte sie in dem Lustspiel «Ist Geraldine ein Engel?» von Hans Jaray ihre nächste Sternstunde. Hier zeigte sie sich von einer ganz neuen Seite: schalkhaft, liebenswert und sprudelnd lebendig.

Bald kam auch ihr alter Freund Heinz Hilpert nach Chur und inszenierte einen russischen Komödienabend mit Gogols «Die Spieler» und Tschechows «Heiratsantrag».

Alle vierzehn Tage eine neue Premiere war ihr gar nicht zuviel! Nun freute sie sich auf «Die heilige Johanna» von Bernard Shaw, denn die Johanna zu spielen war – nachdem sie als junges Mädchen Elisabeth Bergner in dieser Rolle erlebt hatte – immer ihr Wunschtraum gewesen: «Ich bin ja eine gläubige Traumsuse – ich glaube, daß Wünsche in Erfüllung gehen. Ich spiele so gern Theater, und meine alte Bühnenangst bin ich ziemlich los. Etwas soll man ja haben, und das wird auch immer bleiben, aber ich spiele jetzt gern und werde langsam, aber sicher eine richtige Schauspielerin, eine, die etwas kann und nicht nur begabt ist. Ich fange ja so gern von unten an, weil ich hier endlich was lernen kann ... und gezwungen bin, was zu tun. Denn von mir aus allein unternähme ich gar nichts. Mir fehlt der Karrieresinn vollkommen.»

Die Premiere fand am 9. März 1947 statt, und «Brigitte Horney wurde zur Inkarnation der Johanna, so wie sie Shaw gezeichnet hat. Sie war es vor allem, die diese Aufführung zum tiefen Erlebnis werden ließ. Bei solch vollendeter Wiedergabe, welche die Pucelle in ihrer wahren historischen Größe erkennen ließ, erübrigen sich weitere Worte der Anerkennung», stand nachher im Bündner Tagblatt.

Nach der Shaw-Aufführung holte Ernst Ginsburg sie ans Stadttheater Basel, wo sie in seiner deutschsprachigen Uraufführung von Maxim Gorkis «Jegor Bulytschow und die anderen» das Stubenmädchen Glafira mit Leonard Steckel in der Titelrolle spielte.

Und dann folgte ein wohlverdienter Urlaub.

Besuch von Fischi Mischi

Wir hatten uns jahrelang nicht gesehen. So viel war passiert. Der Krieg war vorüber, die Nachkriegszeit gab wenig Hoffnung. Wir hatten uns geschrieben, einmal sogar telefoniert. Wir mußten uns wiedersehen.

Im Sommer 1947 lud Brigitte Horney mich nach Magliaso am Luganer See ein. Dort wohnte sie mit Kostja in einem Atelier, das einer schweizerischen Filmfirma gehörte, für die Kostja an einem Insektenfilm arbeitete. Ich hatte eine größere Operation hinter mir, und mein Mann meinte, ein Auslandsurlaub täte mir gut. Er schrieb einem Bekannten, Dr. Fritz Penzoldt, der ein Haus am Luganer See, nur zehn Minuten von dem Atelier entfernt, hatte. Das Resultat war ein wunderbares Zimmer mit Vollpension bei Dr. Penzoldt.

Am Mittwoch, den 6. August nachmittags, landete ich auf dem Flughafen Zürich, wo Kostja mich abholte. Es war ein herrliches Wiedersehen, er hatte den verängstigten Ausdruck verloren, wirkte ruhig und entspannt. Von Zürich fuhr ich mit der Bahn über den St. Gotthard nach Lugano. Am Bahnhof wartete eine junge braungebrannte Frau mit offenen Armen: Ich war wieder zu Hause!

Wir haben gelacht, wir haben geweint, wir haben gesprochen, pausenlos. So viel hatten wir uns zu erzählen, daß wir erst um halb vier Uhr morgens einigermaßen zur Ruhe kamen.

Das Atelier hieß Castello, und so sah es auch aus. Wie ein Dornröschen-Schloß stand es zwischen Laubbäumen und Weinstöcken, gerade dort, wo sich der Abhang sanft zum See hinunterneigte.

«Castello ist eigentlich ein Liebesnest», sagte Biggy. «Es gehörte ursprünglich einem reichen Amerikaner, der es zu diesem Zweck gekauft hatte. Nur hatte er vergessen, daß sein nächster Nachbar die Kirche war und daß hier die Glocken alle Stunden läuten, Tag und Nacht, mit einer großen Kraft. Ach, der arme Mann! Da kam er ein paarmal im Jahr den langen Weg, um hier schöne Schäferstunden mit seiner Geliebten zu verbringen, und wurde jede Stunde von den Kirchenglocken unterbrochen. Statt sich zu erholen, wurde er ein Nervenwrack, und so hat er eben Castello verkauft!»

Ich lachte: Sie war die gute alte Biggy geblieben – mit ihrer Wärme und ihren humorvollen Geschichten. Immer lustig, immer tapfer. – Aber – war sie wirklich dieselbe? Während der drei Wochen, die ich am Luganer See verbrachte, gab es Augenblicke, wo ich daran zweifelte. Wenn sie sich unbeobachtet glaubte, konnte sich ein Schatten über ihr Gesicht legen und es traurig-müde aussehen lassen. Viel dachte ich nicht darüber nach, denn am zweiten Tag kam Kostja und arbeitete Tag und Nacht im Castello. Dann war Biggy vollauf für ihn beschäftigt, und ich verbrachte meine Zeit unten am See. Kostja blieb immer nur ein paar Tage, fuhr dann zu anderen Atelierarbeiten nach Lausanne oder Zürich und kam wieder zurück. Wenn er weg war, konnte sich Biggy ausruhen und kam zu mir herunter. Wir machten lange Schwimmtouren, überquerten die Grenze nach Italien, um Wein zu kaufen, weil er dort billiger war. Wir fuhren nach Lugano, aßen Cassata, schenkten uns gegenseitig neue Sandalen, lachten und waren faul. Nur merkte ich ein paarmal eine Andeutung von Irritation bei Biggy, die früher nie vorhanden gewesen war, und machte mir Sorgen: War sie mit Kostja nicht mehr glücklich?

Von ihrer Mutter kam eines Tages ein Brief, der meinen Verdacht verstärkte: «Mein Biggelein, eben kam Dein Brief vom 6. August aus Magliaso. Ja, mein Süßes, was ist mit Dir? Warum ist Deine Seele vergrämt? Was ist denn schiefgegangen in Deiner Beziehung zu Kostja? Oder drückt Dich die ganze Lage? Es muß furchtbar schwer sein, wenn man immer so viel Erfolg und Arbeit und Bewunderung hatte, so zeitweilig auf ein Nebengleis geschoben zu sein. Bitte unterschätz das nicht. Du leidest ja mehr unter der miesen europäischen Lage als Kostja. Das liegt an Deinem Beruf, für den Du Bedingungen brauchst, die einfach jetzt nicht mehr da sind. In technischen Berufen kommt man immer und überall durch. Was immer Du glaubst, was für Dich das beste ist, Mochen ist immer da! Das weißt Du doch! – Wenn Du glaubst, Du hast in U.S.A. Möglichkeiten, ich will Dir gern helfen. Inzwischen schicke ich Dir regelmäßig 100 Dollar im Monat, damit Du es etwas leichter hast... Ich hab schon gedacht, ob ich im Frühjahr für drei Wochen in die Schweiz komme. Es ist z. Z. eine Geldfrage, weil ich doch fliegen muß. Aber ich möchte Dich bald sehen. Mein Liebes, ich bin sehr besorgt um Dich. Freue mich, daß Du Deine Gerd (Fischi Mischi) da hast. Das hilft... Die Norweger sind doch ein feines

Volk... Mein Liebes, ich möchte Dich mal in den Arm nehmen und Dich richtig liebhaben...»

Kostja kam zurück, und wieder verbrachte ich meine Tage unten am Luganer See. Mein Gastgeber Dr. Penzoldt war ein interessanter Mensch. Er war der Bruder des Autors Ernst Penzoldt und selber ein belesener und kunstliebender Arzt. Seine Frau war die berühmte, vor einigen Jahren verstorbene deutsche Sängerin Sigrid Onegin. Er hatte sie so sehr geliebt und trauerte dermaßen, daß er ihre Urne in einer kleinen Kapelle in seinem Haus aufbewahrte. Wenn wir dann in der danebenliegenden Bar etwas tranken, hatten wir immer das Gefühl, sie sei da und freue sich mit uns.

Als Kostja das nächste Mal wegfuhr, wollte Biggy mir etwas mehr von der Schweiz zeigen. Ich mietete ein Fahrrad, und so radelten wir herum. Es war überall so schön! Wir besuchten den Schauspieler Adolph Spalinger, der mit uns am Deutschen Theater in «Pygmalion» gespielt hatte, und wollten auch zu Erich Maria Remarque, der ein Freund von Biggys Mutter war. Es war heiß, ich war ungeübt und müde. Biggy radelte voraus, leicht und elegant wie eine Tänzerin. Ich kam stöhnend hinterher und kippte dauernd um. «Halt aus, in anderthalb Stunden sind wir da!» rief Biggy. Ich liebte Remarques Bücher, und der bloße Gedanke, diesem Schriftsteller bald persönlich begegnen zu dürfen, gab mir Riesenkräfte. Aber die Natur fordert das ihrige: «Biggy, ich muß!» – «Ich auch. Aber das sparen wir für den Boni. Er hat ein richtiges Klo!» Sie nannte ihn immer Boni, wenn sie von ihm sprach. Boni sollte eine Verkürzung von Bonifatius sein, und schon in der Schule ließ er sich so nennen. Er sei so verspielt und lustig, erzählte sie.

Wie ich mich freute! Ich kämpfte einen inneren Kampf und siegte. Erschöpft und glücklich kamen wir an, stiegen von unseren Stahlrössern, wackelten durch den Park zur Haustür hin und klingelten: Kein Geräusch. Das Haus schien leer und verlassen. Wir gingen drum herum, probierten, durch die Fenster zu gucken, die Jalousien waren aber herabgelassen. Was nun? Wir schauten uns an. «Wir suchen den schönsten Baum!» sagte Biggy. Wir gingen durch den Park, dessen große Bäume an dem heißen Sonnentag angenehm kühlen Schatten boten. Wir fanden einen Baum, märchenhaft schön, und unter den dichten Zweigen ließen wir unsere goldenen Tropfen auf die Erde des Dichters rieseln. So war meine Begegnung mit Erich Maria Remarque, und näher bin ich ihm leider nie gekommen!

Chardonne war genauso schön, wie Biggy es beschrieben hatte, beinahe noch schöner. Hoch oben lag der Hof, von Weinreben umgeben, mit einer Luft, die an das norwegische Hochgebirge erinnerte, und mit einem Blick auf die schneebedeckten Alpen, die aus dem tiefblauen Genfer See emporragten. Dies war Biggys und Kostjas Heim in der Schweiz. Sie hatten zwei Zimmer und aßen bei der Familie Maikoff. «Tante Manja» war Kostjas Tante und eine der schönsten Frauen, denen ich je begegnet bin: blond, schmal, hochgewachsen und mit der Würde einer Königin. Außerdem war sie klug, bescheiden und arbeitsam. «Onkel Schura» war immer fröhlich. Biggy erzählte mir, daß er Vorsitzender des Abstinenzlervereins der Stadt Vevey sei und daher regelmäßig dorthin zu Sitzungen müsse. Manchmal dauere es Tage, bis er zurückkomme. Denn nachher werde derart gefeiert und gezecht, daß Onkel Schura seinen fröhlichen Rausch in einem Hotel ausschlafen müßte, bevor er sich nach Hause wagte.

Es war gut, mit Tante Manja zu reden und mit Onkel Schura zu lachen. «Biggy, Fischi Mischi, kommt herein!» sang er. Wir gingen in sein Zimmer, er machte die Tür feierlich zu und brachte eine Gurke hervor. Die teilte er in etwa fünf bis sechs Zentimeter lange Stücke, die er der Länge nach halbierte. Er streute Salz auf die Innenseiten, die er dann gegeneinander rieb. «Biggy, Fischi Mischi, Mund aufmachen!» sang er, und wir bekamen je ein Gurkenstück in den Mund. Das mußten wir mit einem großen Glas Wodka hinunterschlucken. So wäre es die einzige richtige Art, einen Wodka zu trinken, meinte Onkel Schura. Das Rezept war sein eigenes, hier ist es: Sprit (96 %) und destilliertes Wasser nach der gewünschten Menge zusammengießen, ein Stück Würfelzucker und drei Tropfen reines Glyzerin dazutun und die Flasche zumachen. Im Frühling gepflückte Blätter von schwarzen Johannisbeeren werden in eine kleine Flasche mit reinem Alkohol getan. Die Flasche wird zugemacht und muß zehn Tage in der Sonnenwärme am Fenster stehen. Von diesem Extrakt tut man drei Tropfen in die große Flasche – und der Wodka ist fertig.

«Wenn man den Wodka richtig trinkt, wird der Geist beflügelt und das Herz leicht!» sang Onkel Schura und tanzte herum, während Biggy und ich zur Tür hinausschlüpften, um den Mund zu spülen, damit Tante Manja nichts merken sollte. Das tat sie natürlich trotzdem, als wir nachher strahlend und kichernd auf Wodka-Flügeln zum Mittagessen hereinschwebten. Taktvoll wie sie war, ließ sie sich aber nichts anmerken.

«Du hättest ihre Perlen sehen sollen», sagte Biggy. «Wenn ich mal mit ihr nach Zürich fahre, um mit ihr ins

Theater und nachher schön essen zu gehen, sagen meine Freunde: ‹Wie kann deine liebe, vornehme Tante nur mit so großen unechten Perlen ausgehen?› – Wenn ich ihnen dann erzähle, daß die Perlen echt sind, werden sie stumm!»

Auf diesem großartigen Hof war alles geregelt; es gab reichlich von allem, aber nichts wurde verschwendet. Die beiden Söhne Alex und Nicolas studierten, kamen aber im Sommer nach Hause, um zu arbeiten. So konnte man sich vom Hof ernähren, vom Segen der Erde.

Eine Zeitlang habe ich mit Tante Manja korrespondiert und immer davon geträumt, diese wundervolle Familie in Chardonne wiederzusehen. Leider blieb es bei den Träumen.

Diese fünf Wochen mit Biggy in der Schweiz gehören zu den schönsten Schätzen meiner Erinnerung.

Wiedersehen mit «Mochen»

Mitte September 1947 ging Brigitte Horney nach Basel zurück, um mit den Proben von Shakespeares «Hamlet» anzufangen. Kurt Horwitz hatte die Regie, und Ernst Ginsberg spielte den Hamlet. Diesmal dauerte die Probenzeit fünf Wochen, die Premiere fand am 27. Oktober statt und wurde ein ganz großer Erfolg: «Wir haben hier eine Hamlet-Aufführung, die immer ausverkauft ist (etwas nie Dagewesenes in Basel). Ich spiele die Mutter –, die Hamlets sind ja meistens älter als die Mütter – und mir hängen sie natürlich nur die schwersten Brocken auf, aber ich habe auch dieses geschafft und auf klassisch!...»

Ja, sie hatte jeden Grund, stolz zu sein, denn die Mutter-Rolle in «Hamlet» gehört zu den schwierigsten. Sie hat sie auch im Schauspielhaus Zürich gespielt – mit Will Quadflieg als Hamlet. Nur einen Monat später, am 22. November, folgte die deutschsprachige Erstaufführung von Federico Garcia Lorcas «Bernarda Albas Haus», diesmal mit Ernst Ginsberg als Regisseur «... und mit der wunderbaren Therese Giehse, die mich so lieb im Sanatorium besucht hat.»

Nach dieser Aufführung hatte sie keine Proben, war

tagsüber frei und konnte die Ruhe genießen: «Schlafen, schreiben, lesen und in Museen gehen, es gibt hier herrliche Ausstellungen. In den nächsten Stücken ist nichts für mich, und ich habe Zeit, nach Chardonne zu fahren, wo Kostja auch drei Wochen sein wird, denn er muß jetzt seinen Urlaub nehmen... Kostja angelt uns dann Fische zum Essen, und ich muß sie wunschgemäß zubereiten. Und in Chardonne ist ja unsere herrliche russische Tante Manja, die mit ihrer ganzen Familie ausgehungert nach Menschen mich nicht eine Minute alleine läßt, und Zuckmayer und Frau sind auch in Chardonne. Und wenn ich nicht ab und zu alleine sein kann, werde ich einfach krank – nicht außen –, aber man muß ja auch mal alles verdauen können, wenn man sich so intensiv mit allem befaßt...»

Das stimmte und stimmte wieder nicht. Denn Brigitte war sehr kontaktbedürftig. Sie liebte das Leben, sie liebte es, Menschen um sich zu haben und ihnen ihre Geschichten zu erzählen. Dann blühte, glühte und strahlte sie wie eine Königin im Kreise ihrer Bewunderer. Da war sie unermüdlich!

«... Daß Du in einem richtigen guten Theaterensemble spielst, das scheint mir in dieser Übergangszeit sehr vernünftig und gut. Wie gerne sähe ich Dich als böse Königin in ‹Hamlet›! Horwitz und Ginsberg sind mir noch starke Begriffe, teils aus München, teils aus Darmstadt... Hier hingegen bin ich, wegen der Arbeit sonst sehr mönchisch lebend, viel mit dem alten Gummischuh G. W. Pabst zusammen, der Dir mit großer Verehrung anhängt. Er hat mir gesagt, ich hätte mit Dir die Chance meines Lebens versäumt, wenn er es wagen dürfe, etwas Persönliches zu sagen. Und es ist möglich, daß er recht hat... Jetzt haben wir im vergangenen

Jahr den ‹Prozeß› gemacht. Es ist ein Staatspreisfilm mit umgekehrten Vorzeichen geworden. Die Uraufführung wird ziemlich bald in Zürich sein, und Du wirst ihn dann zu sehen bekommen...» schrieb ihr Kurt Heuser am 20. Februar 1948. «... nun aber hörte ich, daß Du zu uns kommst. Das heißt nach Thiersee. Das heißt hoffentlich auch nach Altaussee. Und das würde heißen, daß ich Dich zu sehen bekomme...!!! Leider liegt Thiersee in der Französischen Zone, so daß ich auch dort wieder durch einen Vorhang muß, ohne mir die Finger einzuklemmen. Aber Gottseidank gibt es ja viel Wald und Gebirge auf der Welt. Im übrigen fangen die Verhältnisse hier sich deutlich zu bessern an. Die Zigaretten werden billiger, und überhaupt, wenn man Geld hat, bekommt man alles. Nur meistens, leider, hat man kein Geld. Aber stell Dir vor, man hätte immer alles, was man haben wollte, oder wir hätten immer alles gehabt. Wir wären sicher auch ganz nette, aber doch wohl andere Menschen, als wir sind. Ich kann mir nicht helfen, irgendwas muß der Weltgeist mit uns vorhaben, daß er uns so viele Öfen schickt, aus denen wir dann immer wieder leicht berußt, aber im übrigen erstaunlich unbeschädigt hervorgekrochen kommen. (Ich merke eben, daß in dem «berußt» ein unfreiwilliger Wortwitz steckt, wie bei einem blöden Conferencier.) Vielleicht sollen uns, falls es eine Seelenwanderung gibt, einige Stationen erspart werden, die wir sonst mühsam im Laufe der kommenden Jahrtausende abdienen müßten.

Ach Piqua, wenn Du bald nach Österreich kommst –, es gibt soviel zu erzählen, daß man gar nicht mehr aufhören kann ... Aber eins hab ich Dir noch nicht erzählt, was mich täglich freut: Unter meinen Fenstern, das heißt, schräg gegenüber, liegt der große Eislaufplatz des berühmten Wiener Schlittschuhvereins. Dort trainieren die Weltmeister, Weltmeisterinnen und Aspiranten bis zum vierten Lebensjahr herunter, Tag und Nacht. Nachts im Scheinwerferlicht sieht es aus, als ob ungeflügelte Libellen mit unglaublicher Eleganz über einen angestrahlten Spiegel schweben. So schnell und leicht und als ob die Schwerkraft aufgehoben sei: Das irgendwie Sinnlose und doch schöne Gewimmel des Lebens... das Gleichnis, der Widerschein eines göttlichen Gedankens, der von den Sternen kommt. Auch Du, meine Piqua, bist ein solcher glücklicher Gedanke. Ich bin froh, daß es Dich auf der Welt gibt.»

Ja, im Sommer 1948 sollte Brigitte am Thiersee in Österreich bei der Willi-Forst-Produktion einen Film, den ersten nach dem Krieg, drehen. Vorher hatte sie aber eine andere, eine große Freude: ihre Mutter.

«Meine liebe Bigge, also ich werde heute abend einen Platz reservieren für April 21rst. D. h. ich wäre in Genf 3.55 a. m., Freitag früh April 23rd. Und bleibe ca. 3 Wochen. Komme mit T.W.A. (Transworld Airways). Ich werde noch genauer schreiben. Wohne sehr gerne in Chardonne. Lieber im Hotel. Freue mich wie ein Irrwisch auf Dich. Und dann die Narzissen. Und Zuck. Aber das (Narzissen + Zuck) ist sekundär. Und daß ich Kostja kennenlerne! Gott wie schön. Bin ganz außer mir.

Du mußt mir dann noch schreiben, wie ich von Genf nach Chardonne komme. Welches Hotel in Genf? Auch ob da morgens ein Bus geht nach Vevey oder Chardonne. Was ich gern *bald* wüßte, ist die Währung. Wieviel kriege ich dort für 1 Dollar? Oder kriegst Du mehr? Oder wie kriegt man am meisten?

Was wünschst Du Dir zum Mitbringen? Welche Nummer hast Du für Wäsche, Kleider? Was für Kostja? Wenn ich etwas finde, genau wie groß ist er?

Meine Süße, ich sehe mich in Genf aus dem Flugzeug steigen – und Du stehst da – und wir fliegen uns in die Arme. Wahrscheinlich kannst Du mich gar nicht abholen – außerdem ist es mitten in der Nacht –. Aber das ist ja auch egal. Ob in Genf oder Vevey oder Chardonne –

Innigen Kuß von Deinem Mochen»

Es wurde das erste Wiedersehen nach dem Krieg, nach den schweren Jahren voller Elend, Angst und Verlust so vieler Freunde. Das erste Mal trafen sie sich wieder, Mutter und Tochter, und fielen sich in die Arme.

Brigitte Horney liebte und bewunderte ihre Mutter über alles. Sie war auch ihre beste Freundin, der sie alles anvertrauen konnte. Es war eine Liebe ohne Verlangen und ohne Grenzen. Es wurde einer der schönsten Sommer für beide. Es war soviel nachzuholen, zu erzählen, zu tun.

Der Vater hatte während des Krieges wieder geheiratet, eine liebe, herzensgute Frau, «Tante Hanna». Gesundheitlich ging es ihm aber nicht so gut.

«Meine liebe Bigge», schrieb er am 28. April 1948 aus Berlin, «es war eine große Freude, Mochens und Deinen lieben Brief zu erhalten. Wir freuen uns wirklich sehr mit Dir, daß der Forstfilm geklappt hat, und wir drücken sämtliche Daumen für Dich. Du hast so viel Pech gehabt mit Deinen Filmen, vor allem mit schlechten Manuskripten, daß Dir von Herzen zu wünschen ist, daß mal wieder ein wirklich guter Film von Dir herauskommt. Auch daß Kostja einen Spielfilm dreht, ist ja prächtig. Damit kommt auch wieder Leben in Eure Bude...

Deine Raphabilpillen kamen an, als ich vor vierzehn

Tagen aus dem Krankenhaus zurückkam. Ich fresse sie fleißig und glaube, daß sie meiner Galle guttun. Hab vielen Dank für die schnelle Besorgung. Ich habe ein häßliches, chronisches Magengeschwür, das viel Beschwerden macht und in zwei bis drei Monaten, wenn ich kräftiger bin, mit Röntgenstrahlen behandelt werden soll. Infolge starker Magenblutungen war eine Bluttransfusion nötig, die im Krankenhaus mit Erfolg durchgeführt wurde. So bin ich denn wieder zu Haus, und Tante Hanna versucht mich mit Mochens Paketen wieder auf die Beine zu bringen. Mein Befinden hat sich auch schon in den letzten vierzehn Tagen gebessert. Das schöne Wetter hilft ja auch noch mit!

Von Film und Theater in Berlin ist wenig zu berichten, und das Wenige ersiehst Du ja aus den Zeitungen.

Viele liebe und herzliche Grüße für Kostja und Dich von Tante Hanna und Deinem Pachen.»

Zurückgekehrt nach New York, hatte die Mutter in einem Brief vom 4. Mai 1948 ihrer ältesten Tochter einen neuen Kosenamen gegeben:

«Mein liebes kleines Alpaka, meine Gedanken sind oft bei Dir. Du hast es so wunderschön für mich gemacht, dort in Chardonne. Ich war lange, lange nicht so glücklich. Wie geht es wohl in Thiersee? Saust das Alpaka? Alles friedlich? Was macht unser Großfürst, Kostja? Er ist doch *sehr* reizvoll. Wegen Mexiko, ich denke doch, mit Eurem – wie heißt es – Schweizer Schutzpaß – wenn Ihr ihn erst mal habt, seid Ihr doch dort besser aufgehoben. Ich glaube nicht, daß Ihr hier glücklich sein würdet. Du bist ja sehr anpassungsfähig. Aber Kostja ist doch so europäisch. Ich meine, er würde schon alles mögliche anpacken *überall*, aber wohl fühlen? Aber was auch Ihr beschließt, Ihr könnt auf mich rechnen. Was machen Kleider – und Pelzlein?... Süßes Alpaka, ich wollte, Du wärest hier. Ich habe solche Sehnsucht. M o o o o. Dein Mochen»

Im Sommer 1948 drehte also Brigitte Horney ihren ersten Nachkriegsfilm, «Die Frau am Wege», mit Otto Wögerer und Robert Freitag. Eduard von Borsody führte Regie, später kam auch Willi Forst dazu. «Es wurde ein guter Film», schrieb sie, «er handelte in den Bergen. Ich spielte die Frau eines Grenzhüters. Ein Flüchtling tauchte auf, ich versteckte ihn, und die Probleme tauchten auf. Glaube mir, der Film wurde wirklich großartig. Warum er also keinen Erfolg hatte, weiß der Himmel.»

Von Salzburg fuhr sie mit ihrer Schwester Marianne und ihrem Schwager Wolfgang von Eckhardt, die aus den USA zu Besuch gekommen waren, schwarz über die Grenze nach Deutschland, im Gepäckraum des Autos versteckt. «In München bin ich ins Hotel ‹Vier Jahreszeiten› gegangen. Meine amerikanische Familie sagte, das Hotel sei nur für die Amerikaner reserviert. Sie wußten daher nicht, ob sie mich mitnehmen konnten, und verschwanden durch eine Drehtür. Ich ging aber zu den Portiers, die mich alle kannten, und sagte, sie müßten mich unterbringen. Und stell Dir mal vor, Fischi Mischi, ich bekam bei weitem das schönste Zimmer von uns allen! Dann fuhr ich zur Bavaria nach Geiselgasteig hinaus, und es war wunderbar, meine alten Filmkollegen wiederzusehen. Ich war richtig glücklich, wieder in Deutschland zu sein. Ich mußte aber nach Chardonne zurück, weil Kostja nie so lange ohne mich sein wollte.

Er war aber den ganzen Tag mit Filmarbeiten in Lausanne beschäftigt oder er ging angeln und kam immer erst spät abends zurück. So war ich also doch allein und betätigte mich helfend im Haus und auf dem Feld. Wenn es ging, drückte ich mich aber, denn es machte mich so traurig, nie zu meinen eigenen Sachen zu kommen und zu dem, was mich interessierte. So war ich immer zwei bis drei Tage bäuerlich überfleißig, und die anderen Wochentage habe ich gemalt. Ach, war das schön! Alles bei mir war voll Ölfarbe, und es roch nach Terpentin wie in einer Malerwerkstatt. Ich malte, was ich träumte und sah. Draußen war es aber so himmlisch, daß mich die Ehrfurcht packte und ich nicht einsehen konnte, warum ich malen sollte, was sowieso da ist...»

Am 21. Oktober stand sie wieder auf der Bühne des Stadttheaters Basel, als Schloßherrin Elsa in «Blaubart», einem «Versteckspiel des Schicksals» von Walter Jost. Es war ein lustiges Stück in zwei Akten, der erste mit Agnes Fink. «Im zweiten Akt zanken sich Blaubart und Lohengrin, und Blaubart sagt aufgeregt: ‹Sie heiraten eine Frau, und wenn sie fragt: ‚Wie heißt du eigentlich?', da setzen Sie sich auf Ihren Schwan und brausen davon!?› – ‹Na ja›, sagt Lohengrin, ‹Sie haben es leicht. Sie bringen einfach die Frauen gleich um, wenn sie nach der dreizehnten Kammer fragen. Das ist ja auch keine Art!› Und alle möchten mit allen, und das ging nur in der dreizehnten Kammer vor sich. Ach, haben wir viel Freude an dem Stück gehabt!»

Freude hatte sie auch nötig, denn kurz nachher verlor sie ihren Vater, ohne ihn nach dem Krieg wiedergesehen zu haben. Wir kommen ja nie über den Verlust unserer Eltern hinweg. Sie machte sich Vorwürfe, daß sie ihm nicht so oft geschrieben hatte, wie sie es hätte tun sollen. «Wenn Bigge seelisch Kummer hat, so mag sie nicht, daß ich etwas davon merke. Also bleibt sie lange stumm...» schrieb der Vater kurz vor seinem Tod.

Ja, sie blieb stumm und sprach zu niemandem darüber. Wie immer flüchtete sie sich in die Arbeit. Schon am 6. November 1948 spielte sie wieder eine große Rolle, die Kommunistin Olga – mit Will Quadflieg als Partner – in der deutschsprachigen Erstaufführung von Jean-Paul Sartres «Die schmutzigen Hände» am Schauspielhaus Zürich. Direktor Oskar Wälterlin, der so vielen von den Nazis verfolgten deutschen Künstlern geholfen hatte, führte Regie und sicherte der Aufführung eine äußerst starke Wirkung. «Die harte, stur linientreue, alle Weiblichkeit nach innen verdrängende und darum in den Bewegungen steife, in den Gesichtszügen maskenhafte Kommunistin war ein mit sauberster Konsequenz durchgearbeiteter Typ», schrieb nachher die Presse über Brigitte Horneys Leistung.

Am 8. Januar 1949 brachte das Schauspielhaus Zürich eine Uraufführung heraus: «Als der Krieg zu Ende war» von Max Frisch, den Brigitte Horney ganz besonders schätzte und verehrte: «Es war ein herrliches Stück, und eine herrliche Rolle!»

Die Schweizer Presse schrieb u. a.: «Alles, was in Frischs Stück an bühnenwirksamen Entwicklungen, an Spannungen, Kontrasten und Stimmungsmomenten angelegt ist, brachte die Aufführung des Züricher Schauspielhauses unter der Leitung von Kurt Horwitz zur Geltung.

Den tiefsten Eindruck hinterließ zweifellos die Leistung Brigitte Horneys. ‹Eine deutsche Frau› soll Agnes sein, also nicht nur Trägerin eines ganz individuellen schweren Schicksals, sondern Sinnbild für das, was das deutsche Volk in seiner Schuldverstrickung trotz allem an innerer Sauberkeit, Anständigkeit, Reinheit und Bereitschaft zum Neubeginn bereit hat. Und es kommt jetzt sehr viel darauf an, daß ihr gerade dies gelingt, für das deutsche Volk zu zeugen, da ihr in Horst, ihrem Manne, das Bild des Deutschen als Kriegsverbrecher mit kaum zu überbietender Schärfe gegenübergestellt wird. Die große Schauspielerin hat in ununterbrochener Steigerung eine Agnes geschaffen, die noch über ihren Sprung ins Leere hinaus jenes ‹andere Deutschland› beglaubigt. Durch ihre Herbheit bricht die Schönheit, durch ihre Zurückhaltung die Liebe und schließlich durch ihren Rausch die Verzweiflung um so erschütternder hindurch. In einzelne Stellen wie in die Spiegelszene, den Zusammenbruch, in einzelne Bewegungen der Hand, der Schultern, des Kopfes legte sie einen Ausdruck, der nicht zu übertreffen ist...»

Im Sommer 1949 drehte Brigitte Horney den Film «Verspieltes Leben» mit Kurt Meisel als Regisseur und Axel von Ambesser als ihrem Partner. «Gerhard Menzel und Gerd Ammeis schrieben das Buch, und es hätte ein ausgezeichneter Film werden können, wenn Menzel nicht krank geworden wäre, bevor das Buch fertig war. Als wir mitten in den Aufnahmen waren, brannte auch noch das eine Atelier ab. Dann war plötzlich kein Geld mehr da, und der Film mußte schnell zu Ende gedreht werden. Leider wurde der Film daher kein großer Erfolg, obwohl alle Kollegen, die ich gefragt habe, meinten, ich wäre nicht schlecht!»

Während dieser Zeit habe ich sie ganz kurz besucht. Sie wohnte mit Kostja im Atelier in Geiselgasteig. Beide haben sich gefreut, daß ich kam, und waren wie immer lieb zu mir. Ich merkte aber sofort, daß etwas nicht stimmte. Es war, als ob sie nicht mehr allein sein wollten. Biggy war etwas kurz angebunden, nervös und irritabel. Ihre Langmut war dahin. Kostja wollte nicht mal angeln gehen, er saß nur da und starrte sie mit traurigen Othello-Augen an. Es tat so weh, wenn ich daran dachte, wie glücklich diese beiden wunderbaren Menschen früher zusammen gewesen waren. Und ich wunderte mich über die Liebe: wie zart und pflegebedürftig sie ist, und wie leer es zwischen Menschen wird, wenn sie nicht mehr da ist.

Boni

Eine Liebe blieb aber – stark, ständig und unveränderlich: die Liebe zur Mutter. Diese Liebe war gegenseitig. Karen Horney kam jetzt jeden Sommer in die Schweiz, meistens mietete sie dort für diese Zeit ein Haus und schrieb darüber aus New York am 11. Januar 1950: «Bigge, süßes, schönes, geliebtes Alpaka, ich bin ganz aus dem Häuschen von wegen Ascona. Wenn Du genaueres weißt, schreib mir. Können wir selbst kochen?? Kannst Du die ganze Zeit da sein? ... Wie schön, daß Du wieder Erfolg hattest. Liebes, Du bist ein so tüchtiger Mensch. Und ich bin so glücklich ...
   Von Herzen, ganzem und glücklichen,
   Dein Mo-o-ochen.»

In Ascona wohnten Mutter und Tochter nicht weit von Erich Maria Remarque. Er war früher in New York Patient bei Dr. Karen Horney gewesen, die er wegen seiner Depressionen aufgesucht hatte: «Ich bin so deprimiert», soll er gesagt haben, «so schrecklich deprimiert. Ich leide unsagbar, ich dulde und dulde ...» – «Aber das ist ja großartig», lachte Dr. Horney. «Besser kann es doch nicht sein! Sie sind ja ein Dulder. Seien Sie doch froh, daß Sie dulden dürfen!» Und Remarque, Boni oder wie er sich sonst so nannte, wurde für immer ihr Freund.

Am 1. August 1950 schrieb die Mutter von Ascona an ihre Tochter, die gerade mit Filmaufnahmen in den Tempelhof-Studios, Berlin, beschäftigt war:

«Mein Goldiges ... Die neue Kaffeemaschine wartet hier auf Dich – und die alte ist gut repariert ... Boni gefällt mir zunehmend besser. Wir sind oft zusammen – alleine – und plaudern wirklich sehr nett. Er hat z. B. das Saufen aufgegeben und möchte anscheinend zu sich selbst und seiner Arbeit kommen. Mindestens mit einem Teil von ihm selbst ...»

Und am 16. August:

«Mein geliebtes Alpaka, das ist ja unbeschreiblich schön, daß Du kommst! Ich kann bis 5. Sept. bleiben. Fahre am 5. abends von hier fort ...

Boni und ich haben uns weiter angefreundet. Und er ist wirklich reizend zu mir. Ich habe ihm die Druckfahnen zu meinem Buch kommen lassen, weil ich dachte, es kann ihm was geben. Und sieh da, nicht nur liest er es, sondern er sagte gestern abend – fast feierlich – daß heute ein bedeutsamer Tag wäre – Es seien ihm einige Lichter aufgegangen über sich selbst. Er fange an, Dinge in sich zu verstehen, die er immer gesehen, aber nicht begriffen habe. Na, das ist doch schön. Und wir tranken daraufhin die Flaschen von Dir, die ich mit rübergebracht hatte. Wir beide genossen ihn tiefst. Er möchte gern noch ein paar Flaschen haben. *Kannst Du welche mitbringen?* Ich will es gern zahlen. Wenn Du kommst, laß ich denn noch mal Kaviar kommen. O mein Geliebtes, wie schön, daß Du kommst ...»

Brigitte vertiefte ihre Freundschaft mit Remarque. Sie schrieb begeistert von ihm an Kurt Heuser, der ihn früher in Berlin getroffen hatte. Von Altaussee antwortete Heuser am 15. September: «... Übrigens freue ich mich über Remarques Gedächtnis, ich denke immer, nur ich hätte eines für solche Dinge und Gesichter. Denn auch ich erinnere mich noch sehr gut jenes Heimwegs, zu Fuß und an einem Winterabend im Grunewald. Ich erinnere mich sogar noch des Gespräches, das ich mit ihm führte; es ging hauptsächlich über ihn selber und seine damalige Situation, und er war sehr vertrauend und offen...»

Brigitte und Remarque hatten Dr. Karen Horney am 5. September zum Flughafen Genf gebracht. Am 22. September schrieb sie aus New York:

«Mein geliebter Biggeschatz, ach mein Leben, wie ich mich nach Dir sehne! Tausend Dank für Deinen lieben Brief und die wonnigen Taschentücher und den ach so wonnigen Wollschal. Er ist so schön in den Farben und so weich zum Streicheln ... Reise war erfreulich. Alles klappte. Ich war so beruhigt, Dich mit Boni zurückzulassen und nicht ganz allein! Aber daß er sich so besaufen mußte! Denn wenn Boni nicht mehr gut fahren kann, muß er schon sehr blau sein.

Hab Dein Bild vor mir mit dem Hut und Schal – wie schön Du aussiehst. Du Süßes, was ist mit Dir – ‹Dumme Kuh›? – Du bist einer der gescheitesten Menschen, die ich kenne. Du hast doch eine unerhört rasche Auffassungsgabe und siehst durch die Oberfläche in die Tiefe...

Mein Buch kommt Anfang Oktober raus. Ich hab Boni einen Band bereits geschickt.

Schön ist Deine Freundschaft mit Boni. Ich glaube gar nicht, daß er mich besonders lieb hat – sondern, daß wir uns alle drei irgendwie verbunden fühlen ...
Hier wieder ziemlich in Arbeit. Aber alles erfreulich. Nur natürlich, daß Du mir ganz schrecklich fehlst. Und die Abende mit Boni. Ich hab übrigens überhaupt nichts von ihm gehört. Es wäre schön, wenn Du in Zürich bist, daß Du mal ins Tessin runterfahren kannst ...»

Am 1. Oktober 1950 schrieb Karen Horney wieder an ihre Tochter Brigitte:

«Mein geliebtes Alpaka, – Mein Süßes, ich hab mich so schrecklich gefreut, daß Du zwei schöne Tage mit Boni hattest. Wenn Du noch mal Zeit hast, geh doch ruhig auf eine Woche zu ihm hin. Ich glaube wirklich, er freut sich. Er kann das nur nicht immer ausdrücken, was er wirklich fühlt im positiven Sinn. Und von wegen ‹Mensch› (ich hab so gelacht!) oder nicht Mensch – es macht nicht soviel Unterschied. Ich kann nur sagen: von *mir* aus freue ich mich über alles, was Dich in irgend einem Sinn glücklich macht. Und persönlich liebe ich Boni nicht ‹in diesem Sinn›. Sicherer ist es natürlich, sich nicht zu arg in ihn zu verlieben. – Aber das ist ja meistens sicherer. Und wenn wir immer nur auf Sicherheit bedacht sind, gehen wir am Leben vorbei. Meinst Du, dieses Scheusal hätte mir mal ein einziges Wort geschrieben!!

O no. O. K. Er ist bezaubernd und damit gut. Muß er auch! Was ihn anlangt, könnte er wahrscheinlich nichts besseres tun als Dich heiraten. Aber er hat ja meistens im Leben nicht gerade das getan, was für ihn das beste wäre. Nun, das sind spätere Sorgen. Einstweilen ist es wunderschön, daß wir drei uns so unmittelbar verstehen ...

Mein Kamin in der Stadt brennt und wartet auf Dich und Boni...» –

Ein kleines telefonisches Mißverständnis zwischen Boni und Biggy? Am 3. November 1950 schrieb Remarque an Brigitte Horney:

«Geehrter Zauber! Irgendwas muß sauer geworden sein! Angestrengtes Nachsinnen läßt mich mit Ha! bei Deinem letzten Anruf halten! Solltest Du Lieblosigkeit verspürt haben, weil ich was von diktieren müssen und Sekretärin sagte? Ungerechte! Ellen Jansen ist mit Aplomb und Krach davongegangen, – ich mußte mir für wichtige Briefe einen Ersatz suchen, die Frau (59) des Dorfsekretärs Amen, die eine Stelle in Locarno und fünf Kinder hat und nun bei mir saß, für zwanzig Minuten, mehr hatte sie nicht, um die Briefe (an Verlegerlumpen und Anwälte) zu tippen. Deshalb war ich (schändlicherweise) etwas eilig.

O Gütig-Ratzenputzige! Ich fahr ja schon Dienstag ab nach Frankreich! Und weiß nicht, wo ich Dich erreichen soll und kann! Tu anrufen! Oder schieße! Hier ist meine Brust.

Wie ist es mit dem Visum? Sei vorsichtig! Du mußt auch in N. Y. noch durchkommen damit. Am Hafen kann einen ein Immigrations-Inspektor, auch bei gültigem Visum, immer noch zurückweisen. Erkundige Dich.

Wie soll ich dann, Du rachsüchtige Trine, vor die Augen Deiner Mutter treten, wenn ich ihr nichts sagen kann über Dich? Ich muß ja in den bekannten Boden versinken.

Vier Flaschen Wodka hab ich in der Aufregung schon versaut. Mit zitternden Pfoten zuviel Glyzerin reingetan. Schmeckt wie Haar-Öl. Vier Flaschen!

Und der grüne Schal? Er liegt mir auf der Seele. Erbarme Dich. – Anton der Heizbare»

Remarque bekam den grünen Schal und nahm ihn mit über Paris nach New York. Von dort schrieb Karen Horney am 2. Dezember 1950:
«Mein Biggelein, wo bist Du? Und wie geht es Dir? ... Und hab ich Sehnsucht nach Dir! ...
Am 20. 12. fliege ich nach Mexiko und freue mich natürlich sehr. – Inzwischen Dank von Herzen für den unwahrscheinlich schönen grünen Wollschal. Man kann ihn nur streicheln. Boni brachte mir noch von sich das neueste Pariser Parfüm: ‹Femme›, das wirklich ‹das Beste› ist.

Boni und ich sind öfters zusammen. Er lebt bis jetzt sehr zurückgezogen und ist so mehr auf der gehässigen Seite –, sozusagen schwarz und daher gut. Aber doch sehr reizend. Sogar Sophie (Karen Horneys norwegische Hausgehilfin) erlaubt sich ein ‹he ist very charming›, was für Sophie ein Ausbruch geradezu wilder Begeisterung ist. Wir haben einen jungen Pfälzerwein und machen uns ein Kaminfeuer und plaudern. Einmal waren wir auch im Theater: ‹The lady is not for burning›. Nur, natürlich, Du fehlst.

Ach, wenn es doch für Dich hier ein Betätigungsfeld gäbe – und wir hätten ein Häuschen irgendwo am Wasser, so vielleicht dreiviertel Stunde von N. Y. und einen Garten – und eine kleine Stadtwohnung, wo wir über Nacht bleiben könnten und ich meine Praxis hätte. Ich meine: das alles ließe sich *wirklich* machen. Nur: was machst Du mit Deinen schöpferischen Kräften?

Ich hab Dir auf alle Fälle ein kleines Paket für

Weihnachten nach Chardonne geschickt. *Was* wünschst Du Dir?? Ich: Schuppenpomade. Liebes, liebes Alpaka: wie geht es Deinem Innern?»

Das Parfum «Femme», das Remarque Karen Horney zu Weihnachten 1950 schenkte, wurde seit damals auch für Brigitte das «beste» Parfum. Sie hat es immer benutzt und auch für mich jedesmal, wenn sie zur Insel kam, mitgebracht – auch das letzte Mal. Einige Flaschen sind noch da. Der Duft erinnert mich an die drei innig verbundenen Menschen: Brigitte und Karen Horney und Erich Maria Remarque.

Erste Reise nach Amerika

Brigitte Horney wollte nun endlich und endgültig zu ihrer Mutter nach New York fahren. Sie hatte so lange daran gedacht und auch schon oft um das Einreisevisum nachgesucht. Die Ehe war nicht mehr gut, zu ihrem Haus in Berlin bekam sie keinen Zutritt. Sie fühlte sich wurzellos, heimatlos. Einen Film, «Melodie des Schicksals», machte sie noch und hatte an der Zusammenarbeit mit lieben Kollegen wie Victor de Kowa, Mathias Wieman, Fita Benkhoff und dem Regisseur Hans Schweikart viel Freude, aber nichts war wie die Tage mit ihrer Mutter. Bloß die Zeit war immer zu kurz. Seit 1931 nie mehr als etwa zehn Tage des Zusammenseins und dann wieder Abschied. Es tat jedesmal so weh. «Du weißt ja, wie befreundet wir waren, Mochen und ich. Dazu kam noch die große Liebe. Außerdem platzte ich vor Stolz auf sie, diese himmlische Person. Es war aber so traurig für mich, wenn sie wegfuhr. Wir standen da und starrten uns an – und sie verschwand. Ihr ging es auch so. Und da bin ich hinübergefahren. Ich hatte eben das Gefühl, es sei Zeit. Und so haben wir ein wunderbares Jahr zusammen erlebt. Ende 1951 kam ich hin, und am 4. Dezember 1952 ist sie gestorben. Im Sommer waren wir noch in Japan zusammen. Aber vorher ein halbes Jahr in New York.»

So viele Jahre hatte Brigitte Horney Weihnachten ohne ihre Mutter gefeiert. Nun konnte sie es endlich! Von New York nahm ihre Mutter sie mit nach Rye, vier Stunden mit dem Auto, und kaufte dort ein Häuschen unten am Wasser. So wie die beiden es geträumt hatten:

«Kein Vis-à-vis, nur Wildenten und fünf Schwäne. Der Schwan, der kein Paar ist, schwimmt immer mit den kanadischen Wildgänsen zusammen. Dieses Jahr sind sie zum ersten Mal nicht weitergeflogen, sondern hier geblieben – jetzt schon seit Dezember so zweihundert Gänse. Wir haben auch Fasane, vier Damen und vier Herren.

Unseren Sonnenuntergang hättest Du sehen sollen, Fischi Mischi: auf dem vereisten Schnee das Rot wie auf dem Wasser und dem Himmel – toll!!!

Hier haben Mutti und ich zum ersten Mal nach dem Krieg Weihnachten zusammen gefeiert. Der einzige Gast war Max Frisch. Es war unvergeßlich schön.

Silvester waren wir aber ganz alleine, Mutti und ich. Es war feierlich in Rye, so still. Natürlich gab es viel zu besprechen, Pläne für das kommende Jahr zu machen. Mutti war nach Japan eingeladen und wollte mich mitnehmen. Wie wir uns freuten!

Den ersten Tag im Jahr 1952 haben wir gut angefangen – mit Gymnastik und gesundem Frühstück: Joghurt mit Honig, Kresse, Radieschen, magerem Schinken, Eiern, Tomaten, Käse, Brot und Kaffee. Wir haben uns richtig Zeit gegeben! Als wir nachmittags nach New York zurück mußten, kamen wir wegen Nebel und Dunkelheit erst um sieben Uhr nach Hause, und um acht Uhr war ich bei Max Frisch eingeladen! Ich habe es aber geschafft, und bei Max war es reizend – mit endlosen Diskussionen über Literatur und Theater. Wir kannten uns ja lange, Max und ich. Schon seit 1946, als ich in Zürich die Hauptrolle in der Uraufführung von seinem wunderbaren Schauspiel ‹Santa Cruz› spielte. Beim Wiedersehen in New York fünf Jahre später kamen wir uns plötzlich nahe. Wir spürten wohl die Einsamkeit der Fremde und fanden uns in liebender Freundschaft. Max hatte – jedenfalls damals – viel Angst in sich. Z. B. mußte ich ihn immer nach Hause begleiten, das Umgekehrte geschah nie. Nicht weil er unhöflich oder faul war, nein, er hatte Angst! Angst vor der Straße, Angst vor allem. Ich sagte ihm, er müsse diese Angst bekämpfen, denn die Angst nähme ihm so viel Kraft weg. Er sah das auch ein, es half aber nichts. Er war öfters krank, nicht ernstlich krank, sondern erkältet, mit Halsschmerzen und so. Wenn ich ihm dann einen warmen Verband um den Hals legte und ihn pflegte, war er glücklich. Manchmal kam er mir wie ein verwahrlostes Kind vor, aber das sind ja Männer meistens. Er konnte so unsagbar lieb sein! Unsere Zeit war begrenzt, aber schön, sehr, sehr schön. –

Daß Boni mir nie nach Amerika schrieb, fand ich ärgerlich. Er liebte wohl Mutti am meisten, was ich auch verstehen kann. Denn – wer würde das nicht tun? Diese himmlische Person!»

In New York wohnte sie bei ihrer Mutter im 26. Stock direkt am Central Park. Aus dem vorderen Fenster konnte sie direkt in den Park und aus dem hinteren auf die Wolkenkratzer der Fifth Avenue sehen.

Karen Horney hatte einen hinreißenden Cockerspaniel, ganz schwarz, mit Stupsnase, ein herrliches Tier.

Er wich kaum von der Seite seiner Besitzerin, die ihn innig liebte. Als besondere Gunst durfte Biggy mit ihm im Central Park spazierengehen. Sie liebte diesen großen Park, die grüne Lunge New Yorks, wo die Hunde morgens und abends herumgeführt wurden, und erzählte gerne folgende Geschichte: «Die fünf reichsten Leute New Yorks haben sich vor vielen Jahren zusammengetan und in der Stadtmitte dieses riesige Gelände gekauft. Dort haben sie einen See und ein weites Planschbecken und den Park angelegt. Den haben sie der Stadt New York geschenkt unter der einzigen Bedingung, daß dort niemals gebaut werden darf. Und dieser Park ist die Lunge New Yorks. Denn wenn es ihn nicht gäbe, würden die Leute in diesen Sommer-Backöfen einfach nicht atmen können!»

Und weiter erzählte sie: «Ich traf so viele Menschen, kannte die Namen der Hunde genau, hatte aber keine Ahnung, wie die Besitzer hießen. Denn bei solchen Spaziergängen waren ja nur die Hunde wichtig. Die Tierliebe drüben ist enorm. Vielleicht hat es mit der Einsamkeit zu tun. Männer und Frauen leben allein, und da haben sie eben einen Hund oder eine Katze, damit jemand da ist, wenn sie abends nach Hause kommen, für den sie sorgen können.

Ich glaube, es gibt kaum mehr Einsamkeit als in einer großen Stadt. Auf dem Land ist das wohl kaum möglich, denn man ist nie einsam, wenn man in der Natur ist.»

Beinahe jedes Wochenende fuhr Biggy mit ihrer Mutter nach Rye. Das Häuschen lag so schön an einer Bucht vom Sound, das ist das Meer zwischen Long Island und der Küste. «Da geht das Meer hinein und bildet eine vier Kilometer breite, tiefe Bucht. Das Haus liegt direkt am Wasser, hat vier Morgen Garten und keine Nachbarn. Riesenbäume gibt es dort! Auf der anderen Seite des Wassers ist Wald. Dort darf nicht gebaut werden. Direkt vor dem Haus kann man schwimmen, obwohl man aufpassen muß, denn der Unterschied zwischen Ebbe und Flut ist kolossal. Das Meer leert sich fast ganz. Während der Ebbe ist nur noch der Schlick da. Nach einer halben Stunde kommt die Flut wieder herein und geht bis zweieinhalb Meter hoch. Das Wasser ist aber immer klar und hat keine von diesen schrecklichen Quallen, die es bei Dir in Norwegen gibt, Fischi Mischi!»

Für Brigitte Horney war Amerika ein Traum. Alles gefiel ihr: die Nähe der Mutter, die neuen und alten Freunde, die Theater, die Avenuen, die Geschäfte und die Partys. Sie holte sich neue Lebenskraft, sie war glücklich.

Abstecher nach Japan

Nicht alle Brücken hatte Brigitte Horney hinter sich abgebrochen. Sie korrespondierte eifrig mit ihren Freunden in Europa, und ab 1. Februar 1953 war sie bei Heinz Hilpert in Göttingen verpflichtet, wo sie u. a. die Titelrolle in der Uraufführung von Carl Zuckmayers «Ulla Winblad» spielen sollte.

Inzwischen kam aber Japan. Schon 1951 war Dr. Karen Horney von Freunden nach Japan eingeladen, um dort wenn möglich festzustellen, ob es zwischen der Horneyschen Psychoanalyse und dem Zen-Buddhismus irgendeine Verbindung gäbe. Erst ein Jahr später wurden die Reisepläne realisiert. Inzwischen war auch ihre Tochter Brigitte mit eingeladen worden, und am letzten Julitag 1952 flogen die beiden über Los Angeles und Honolulu nach Tokio. Der Leiter der Gruppe war der berühmte japanische Gelehrte, Lehrer und Autor Dr. Daisetz Suzuki, der damals in New York lebte und arbeitete.

Biggy hatte sich für die Reise gründlich vorbereitet und viel über Japan und den Zen-Buddhismus gelesen. Mitte August schrieb sie aus Kyoto:

«... Du, es ist unvorstellbar interessant diese Reise durch Japan. Alles ist anders als erwartet. Und schön. Du würdest es genießen. Diese Häuser und Gärten! Die Ruhe. Es geht immer um das Wesentliche. Mit Dr. Suzuki durch Japan zu reisen ist wohl etwa wie mit Einstein durch Amerika. Er ist Zen-Master und einer der großen Weisen des Landes. Alle verbeugen sich bis zum Boden vor diesem kleinen, einfach himmlischen 83jährigen, und wir sehen was sonst eben niemand, nicht einmal Japaner, zu sehen bekommen. Im schönsten Zen-Buddhisten-Kloster waren wir Gäste vier Tage, durften allen Zeremonien beiwohnen, in der Meditationshalle sitzen, wo die Mönche meditieren, unbeweglich wie die Buddhas. Sie haben alle so schöne Köpfe, so unverhärmt. Von einem uneitlen Ernst, aber auch von einer Heiterkeit, wie ich selten gesehen habe.

In diesem Zen-Kloster war eine große Zeremonie für die ‹hungrigen Seelen›. Nachts um zwei fing es an. Die Trommel hat so eineinhalb Meter Durchmesser, sie schlugen aber auch auf den Rand mit herrlichen Hölzern. Scharf, hell und dumpf klang es und immer schneller, ein toller, suggestiver Rhythmus. Damit werden die hungrigen Seelen gerufen. Die Zeremonie zieht sich über zwei Tage hin. Im Laufe dieser Zeit dürfen die hungrigen Seelen kommen. Das tun sie auch und werden dort bewirtet. Riesige Schüsseln mit Früchten stehen da, alles, was sie im Kloster selbst züchten. Es wird zeremoniell getanzt und gesungen und hört nie auf. Es ist faszinierend und unheimlich.

In Japan werden die Bäume nicht oben geschnitten, dort konzentriert man sich auf die Wurzeln: Jeder Ast hat seine eigene Wurzel; wenn man die Wurzel schneidet, wächst oben der Ast nicht weiter. Denn, sagen sie:

‹Die Menschen haben den Kopf oben, die Pflanzen haben ihn unten. Wenn man uns den Kopf abschneidet, wachsen auch wir nicht weiter!›

Die jungen werdenden Mönche fangen schon ganz früh an in den Klöstern zu arbeiten und zu studieren. Alles lernen sie, auch das Kochen. Und sie kochen unbeschreiblich gut. Wir aßen mit dem Abt und unterhielten uns mit ihm. Suzuki, der Assistent und ein japanischer Arzt waren Dolmetscher. Sie waren glücklich, endlich mit Mutti sprechen zu können. Die jungen Mönche haben serviert. Wir aßen mit Stäbchen und wie sonst immer in Japan saßen wir auf dem Boden. Nur einmal im Theater in Tokio saßen wir auf Stühlen.

Die Mönche dürfen zu jeder Zeit das Kloster verlassen, z. B. um zu heiraten, und wenn sie später zurück möchten, werden sie wieder ins Kloster aufgenommen.

Meistens wohnen wir in japanischen Zimmern, hokken auf Kissen, ohne Schuhe. Nachts wird eine Matte aufgerollt, und darauf schläft man herrlich. Die Wände sind aneinandergeschoben, und man sieht in die wunderbarsten Gärten hinaus. Die Matten, auf denen man schläft, sitzt und geht, sind nachgiebig, und das Bodenholz ist unwirklich schön.

Wir waren in verschiedenen Klöstern über das ganze Land verstreut. Wir besuchten auch den berühmten Perlenkönig Mikomoto, der die große japanische Perlenzüchterei hat. Da sitzen die Mädchen und machen lebendige Austern vorsichtig auf, tun ein Holzstück dazwischen und legen mit einer Pinzette einen winzig kleinen Kiesel rein. Die Holzstücke werden rausgezogen und die Austern wieder versenkt. Sie bleiben dann ein paar Jahre am Meeresboden liegen. Als wir da waren, schickte der Perlenkönig einen Taucher hinunter, um einen Korb mit Austern heraufzuholen. Als Gastgeschenk durften wir je eine Auster aussuchen, und wenn eine Perle drin wäre, dürften wir sie behalten. Mutti und ich haben beide eine gefunden. Du kannst Dir nicht vorstellen, wie aufregend das war!

In Gifu waren wir nachts auf dem Fluß. Dort haben die Boote keinen Kiel, sie sind ganz flach, und die Fischer fischen mit Vögeln, die Kormorane heißen. Gott, sind das scheußliche Tiere! Sie sehen wie Geier aus. Wenn nicht geangelt wird, sitzen sie in riesigen Käfigen am Ufer, schwarz, gespenstisch und mit langen Hälsen, beinahe ein Meter groß. Die Fischerboote haben vorne einen gußeisernen Korb mit brennenden Holzscheiten drin. Dort vorne hockt auch ein Japaner mit zwölf Leinen in der Hand. Die Leinen sind zwei bis drei Meter lang, und an jede Schnur ist eins dieser unheimlichen Vogelbiester gebunden. Beim Angeln werden die zwölf Kormorane ins Wasser geworfen, und sie fangen und schlucken die Fische. Die Schnur sitzt ihnen aber unten um den Hals so fest, daß die Fische nicht in den Magen runterkommen. Wenn die Vögel dann voll sind, werden sie ins Boot geholt und man preßt ihnen die Fische heraus. Es gibt eine unbeschreiblich gute Sorte Fisch, etwa vierzig Zentimeter lang. Die Vögel werden nun wieder ins Wasser geworfen und schlucken neue Fische. Hinten steht ein anderer Japaner und stakt das Boot langsam und vorsichtig vorwärts. Die vielen Boote sind über den ganzen Strom verteilt. Wir sind die ganze Nacht mitgefahren, es war sehr aufregend bei Mond und Feuerschein. Die Vögel, die nicht gerade dann benutzt wurden, hockten als schwarze Schatten auf dem Bootsrand und schlugen mit den Flügeln, um das Gleichgewicht zu halten. Und diese Stille, kein Mensch sprach. Es war gespenstisch und schwarz. Es war schrecklich ...

Hier in Japan, in diesen Kreisen, ist alles so anders! Es geht immer um das Wesentliche, nie um die äußere Form. Nie. Sie wollen ihre eigenen Probleme und die Grundfragen des wesentlichen Daseins in Ordnung bringen, bevor sie an die Probleme anderer gehen. Und das Gefühl und der Instinkt sind zumindest so wichtig wie der Kopf, sogar wichtiger. In den Klöstern sind wir manchmal ganz großen Gelehrten begegnet. Es ist bei ihnen alles so selbstverständlich! Man kommt sich nicht so bedeutend vor, wie es bei uns so oft der Fall ist. Sie sind alle hier so bescheiden. Es strömt eine wunderbare Ruhe und Freundlichkeit aus den Menschen.

Nein, was es in diesem Land alles gibt! Eines gibt es aber überhaupt nicht: ‹sich genieren› – im guten Sinne des Wortes, meine ich. Im Zug z. B. Da gibt es links zwei Sitze, rechts zwei Sitze und in der Mitte einen Gang. Alles schön sauber mit frischem Weiß bezogen. Die Japaner steigen ein und fangen sofort an, sich auszuziehen. Am Tage!! Die Hosen, die Jacke, das Hemd, die Schuhe, die Strümpfe. Über die knielangen Unterhosen ziehen sie dann einen Kimono und packen den Anzug in ein Köfferchen. So wird auch zum Speisewagen gegangen. In Strohpantoffeln. Aber bei der Hitze und Feuchtigkeit hier ist das auch anders gar nicht möglich, weißt Du. Und nach drei bis vier Stunden Fahrt gibt es auf einem Bahnhof Musik und auf einem Podest einen Vorturner. Und alle aus dem Zug stehen plötzlich auf dem Bahnhof und schwingen die Arme und beugen die Knie und turnen: eins, zwei, eins, zwei zur Musik! Dann pfeift es und alle steigen ein, nachdem sie ihre steifen Knochen bewegt haben. So fährt man weiter –

ohne ein Wort darüber. Denke Dir das in München oder sonstwo in Europa!

Die Menschen sind sehr arm, zu viel eben. Die Häuser haben nur ganz selten eine Etage drauf – wegen Erdbeben. Von außen sehen sie so wie nichts aus – wie armselige Hütten. Aber innen sind sie so sauber! In der Mitte des Hauses ist ein Garten mit immergrünen Bäumchen oder Sträuchern, oder plötzlich steht da nur *ein* Baum, der einen halben Meter Durchmesser im Stamm hat und alles so schön beschattet. Die Gärten sind vom Blickpunkt des im Zimmer Sitzenden angelegt, nicht um in ihnen spazierenzugehen, wie die Patios.

Und dann die Museen, die Statuen, die Bilder – was einem hier an Schönheit geboten wird, geht über alle Begriffe! Es wird auch kein Haus, Tempel oder Kloster betreten, ohne die Schuhe vorher auszuziehen. In den Klöstern ißt man vegetarisch, aber sehr schön! Und so gute und seltsame Dinge bekommen wir vor dem grünen Tee, damit er nicht bitter schmeckt.

Das Tee-Servieren ist eine ganz eigene Zeremonie. Man sitzt da auf dem Boden und der Tee kommt in einer unbeschreiblich schönen alten Schale. Diese eine Schale ist für alle und wird herumgereicht. Man muß sie nehmen, vorsichtig in der Hand umdrehen, sie anschauen, dann hochheben und sehen, wie sie von unten aussieht. So trinkt man einen Schluck, der sofort jeden Durst löscht, und reicht die Schale weiter. Der nächste macht genau dasselbe. Es wird dabei geschwiegen, gesprochen oder philosophiert – alles unendlich friedlich.

Hier bei Kyoto gibt es einen Garten, vom Prinzen Daigo Sambuyin im 11. Jh. zu seinem Palast gebaut. Der Palast ist jetzt ein Kloster und der Garten berühmt. Er ist so schön, daß man ihn mit Worten nicht schildern kann. Wo man sitzt oder steht, ist er vollkommen. Im vorderen Park laufen zwei Wasserfälle über Steine in den See hinunter. Am Ton dieser Quellen soll man im 11. Jh. dreihundert Tage gearbeitet haben. Nur an dem Ton! Dafür hört es sich an wie Musik. Das Wasser klingt ja verschieden, je nachdem es auf einen schrägen, geraden, runden oder spitzen Stein fällt. Als ich da eine Weile sitzen blieb, um mir dies anzusehen und anzuhören, ist mir etwas Seltsames passiert: Als die anderen kamen und sagten, daß wir nach Hause müßten, fragte ich erstaunt: ‹Aber warum denn? Wir sind ja gerade angekommen.› – ‹Nein, du sitzt hier drei Stunden›, sagten sie.

Ich habe lange darüber nachgedacht und mir das so erklärt: Man kann sein ‹Ich› ausschalten und mit dem zusammenschmelzen, was man gerne sieht. Ich war so beeindruckt von der Schönheit des Gartens, daß ich ein Teil davon wurde und der Zeitbegriff nicht mehr existierte: Ich war der Garten, nur der Garten war da.

Einmal haben unsere japanischen Freunde einen engen Kreis um mich im Sand gezogen und mir eine buddhistische Frage gestellt: ‹Wie kommst du aus diesem Kreis heraus – ohne dich zu bewegen?› – Ich habe mich konzentriert und die Antwort gefunden: ‹Ich vergesse den Kreis.› Ich habe mich eben woanders hingedacht, mich hinausgedacht, den Kreis vergessen – und war frei.»

Krankheit der Mutter

Voll neuer Lebenskraft und Initiative waren Mutter und Tochter Anfang September nach New York zurückgekehrt – mit soviel Plänen für die Zukunft. Daraus sollte nichts werden. Etwa sechs Wochen später wurde Karen Horney sehr krank. Im Krankenhaus wurde an der Gallenblase Krebs festgestellt, der auch schon die Lunge befallen hatte.

Es konnte nur in eine Richtung gehen. Brigitte und ihre Schwestern saßen Tag und Nacht am Krankenbett. Ihre ganze Welt drehte sich nur um die geliebte Mutter. Für alles andere, für alle anderen war Biggy nicht da. Die Freunde wußten von nichts und wunderten sich: Warum hörten sie nichts? Nichts von der Mutter, nichts von der Tochter?

Remarque telefonierte, niemand antwortete. Er rief immer wieder an. Zuletzt bekam er Bescheid und schrieb Ende Oktober 1952 an Karen Horney:

«Mein geliebter Engel,
   ich habe endlich Antwort auf meine Telefone bekommen bei Dir zu Hause und zu meinem Schrecken gehört, daß man Dich ins Lazarett gesteckt hat. Das

kommt davon, daß ich längere Zeit desertiert war und nicht auf Dich aufgepaßt habe! Zur Zeit, als ich noch sonntäglich regierte am Tisch und Kamin, (oh, die Beinfleische und die duftenden Gärten der Jesuiten!) konnte der Spaniel uns durch Schnee und Eis im Central Park schleppen, zu mitternächtigen Stunden, (während ich ein neurotisches Geheul ausstieß, darüber aber keinen Augenblick vergaß, Dir die Psychoanalyse zu erklären) und wir kamen munter wieder herauf und gossen uns einen größeren Kognak in die Köpfe.

Alas, mein Engel, für mich, dem damals scheinbar eine Diabetes in den Knochen schlich, (seit ich es weiß, spekuliere ich an der Börse in Zucker-Aktien) hat die Stunde der Prohibition geschlagen, – (für einige Monate wenigstens), aber Du brauchtest mich nun nicht gerade übertrumpfen und gleich ins Hospital zu gehen! Es genügt, wenn einer von uns krank ist. Laß mich erstmal meine Leber kurieren und dann kannst Du heran kommen. Vorläufig brauchen wir Dich alle noch dringendst für unsere Neurosen, Paraneurosen und Ausflüge in die Traumwelt gottgefälliger Schizophrenie. Du hast leider noch kein Recht, müde zu sein, und wir müssen darauf bestehen, daß Du uns nicht enttäuschst. Es wäre das erstemal, und was das unter uns frisch geheilten Psychopathen anrichten würde, ist höchstens mit der Zeit der blühenden Veitstänze und Hysteriker des finsteren Mittelalters zu vergleichen. Schon jetzt zuckt es mir unter dem rechten Augenlid südöstlich.

Es ist Frühjahr geworden draußen, warm, maienhaft, und ich habe für Dich ein paar Flaschen Josefshofer 1949 reserviert. Sie sind herrlich, und da wir sie wahrscheinlich beide einstweilen nicht trinken können, sind sie das Poetischste (nicht das Befriedigendste!) auf der

Welt: Sehnsucht ohne Erfüllung, jedoch mit einem Ziel.
! Ave! Salute! Servus! Love!
Dein Aloysius de sucre, III. jr.
geb. Beinfleisch
P. S. Sage Deiner streunenden Tochter doch, sie möge mich anrufen! Vormittags!
P. S. P. S. Double Ave, Salute, Servus, Scotch and Magnum Love»

Remarques nächster Brief an Karen Horney, auch undatiert, wahrscheinlich Mitte November 1952:
«Engel,
ich schicke Dir hier zu Thanksgiving das, womit unsere Liebesaffäre begonnen hat: Wein.
Ich höre, Du darfst ihn trinken – ich darf es nicht, – also mußt Du für uns beide ein Glas trinken. Wir wollen heute Gott loben, daß wir uns gefunden und so schöne Sonntage miteinander verlebt haben, und wir wollen uns versprechen, die Ohren steif zu halten wie die zähesten Waldaffen, damit wir bald wieder zusammen an Deinem himmlischen Fenster sitzen und eine Waldmeisterbowle machen können. Den Waldmeister dazu habe ich in einem Blumentopf bereits ausgesät.
Tausend Wünsche, alle Grüße und auf bald.
Dein Eusebius
(The phlegmatic-vindictive Typ)»

Viele Freunde schrieben in dieser schweren Zeit an Mutter und Tochter:
Max Frisch an Brigitte Horney   17.11.1952
«Meine liebe Biggy!
Dein Schweigen – hoffentlich bedeutet es nur, daß

Du irrsinnig glücklich bist. Ich habe keine Ahnung, wo ich Dich zu denken habe, Central Park South oder in einer eignen Wohnung oder in Tahiti – oder tauchst Du plötzlich hier auf, wenn ich in der Kronenhalle hocke, Wein in meine Leere schütte? Bald bist Du ein volles Jahr drüben. Ein halbes Jahr ist es her, seit ich Dich sah: auf der Liberté ...

Ich habe Dir neulich meinen DON JUAN geschickt und Deiner lieben Mutter endlich den BIN, hoffentlich ist es angekommen. Mein Stück ist noch immer nicht ganz fertig, obschon ich seit dem Waverly Place viel dran gearbeitet habe. Für zwei Wochen boten wir es den Bühnen an, sie haben diesmal sehr geschnappt, bekommen hat es Gründgens, der es inszenieren will, eine Nasenlänge vor Barlog und Schweikart, worauf die beiden letzteren natürlich gekränkt und vorläufig stolzeshalber nicht mehr interessiert sind. Zürich hat (ich mußte ja wohl unter dem bekannten Fluch, ein anständiger Kerl sein zu wollen) die gleichzeitige Uraufführung, will es aber nur mit Quadflieg machen, der erst im März kommt und in Hamburg schimpft, daß er es nicht in Hamburg machen kann, weil Gründgens es nicht machen darf, bevor Zürich seinen Quadflieg hat – dabei brauche ich Geld, Geld, Geld!

Wenn Du je nach Europa kommst – mich wundert ja, wie Du es empfinden wirst! Ich mache jetzt einen kleinen Vortrag am Radio: Unsere Arroganz gegenüber Amerika. Damit weißt Du schon, was mich hier besonders ärgert, und unsere Deutschen sind ja in dieser Richtung ganz groß; wieviele schon traf ich, die sich rundheraus wundern, daß man es in Amerika freiwillig ein Jahr aushält, warten drauf, daß ich Amerika ihrem ebenso herablassenden wie fertigen Urteil entsprechend darstelle, was ich unterlasse. Leider habt ihr sehr verkehrt gewählt, das muß ich unter vier Augen schon sagen, es ist ein Jammer, aber nicht der einzige. Zürich ist tot, auch das unter vier Augen gesagt. –

Aber was machst Du? Meinetwegen mußt Du nicht arbeiten, Biggy, aber ich weiß, Du wirst, Du mußt. Was? Wo? Wie? Im Schauspielhaus war ich erst zwei Mal, schön ist der O'Casey (The Silver Tessie), schön ist die violette Dämmerung über dem See (ohne Wildenten) und den verschneiten Hügeln. Ach, ich sehe, höre, schmecke so genau den Dezember in Manhattan, ich vergesse nicht das Schreckliche der vielen leeren Abende, wenn ich es in meinem Zimmer nicht aushielt, irgendwohin fuhr mit der Subway – ich weiß, wie froh ich war, als Du mich an Weihnachten zum ersten Mal nach Rye eingeladen hast! Frage mich nicht, wieviel von den Einsichten, die nicht mehr zu vermeiden waren, ich in die Tat umgesetzt habe –.

Laß von Dir hören, liebe Biggy, ich hoffe Dich wohlauf und froh und erfüllt.

Mit vielen lieben Grüßen von Deinem
Max»

Erich Maria Remarque an Karen Horney:
undatiert, wahrscheinlich Ende November 1952
«Süße,
es schneit draußen und ich schicke Dir deshalb ein bißchen Frühling, Mai, Porto Ronco, Moscia und Welt – der Blumenhändler hat mir versprochen, daß die Knospen sich eine nach der anderen öffnen werden, – etwas, das ich nun bei mir selbst oft wünsche, anstatt heute ein Garten, morgen eine Wüste, übermorgen eine Mietskaserne zu sein.

Gestern war ein Astrologe hier. Dieser Seni (Schiller, Wallenstein) hat erklärt, die schlechte Periode (Mitte Oktober bis Ende November, – Sitz: Leber, Galle, Lunge, Herz, Innereien) sei vorüber, und es würde vielleicht leichter und leichter, bis es Ende Dezember ganz sich lichte. Da es uns beide ungefähr um dieselbe Zeit getroffen hat, ist es für uns beide vielleicht auch ebenso wieder anders. Hoffen wir, daß es rasch vorwärts geht. Die Sterne sind mit uns. Wir selbst auch. Salute! Wenn wir wieder munter sind, wollen wir aber nur noch das Edelste futtern und trinken!

Ich arbeite den ganzen Tag. Du, ruhe Dich jetzt einmal aus und denke nicht mehr vorläufig an irgendeine Arbeit, die Du noch liegen hast. Es kommt alles von selbst. Wie idiotisch ich rede. Das tue ich immer, wenn ich arbeite. Ich bin dann der König der Banalitäten. Nicht zu schlagen. Sage dann Sachen, wie: Morgenstunde hat Amalgam im Munde, etc.

Bilde mir ein, meine Bücher schluckten alles, – das tun sie auch, aber es ist immer noch nicht genug. Ich sehe den Wald vor lauter Zwischenräumen nicht. Wieder so ein Scherz!

Engel, nimm Dir Zeit bis Weihnachten zur Rekonvaleszenz, dann sei unser Christkind und überrasche uns mit Deinem alten fröhlichen und ansteckenden Gelächter über die Wochen vorher.

    Salute! Küsse –
    Dein Dietrich von Bern
    und Porto Ronco.

P. S. Diese Blumen heißen Tiger-Lilien. Sie verleihen lilienweise Unschuld mit Tigerkraft. Wie Du. Also drauf los, mit dem unschuldigen Blick und der alten Sprungkraft.»

Carl Zuckmayer an Karen Horney   26.11.1952
«Liebste Karen,
aber mach mir doch ja keine Geschichten!! Eben auf dem Sprung, nach New York zu fahren und Euch zu besuchen, höre ich von Biggy, daß Du krank bist. Also, das geht ja nicht! Ein Mensch wie Du hat sofort gesund zu werden. Wir können das von Dir und vom lieben Gott verlangen. Ich rechne damit, Dir eine Genesungs-Visite machen zu dürfen, und Euch Beide, wie wir schon planten, zu Sylvester hier zu Gast zu haben.
Alles, alles Liebste und Beste!
Sei umarmt von
Deinem Zuck»

Der folgende Brief stammt im Original von dem italienischen Humanisten und Architekten Fra Giovanni (Giacondo), 1433–1515. Obwohl Anschrift, Datum und Absender fehlen, war Brigitte Horney überzeugt, daß es der letzte Weihnachtsgruß von Remarque an ihre Mutter war. Der Brief wird hier in deutscher Fassung (von Gerd Høst Heyerdahl) wiedergegeben:

«Grüße
ich grüße Dich. Ich bin Dein Freund und meine Liebe geht tief. Ich kann Dir nichts geben, was Du nicht schon hast; es gibt aber viel, sehr viel, was ich Dir nicht zu geben vermag und Du doch nehmen kannst. Kein Himmel kann zu uns kommen, wenn unsere Herzen im Heute keine Ruhe finden. Nimm den Himmel! Die Zukunft birgt keinen Frieden, der nicht schon jetzt in diesem kleinen Augenblick verborgen liegt. Nimm den Frieden! Das Dunkel der Welt ist nur ein Schatten. Dahinter kannst Du immer die Freude erreichen. Im Dun-

kel gibt es Glanz und Herrlichkeit, wenn wir bloß sehen könnten, und um zu sehen brauchen wir nur hinzuschauen. Ich bitte Dich: schaue hin! Das Leben ist so ein generöser Spender, wir beurteilen aber seine Geschenke nur nach der Verpackung und werfen sie weg, als häßlich, schwer oder hart. Entferne die Decke, und Du wirst einen lebendigen Glanz finden, von Liebe, durch Weisheit, mit Kraft gewoben. Heiß ihn willkommen, faß ihn an und Du spürst die Hand des Engels, die ihn zu Dir bringt. All das, was wir eine Prüfung, eine Trauer oder eine Pflicht nennen, glaube mir, die Hand des Engels ist da. Das Geschenk ist da, und das Wunder einer überschattenden Gegenwart. Unsere Freuden auch; sei mit ihnen nicht als Freuden zufrieden, denn auch sie verbergen göttlichere Geschenke. Das Leben ist sinnvoll und trägt viel Schönheit unter der Hülle. Du wirst die Erde nur als eine Decke des Himmels empfinden. Hab den Mut es zu fordern, das ist alles! Aber den Mut hast Du, und die Gewißheit, daß wir zusammen Pilger sind, durch unbekanntes Land unseren Weg heimwärts wandern.

Daher, zu dieser Weihnachtszeit, grüße ich Dich. Nicht ganz wie die Welt Dich grüßen würde, sondern mit tiefer Ehrfurcht, und ich bete für Dich, daß jetzt und auf ewig der Tag grauen und sich die Schatten verflüchtigen mögen.

Auszug eines Briefes von Fra Giovanni
– A. D. 1513 geschrieben»

Am 4. Dezember 1952 ist Karen Horney gestorben.

Carl Zuckmayers Nachruf

Karen Horney oder die Dauer des Lebens

Wer *Karen Horney* gekannt hat, wird schwer begreifen, daß sie gestorben sein soll. Selbst wenn man ihre letzten Leidenstage aus nächster Nähe miterlebt hat, glaubt man es kaum. Sie war ein Mensch, von dem man gewiß war, daß er unendlich alt werden würde. So alt wie die Erde. Man wollte einfach von ihr überlebt werden. Man wollte wissen, wenn man die Augen schließen würde, daß dieser in sich gebändigte, doch fortgesetzt strömende Kraftquell weiterging, wie der des Lebens selbst. Aber wer sagt uns denn, daß er versiegt ist, wenn eines Menschen Tage gezählt sind? Selten hatte ich, bei einem uns zu früh erscheinenden Ende, – sie wurde nur 67 Jahre alt, – so sehr das Gefühl, daß die Dauer des Lebens nicht mit der physischen Existenz identisch ist, daß der Tod, das Erlöschen der leiblichen Funktionen, sie nicht absolut beendet. Was aber kann überdauern, – in einer uns unbekannten, verwandelten Gestalt, – wenn die Auflösung den Körper mit den chemischen Substanzen der Erde verschwistert, ins Anonyme, Außermenschliche, eingebettet hat? Sicher nur das, womit Karen Horneys Lebensarbeit sich beschäftigte: die Seele. Denn der Geist ist eine Anleihe, deren Gebrauch und Ertrag mit der Durchblutung des Gehirns verbunden ist. Die Seele jedoch, deren Schimmer uns aus Tier- und Säuglingsaugen entgegenglimmt, deren Sitz die mythische Ahnung nie im Gehirn, sondern in der Leibesmitte, dem Zwerchfell, suchte, – bedeutet ein eignes, wertbeständiges Vermögen für jedes einzelne Geschöpf. Es ist mit ihrem Erkennen die Urfrage der Menschheit verwoben: wo kommt sie her? Wo geht sie hin? – Seelenwanderung. Ein mit vielen Mißverständnissen belastetes Wort, – eine Vorstellung, von der eine große, träumerische Faszination ausgeht, und die ein heftiges Verlangen weckt nach ihrer gedanklichen Ergründung. Ist es ein Zufall, daß Karen Horneys letztes, forschendes Bemühen dem Zen-Buddhismus galt, zu dessen genauerer Kenntnis sie noch vor wenigen Monaten eine Studienreise nach Japan unternahm? Eine Ärztin, eine wissenschaftliche Autorin, deren unmittelbare Arbeit immer dem Wesen der Seele in diesem Leben, dem menschlichen, und der Heilung ihrer Leiden galt. Längst hatte sie, über das Zerlegen und Aufspüren ihrer einzelnen Antriebe oder Kraftfelder hinaus, den produktiven Zusammenhang gesucht und erkannt, der auch die erkrankte, aus dem Gleichgewicht geworfene Seele in den Auftrag und das Gesetz des gesamten Lebensvorganges stellt. ‹Neurosis and human growth›, (menschliches Wachstum, im Sinn von Entwicklung der gesamten Art), heißt der Titel ihres letzten, als Buch veröffentlichten Werkes. Nun suchte sie die Bekanntschaft mit einer vergeistigten Religion, die im Verhalten des ‹Annehmens›, nicht im ‹Widerstreben›, einen Weg zur Bewältigung der seelischen Unrast sucht, zu einer tieferen Befriedigung, die sich auch auf die äußeren Gegensätzlichkeiten des menschlichen Lebens übertragen könnte.

Dieser Befriedigung, die aus dem Akzeptieren des Schicksals, auch seiner Schläge, auch der persönlichen Niederlagen und Mißerfolge, die Kraft zur Überwindung, die großen Wandlungskräfte schöpft, galt ihre Lebensarbeit. Und ihre letzten wachen Gedanken waren mit der ‹Stille› beschäftigt, – jenem erreichbaren Gleichgewicht, das alle Bewegung, Erregung, erst wahrhaft fruchtbar werden läßt. So wie die erreichbare Bändigung in Melos und Rhythmos das Geräusch der Töne erst in Musik verwandelt. Nichts lag ihr so fern wie Resignation oder abstrakte Gedanklichkeit. Bis zum letzten, schweren Atemzug schlug dieses Herz. Vor kurzem noch bekannte sie sich in einem einfachen, fast kindlichen Satz zu seinen Kräften, Heilungskräften: ‹Es kann ja nicht vom Kopf allein, es muß von da kommen›, sagte sie, auf ihre Brust weisend. Von da kam ihr Bestes. Wie machtvoll und zärtlich liebte sie das geschöpfliche, das irdische Leben. Und wie bei der Natur, der Erde selber, empfand man stets bei ihr die Distanz – auch die stete Selbstbezogenheit des genialen Wesens – zu gleicher Zeit mit einem warmen Strahl von Güte. So war sie jung und alt zugleich, so lang man sie kannte, zeitlos und gegenwärtig zugleich, und die plötzliche, rapide, unaufhaltbare Zerstörung dieses starken, vitalen Menschen durch eine unheimlich wuchernde Krankheit gehört zu den furchtbaren und unbegreiflichen Rätseln, die uns das Leben aufgibt. So alt wie die Erde, dachte man, müsse sie werden. Aber auch die Erde mag einmal von ihren eignen Kräften zersprengt, vernichtet werden. Was dann, Karen? Wo bist Du dann geblieben? Ich kann mich des Gedankens nicht erwehren, daß Du dort weilst, wo der Faust das Geheimnis des Lebens beschwor und suchte: bei den Müttern.»

Briefe zum Tod der Mutter

Therese Giehse an Brigitte Horney
                           München, 8. 12. 1952
«Meine liebe, liebe Biggy,
ich konnte es überhaupt kaum glauben und weiß auch nicht, wie ich mich ausdrücken soll – wie traurig ich bin für Dich, wie unendlich traurig es ist, daß diese liebe, gescheite, lustige Frau nicht mehr da ist. – Aber wunderschön war's doch wieder, daß Du das letzte Jahr so intensiv mit ihr verleben konntest. Ihr habt noch zusammen genossen – das ist enorm viel, Biggy – vielleicht hilft Dir das doch etwas über all das traurige hinweg.
   Biggy – sei umarmt und gegrüßt von Deiner
                                        Therese»

Max Frisch an Brigitte Horney   Zürich, 20. 12. 52

«Meine liebe arme Biggy!
in München erfuhr ich es von Therese Giehse, zu Hause finde ich Deinen Brief mit der schrecklichen Bestätigung. Deine liebe großartige Mutter ist nicht mehr da, es ist mir so unglaublich, weil sie in meiner Vorstellung, seit ich sie getroffen habe, stets so lebendig ist.

Weihnachten in Rye, ach Du, und jetzt ist alles so anders, Du bist allein. Biggy, Du tust mir von Herzen leid, es muß alles sehr bitter sein für Dich, jetzt in New York zu sitzen ohne die wunderbare Mami. Ich bin froh, daß ich das Glück hatte, sie kennenzulernen; an sie zu denken gibt Mut, und wir alle brauchen ja so sehr den Mut, den sie nicht forderte, sondern ganz einfach erweckte. Sie wird es noch in Zukunft vermögen, Biggy, und dann denke ich, wie dankbar Du sein mußt, daß Du nach so langem Fernsein zu ihr gegangen bist, um mit ihr das letzte Lebensjahr zu verbringen. Es ist Dir jetzt alles sehr schmerzlich, ich weiß es; sie hätte nicht gehen müssen, ein Mensch wie sie, der so lebendig ist wie wenige. Was tust Du denn jetzt? Du wirst viel Pflichten haben; aber dann? Ohne die Mami, denke ich, wirst Du ja nicht länger in Manhattan bleiben, das doch nur die Umgebung gewesen ist; ich werde nie vergessen den Blick auf den Central Park. Genau ein Jahr ist es her, daß der Zufall uns zusammenführte. Hast Du neue Menschen gefunden, die Dir nahe sind? Es sind viele, die jetzt die Mami vermissen; sie werden lieb zu Dir sein, das ist gut, aber das Bitterste bleibt. Ach nein, Biggy, ich werde nicht auftauchen; eher sehen wir uns in Europa. (Ich habe meinen Theaterrummel im April: Düsseldorf, Münchener Kammerspiele, Zürich. Dazu Aufträge für Hörspiele.) Bobby Freytag, den ich eben auf der Straße traf, läßt Dich grüßen. Die Giehse war so voll herzlicher Trauer, als sie es mir sagte; alle fragen, was Du jetzt machst. Laß es mich wissen! Schreibe mir. Und wenn Du weinst, denke an das Glück, daß Du eine solche Frau zur Mutter hast haben dürfen und sei mutig aus Erinnerung an sie. – Von Herzen möchte ich Dich trösten können! Dein Max»

Diese Briefe sind von den Menschen, die Brigitte Horney am nächsten standen, und sie hat sie bis zu ihrem Tod aufbewahrt.

Seit 1960 war sie beinahe jeden Sommer mit mir auf meiner Insel in Südnorwegen, und immer waren diese Briefe und einige andere dabei. Bevor sie abends einschlief, hat sie oft einen Brief herausgesucht und gelesen.

Zentral in ihrem Leben stand die Mutter. Mit ihrer reichen, warmen und starken Persönlichkeit ist Karen Horney – auch nach dem Tode – ihrer Tochter Brigitte zur Seite gestanden, hat ihr neue Kraft und neuen Mut gegeben, wenn es nötig war.

Um die einmalige Freundschaft zwischen Mutter und Tochter näher zu beleuchten, habe ich die Briefe in dieses Buch aufgenommen.

Ein neues Leben: Hanns

Brigitte Horney war stark, dabei biegsam wie eine Gerte und ein Stehaufmensch. Nach dem Tod ihrer Mutter hatte sie auch ihre Kraft nötig. Sie blieb in der Wohnung in New York. Es war alles so unwirklich. Brigitte fühlte sich elend, grau und leer. Sie nahm sich aber zusammen, räumte auf, kümmerte sich um die Wohnung und den kleinen Cockerspaniel. Ich machte mir Sorgen. Groß war daher meine Verwunderung, als ich zu Weihnachten eine Karte mit folgenden Worten bekam: «Habe Mutti verloren, aber Hanns gefunden.»
Hanns? Wer war Hanns?

«Dr. Hanns Swarzenski ist Kunsthistoriker und Curator of Decorative Arts am Museum in Boston, einem der ganz großen und berühmtesten Museen in Amerika», erzählte Biggy mir später voller Stolz bei einem Besuch auf der Insel. «Wir haben uns einmal ganz flüchtig vor dem Krieg in einem Lokal in Berlin kennengelernt. Und dann trifft man sich zwanzig Jahre später bei gemeinsamen Freunden in New York wieder! Es war wie ein Wunder. Ich war nach Muttis Tod so deprimiert. Alfred Hentzen, Direktor der Hamburger Kunsthalle, war damals gerade in New York. Er und seine Frau Anne sind alte Freunde von mir. Als er sah, wie unglücklich ich war, nahm er mich mit zu einer Party bei dem berühmten Kunsthändler Curt Valentin. Und dort geschah das Wunder! Ich traf Hanns. Ich traf ihn gerade in dem Augenblick, in dem ich dachte, ich hätte alles verloren. Denn ich werde nie begreifen, daß Mutti gehen mußte und daß ich dafür beten mußte, daß es schnell ging. – Sie ist eben gar nicht fort, sie ist nur nicht mehr krank und muß nicht mehr ersticken. Sie ist immer in mir und um mich herum. Wie ein Schutz. – Was das für eine seltsame Sache ist: *Leben*. Schon das Wort ist so wie ein herausgehobener Zustand aus etwas anderem – etwas großem. Es ist ja kein Ende für den, der geht, nur ein Abschied für uns von ihm, die wir noch in diesem Stadium ‹Leben› stecken.

Ja, es ist wie ein Wunder, ein wunderbares Wunder, daß ich Hanns gerade da treffen sollte und daß er mich liebt. Denn ich liebe, liebe ihn und möchte ihn so lange, lange lieben dürfen.»

Mitte Januar 1953, nur einen Monat nachdem sie sich getroffen hatten, mußte Brigitte in die Schweiz reisen, um bei Radio Bern Henrik Ibsens «Die Frau vom Meer» zu sprechen. Über dieses Stück schrieb sie: «Weißt Du, Fischi Mischi, die Frau Ellida fühlt sich so verpflichtet und belastet, bis der Mann mit den Fischaugen dasteht und ihr Mann ihr die Freiheit läßt, zu gehen oder zu bleiben. Erst da löst sich der Krampf mit dem fischäugigen Wunschmanngespenst, und sie kehrt ins Leben zurück – oder lebt überhaupt zum ersten Mal. So war es also für mich gar nicht schwierig, sie dann zu spielen. Im Grunde waren es meine eigenen Probleme mit dem

Verflossenen, mit Kostja, der mich nicht loslassen wollte. Ich befand mich so lange im Nebel, suchte das Licht und fand es nicht. Toll, weißt Du, wenn da alles so zusammenkommt und was einem plötzlich klar wird. Aber ohne Hanns wäre mir das auch nie klargeworden. Daß man eine Nachahmung in der Hand hat, kann man doch erst merken, wenn man das Original gesehen hat.»

In Bern wartete «Arthur», ihr alter Volkswagen, auf sie: «Arthur ist natürlich klein, aber eben doch sehr zauberhaft und hat soooo viel Seele!» Mit Arthur fuhr sie nun herum. Bei ihrem alten Freund Christoph Bernoulli in Basel holte sie ihren «Heiligen» ab, wo er seit Kriegsende gestanden hatte: «Falls mir etwas passieren sollte, gehört er Hanns, ist doch immerhin ein gutes Stück.» In ihrem alten Heim in Chardonne räumte sie auf und packte. «Dort habe ich gehört, daß Kostja in München war. Das hat mich so nervös gemacht, daß ich den Wagen sofort in den Schnee gefahren habe.»

Es mußte aber sein. Nachdem sie Hanns getroffen hatte, gab es keinen Weg zurück. Und in München traf sie Kostja. «Es war grausam, er war so rührend. Wir gingen essen, er kümmerte sich so lieb um mich. Und da weiß man schon wieder nicht, was man reden soll, und er sitzt da mit Angst in den Augen, ob ich es sage – das vom Scheiden. Man tut doch so ungerne Menschen weh. Ich habe es aber gesagt, und nun ist es vorbei. Nachher spürte ich eine Leere und einen dumpfen Schmerz, denn etwas in mir wird ihn immer lieben. Aber es war doch eine Erleichterung.»

Und so fuhr sie mit Arthur weiter nach Göttingen, um dort am Deutschen Theater die Alkmene in Heinrich von Kleists «Amphitryon» in Heinz Hilperts Inszenierung zu spielen. Es war ihre alte Medizin, sich mit voller Energie in die Arbeit zu stürzen. «Aber diese Angst vor den ersten Proben und der Bühne muß auch noch weg, ich muß das überwinden. Das ist wieder so eine Knolle...»

Und einige Tage später: «Es ist alles so schön hier! Nuschka (die Frau von Hilpert) hört mich in der Rolle ab, und Heinz sprudelt während der Proben vor Einfällen: Zum Schluß sind nur fünf Feldherren da, das Volk ist gestrichen. Gottlob, Volk ist immer schrecklich!»

Der Erfolg war stark: «... im Vordergrund besonders für die als Alkmene sehr gefeierte Brigitte Horney und im Hintergrund ganz für den weise regierenden Regisseur Heinz Hilpert... Brigitte Horneys Wiederkehr ist für das deutsche Theater ein Gewinn, den man bei höchster Schätzung nicht überschätzen kann.» (Berliner Zeitung 1. 4. 53).

Nach der Premiere fuhr Biggy nach München, um in dem Harald-Braun-Film «Solange Du da bist» mit Maria Schell, O. W. Fischer und Hardy Krüger mitzuwirken. «Der Film ist die Geschichte der Entstehung eines Films. Und ich spiele einen aus dem Kurs gekommenen Filmstar. Eine ziemlich blasse Rolle. Mir wird schon noch einfallen, von welcher Seite ich sie anpacken kann. Sie ist ein ganz richtiger Mensch zwischen all den Verrückten. Ich würde denken ein bißchen unsicher in ihrem Selbstgefühl, denn dieser egoistische Regisseur (O. W. Fischer), den sie liebt (er sie nicht mehr, nur als Freund), verrät sie laufend. Sie spielt ihre Rolle im Leben als sicherer Mensch und zeigt nicht, daß sie wie ein Tier leidet, im Beruf und als Frau plötzlich an zweiter Stelle zu stehen. Wie ich das in diese vier Szenen und in die Kamera hereinkriegen soll, weiß ich nicht...»

Es ging aber großartig, und weil sie ein mit Tätigkeit vollgepacktes Leben liebte, fuhr sie nun im Pendelverkehr hin und her zwischen München und Göttingen. Der treue Arthur brachte sie vom Atelier Geiselgasteig zum Münchner Hauptbahnhof und wartete geduldig auf dem Parkplatz, während sie in Göttingen die Alkmene spielte – bis sie am übernächsten Morgen zurückkam. Und vierundzwanzig Stunden nach Abschluß der Theater- und Dreharbeiten flog sie auf rosa Liebeswolken nach New York zu ihrem Hanns.

Sie war überglücklich: «Wir kennen und lieben uns *beyond all* – so aus Urtiefen, aus den Zeiten der prähistorischen Epochen, glaube ich. Wenn ich nur wüßte, wie ich ohne Hanns bis jetzt gelebt habe! Wenn ich ihm bloß nicht lästig werde! Er muß mich halt erziehen. Es ist der Mann, der die Frau zur Frau macht. Da nützt alles Matriarchat nichts. Matriarchat ist ja auch nur eine Schutzvorrichtung gegen schlechte Kerle.

Jemand sagte mir, Hanns sei ungeduldig mit Menschen. Das ist doch wieder so ein Satz. Erstens ist alles, was mit ‹dulden› zu tun hat, von Übel. Ob ich ungeduldig bin? Wenn ich zu einem Menschen stehe, gebe ich nicht auf – aber mit Geduld hat das nichts zu tun –, denn ich dulde keine Sekunde dabei. Wenn ich nicht mehr dazu stehe, weil ich klar sehe, daß man nicht das Unmögliche wollen muß, gebe ich es auf. Und was hätte das mit ‹Ungeduld› zu tun?

Ach, meine süße Mutti mit ihrem großen zarten Herzen und diesem klaren Kopf, ohne ein Atom von Überheblichkeit – wie konnte sie jubelnd lachen, so ganz von innen heraus – über ‹Dulder› und ‹dulden› und ‹ungeduldig› und so! Sie war auch schüchtern und hatte den Zauber eines jungen Mädchens nie verloren. ‹Keuschheit ist Sauberkeit des Gefühls›, hat sie mal gesagt. – Aber sie ist nicht fort, sie ist da. Und hilft uns so. Sterben war so nah, nachdem sie fortging und wäre eine Erlösung gewesen. Und dann war Hanns auf einmal da. Und unsere Liebe. Und jetzt leben wir beide. Ach, Fischi Mischi, ich liebe ihn unsagbar und bin so ganz voll von seiner Liebe. Es ist wirklich ein Geschenk, das uns passiert ist, ein ganz seltenes, ganz großes.»

Im Herbst mußte sie nach Deutschland zurück, denn am 17. Oktober 1953 fand die Uraufführung von Carl Zuckmayers «Ulla Winblad» mit dem Untertitel «Musik und Leben des Carl Michael Bellman» am Deutschen Theater in Göttingen statt – unter Heinz Hilperts Regie.

Aber vorher: die alte Bühnenangst war wieder da. «Ach Gott, die Premiere – jetzt fängt es wieder an – genau wie bei ‹Amphitryon›. Nie, denke ich, werde ich es schaffen. Den Text kann ich eher zu gut. Auch die Striche von gestern, aber ich hab sie nur technisch und nicht drin im Gefühl. Nichts im Gefühl als Angst vorm eigenen Unkönnen. Wie immer. Es ist beinah langweilig, wie es sich immer wiederholt.»

Zwei Tage später: «Gestern nachmittag habe ich mit Hilpert anderthalb Stunden gearbeitet. Das heißt, er hat bloß gesagt, ich soll es mit Mut langsam und laut sprechen, der Rest käme. Dann hat er den ersten Akt so vorgelesen, fast wie eine Sprachübung. Na und heute bin ich mit Ruhe und Mut hineingegangen. Und er hat gar nichts gesagt und war zufrieden, und ich habe nicht gezittert – sondern gern probiert.»

Für den Regisseur und die Hauptdarsteller Brigitte

Horney als Ulla, Carl Raddatz als Bellman und Sigfried Breuer als den Baron war der Erfolg groß, so auch für den bekannten Bühnenbildner und Heinz Hilperts treuen Freund Jan Schlubach. Es wurde ein Sieg des poetischen Theaters, ein Abend des Dichters und der Menschen auf der Bühne. Denn Heinz Hilpert war einer der letzten großen Regisseure, die in der Dürre unserer Zeit das Wort noch zum Glühen zu bringen vermochten. Und dem Autor Carl Zuckmayer, der bei der Premiere anwesend war, wurde die silberne Ehrenplatte der Stadt Göttingen verliehen.

Am Dienstag, den 20. Oktober 1953, morgens schrieb Brigitte Horney darüber: «Hier wird es nun auch normaler. Heute bin ich nur aus Training wieder so früh aufgewacht, habe mir Kaffee gekocht und liege wieder im Bett. Das Zimmer ist voll von Rosen und Nelken. Die Generalprobe am Samstag früh war schon mit Laune und Wonne gespielt und der Abend ohne jedes Premierenfieber machte einfach Spaß und alles klappte und das Publikum lachte und schluchzte sich so durch – und klatschte beinah eine Stunde. Fünfundfünfzig Vorhänge. Wir mußten noch zehn Mal vor den eisernen Vorhang und sie gingen einfach nicht weg. Großer Erfolg.
Bis drei saß man dann noch zusammen. Gestern früh um elf auf – halb eins Essen beim Oberbürgermeister, sehr ladylike neben seiner Magnifizenz Prof. Heimpel. Von dort vor der Nachspeise zum Autobus nach Wolfenbüttel – drei Stunden Fahrt – schminken, spielen. Alle waren fast noch besser als bei der Premiere. Es ist eben gut probiert – schon beinah reingeprügelt – das Stück. Bekam ein Buch überreicht vom Kulturbund. Um

vier Uhr setzte mich der Autobus als erste vor der Burse ab. Morgen spielen wir dann hier wieder. Schade, daß Du die Premiere nicht erlebt hast und die Generalprobe vorher. Die Kritik von Hilpert nach der letzten Generalprobe ist immer himmlisch, komisch. Zum alten Mocowitz sagte er: ‹Mensch, du stirbst ja wie Grieneisen persönlich und dann bist de auch noch selbst gerührt über deinen Tod. Das darf man doch nicht merken, daß du so gern stirbst.› Zum Schluß sagte er dann: ‹So, und jetzt denkt heute abend – vor den Kohlköppen da unten (seinem geliebten Publikum!) braucht ihr ja sowieso keine Angst zu haben.› – Zuck ist selig über sein Stück und die Striche.»

Erfolgumbraust und glücklich fuhr Brigitte Horney zu ihrem Hanns zurück, und nun ging alles wie im Traum: Ende Februar wurde sie von ihrem ersten Mann Konstantin Irmen-Tschetwerikoff freundschaftlich geschieden. Einen Monat später, am 27. März 1954, heiratete sie ihren Hanns in einem alten Renaissance-Saal auf dem Capitol in Rom. Sie hieß nun Brigitte Horney Swarzenski.

Ein neues Leben begann.

Glückliche Zeiten

Dr. Karen Horney hat erzählt, daß ihre Tochter Brigitte sich überall leicht einordnen könnte. Sie hätte eine glückliche Natur und fände sich in fremder Umgebung schnell zurecht. Schon als Kind sei sie so gewesen. So blieb sie auch ihr ganzes Leben lang. Sie hatte wirklich die Eigenschaft, sich überall zu Hause zu fühlen, und man befand sich in ihrer Nähe wohl. Sie fand Freunde überall. Es stimmt nicht ganz, was oft über sie geschrieben wurde, nämlich daß ihre Ausstrahlung erotisch gewesen sei. Es war viel mehr: Ihr Charisma war das eines Kindes. Sie war für die Freude begabt. Die kleinsten Dinge konnten sie glücklich machen, und sie steckte andere Menschen mit ihrer Freude an. Wenn sie strahlte, war es, als ob die Sonne in Liebe überging, und wer fühlt sich nicht in Liebe und Sonnenwärme wohl? Alle mochten sie, es war leicht mit ihr umzugehen. Sie hatte Takt und Feingefühl und war voller Verständnis für die Schwachheiten, das Gehemmtsein und die Schwierigkeiten anderer Menschen. So war es auch in ihrem neuen Zuhause, in den Museums-, Universitäts- und Künstlerkreisen Bostons. Sie blühte, sie strahlte, sie war glücklich und machte andere glücklich. In Hanns Swarzenski hatte sie den idealen Lebenspartner gefunden. Sie waren ebenbürtig, ergänzten sich. Es war eine sprudelnde und harmonische Ehe. Beide waren hochintelligente und warmherzige Menschen. Leben, Kunst, Wissenschaft und Arbeit waren für die beiden eine Einheit. Mit ihnen zusammen empfand man, wie tötend und grau das bürokratische Leben sein kann.

Dr. Hanns Swarzenski war der Sohn des deutschen Kunsthistorikers Dr. Georg Swarzenski, Generaldirektor der Städtischen Museen und Professor in Frankfurt am Main, bis er 1938 nach Amerika emigrierte und im Museum of Fine Arts in Boston ein neues Wirkungsfeld fand. Sein Sohn Hanns studierte nach der Emigration zuerst bei Edwin Panofsky in Princeton, arbeitete dann an der National Gallery in Washington und seit 1950 am Museum von Boston, mit dessen Mittelaltersammlung sein Vater begonnen hatte und der er einen weit über Amerika hinausreichenden Ruf verschaffte.

Hanns Swarzenski war schon lange amerikanischer Staatsbürger, Brigitte Horney wurde es bald. Es gefiel ihr in Boston: «Und ich bin noch viel glücklicher als ich dachte, daß man es sein könnte. Im August haben wir unentwegt Wohnung gesucht, und von Anfang September bis Mitte Oktober wurde wieder eingepackt, umgezogen, ausgepackt und Wände gestrichen. Seine Bostoner Wohnung war einfach, aber mit meinen zu vielen Klamotten von New York hierher, all diese ‹das kann man vielleicht noch brauchen Dinge› – das war unvorstellbar», schrieb sie im Dezember 1954.

«Unser neues Heim ist eine Dienstwohnung des Museums, eigentlich eine umgebaute Scheune, ursprünglich für Wagen und Kutschen gedacht. Ein moderner

Architekt hat sie umgebaut und die Einfahrt mit großen, gläsernen Schiebetüren versehen. Unten gibt es einen Riesenkaminraum mit Küche und einer kleinen Speiseecke, die wir gemacht haben. Alles dort habe ich gebaut! Tisch, Bord, Bank, ach, es macht solche Freude! Hier muß man eine Ewigkeit auf die Handwerker warten, es ist viel schöner, wenn man es selber macht! Die Wände des Kaminzimmers sind weiß. Da haben wir unsere Bilder aufgehängt, und auch meinen Heiligen aufgestellt. All unsere kleinen Kunstgegenstände liegen auf den Tischen verstreut. Und in jeder Ecke habe ich einen kleinen Staubsauger versteckt. Das ist so praktisch, Fischi Mischi, dann brauche ich nicht so viel herumzulaufen! Und in der Küche kann man überall etwas hervorziehen, herunterklappen, durchreichen. Ach, du ahnst nicht, wie viele Patente ich erfunden habe!

Oben darf niemand rein, da haben wir unsere private Bude: Schlafzimmer, das Arbeitszimmer von Hanns und das meinige. Im letzteren stehen das Bügelbrett, die Nähmaschine, der Schreibtisch, meine Bücher, und die Schränke sind natürlich voll meiner Klamotten. Wenn Besuch kommt, schmeiße ich alles da rein und schreibe mit Kreide ganz groß an die Tür ‹Achtung! Lawinengefahr!› Denn etwas werde ich nie verstehen: Was machen die Menschen eigentlich mit ihrer Unordnung? Kann man wirklich immer und überall Ordnung haben? Ich bin aber bei Familien gewesen, wo nie etwas herumliegt. Unbemerkt habe ich sogar in jeden Schrank und in jede Kommode reingeguckt, und glaube es oder nicht: Alles hing, stand und lag auf dem richtigen Platz. Natürlich herrscht auch bei mir eine Art Ordnung, aber nur weil ich dafür sorge, in der Nähe immer so einen kleinen Lawinenraum zu haben, wo meine Unordnungstendenz freien Lauf hat. Besonders mit Papieren finde ich es schwer. Es gibt immer Briefe, die beantwortet werden sollten, und das verschiebe ich, und es häuft sich auf. Wenn ich dann nach einiger Zeit gewisse Briefe suche, haben die Klabauter sie mir weggenommen. Anders kann ich es mir nicht erklären! Aber – diese ‹immerordentlichen› Menschen – wie sehen die in ihrem Inneren aus? Ich meine, es gibt Gutes und Böses, es gibt Schwarz und Weiß, dann müßte es ja auch Ordnung und Unordnung geben. Irgendeine Balance muß es ja sein, nicht?»

Es war im Sommer 1960, und wir lagen auf dem nackten Felsen der Insel und genossen die Sonne. Wir hatten uns einige Jahre nicht gesehen, und so viel war geschehen. Ich hatte zwei Söhne geboren und meinen Mann verloren. Biggy war schon sechs Jahre mit ihrem Hanns glücklich verheiratet. Ich war Professorin für Germanistik an der Universität Trondheim geworden und Biggy eine internationale Globetrotterin: Hausfrau in Boston, Theater, Funk, Film und Reisen in Europa. Das Schicksal hatte unsere Leben verschieden geformt. Wir gingen nicht mehr dieselben Wege, die Bande unserer Freundschaft brauchten aber nicht neu geknüpft zu werden. «Wenn wir uns auch Jahre nicht sehen, wird es immer so sein, als ob wir uns vor fünf Minuten sprachen», sagte Biggy. Sie war reifer und harmonischer geworden, wie ein Mensch, der sich endlich gefunden hat und weiß, wo er hingehört. Sie hatte gerade die Außenaufnahmen von «Das Erbe von Björndal» hinter sich und war enorm Norwegen-begeistert. «Man weiß ja nie, wie ein Film wird, aber mit solchen Naturbildern dürfte der Erfolg gewiß sein. Ach, wie Mutti sich hier freuen würde!» Ihre Mutter war immer dabei.

Man denkt sich meistens, daß es in Norwegen kühl ist. Das stimmt nicht. Und in diesem Sommer war es besonders heiß. «Das ist aber nichts gegen die Hitze in Boston und New York, denn dort kommt noch die Feuchtigkeit dazu. Nie vergesse ich meinen ersten Sommer in New York! Da kam eine Hitzewelle, 42 Grad Celsius und beinahe dasselbe in Feuchtigkeit, und ich lief einmal über die Straße, um etwas einzukaufen. Da hielt mich ein Polizist an: ‹Sie sind wohl nicht so lange hier, Miß?› In Amerika wird man ja immer mit ‹Miß› angeredet, wenn man auch uralt ist und Enkelkinder hat, süß, nicht? ‹Nein, ich bin gerade angekommen›, antwortete ich. ‹Laufen Sie nie wieder, Miß›, sagte mein Polizist, ‹denn so bekommen Sie bloß einen Herzschlag und kommen nur dort oben an!› Er zeigte zum Himmel. Dann habe ich mir die anderen Leute angeschaut, wie schön langsam sie alle gingen. Die Älteren trugen sogar Stühle in der Hand, damit sie sich nach einigen Schritten hinsetzen und ausruhen konnten. So gefährlich ist die Hitze dort. Man hat das Gefühl, sich in einer heiß durchgekochten Erbsensuppe zu befinden. Aber dazu, Fischi Mischi, dazu hat man die Kinos!» – «Kinos, wieso?» – «Klar, sie haben doch überall die air-conditioned Kinos. Und dazu sind die Wolljacken.» – «Wolljacken, in *der* Hitze?» – «Klar, sonst verkühlt man sich ja in den Kinos. Die leichtangezogenen Damen tragen meistens eine Strickjacke zwischen den Fingern und schlenkern so dahin. Wenn man's dann in der Hitze nicht mehr aushält, geht man in das nächste Kino, um sich zu erholen. Hat man Glück, gefällt einem auch noch der Film!

In Amerika sind die Menschen so viel höflicher und hilfsbereiter als hier. Einmal war Hanns verreist, und ich

lag krank in der Wohnung. Da riefen die Nachbarn, die ich gar nicht kannte, jeden Tag an, fragten, wie es mir ginge, ob sie etwas für mich tun könnten, und sagten, das Mittagessen stände vor meiner Tür. Jeden Tag haben sie für mich gekocht. Wo findest du das in Europa? Hier hat man doch kaum Zeit für die Freunde.
Ich vermisse Europa nicht so sehr. Erstens bin ich oft hier und zweitens kommen eigentlich jede Woche Gäste aus Europa und Kollegen von Hanns aus den Museen der ganzen Welt.«

Es war immer schön und lustig, wenn Biggy auf die Insel kam. Ich holte sie am Flughafen ab, und wir rasten zu der nächsten Stadt, wo es ein Weinmonopol gab, denn anderswo kann man in Norwegen keinen Alkohol kaufen. Nachdem wir uns mit einem voraussichtlich genügenden Flüssigkeitsquantum ausgestattet hatten, ging es in Expreßfahrt zu einer Bucht, wo ein alter Fischer mit seinem Boot wartete. Große Liebesbegrüßung, und bald waren wir auf der Insel.

Ein dänisch-norwegischer Autor, Aksel Sandemose, schrieb einmal, daß sich der Mensch ja nie seinen Geburtsort aussuchen könne, wenn es ihm aber gelingen sollte, seine Todesstätte zu bestimmen, möchte er auf seiner Insel in Südnorwegen sterben. Daran mußte ich immer denken, wenn ich die Insel aus der Ferne aus dem Meer auftauchen sah. Wie ein einsames Idyll lag sie da. Die Möwen hießen uns schreiend willkommen, die Wildenten schwammen still an uns vorbei, die wilden Schwäne verfolgten uns und bettelten um Brotbrocken. Nerze, Hasen und Füchse warteten am Strand. Es lag so viel Unberührtheit, so viel Zärtlichkeit in der Luft, daß man am Ufer unwillkürlich stehenblieb, lauschte und den Atem anhielt, um den Puls der Insel zu spüren.

Die Insel kann man genausowenig beschreiben wie das Glück oder die Sterne am Himmel. Biggy liebte sie vom ersten Augenblick an und kam beinahe jeden Sommer hin, oft auch mehrmals im Jahr.

«Ich wünschte, die Hitze in Boston wäre nicht so feucht. Trockene Hitze wie die norwegische kann man leichter ertragen, die feuchte ist aber schlimm. Sie dauert von Mitte April bis Anfang September. Wir haben dann immer die Badewanne mit kaltem Wasser gefüllt, damit man mehrmals am Tag hineinspringen kann. Hier springt man ja genauso oft ins Wasser, aber das Seewasser ist wunderbar salzig und ganz anders erfrischend!»

Man hatte nie den Eindruck, daß Biggy Urlaub nötig hätte. Sie raste in der Welt herum, machte Filme, spielte Theater, war Hausfrau, Gastgeberin, kümmerte sich um alles und alle, kam dazwischen, wie sie sagte «todmüde» zu mir, und wenn sie wieder wegfuhr, war ich diejenige, die Urlaub nötig hatte. Ihre Energie ließ sie nie im Stich, sie war ruhelos-ruhig vom Morgen früh bis spät in die Nacht.

Wir haben soviel Schönes erlebt. Wenn Vollmond war, sind wir nachts mit dem Boot zu den äußersten kahlen Schären hinausgefahren: Man glaubt, die Rücken schlafender Elefanten zu sehen. Wir waren weit draußen, wo man die größten Seekrabben findet. Bei Mondschein krabbeln sie die Schären hinauf und paaren sich. Wir haben sie gefangen, ein Feuer gemacht und sie gekocht und gegessen – mit Aquavit dazu. Meistens waren wir ganz allein auf dem Meer. Dann und wann töffte ein Fischerboot vorbei, weit draußen sahen wir größere

Schiffe mit leuchtenden Laternen. Wir fuhren nur bei ruhigem Wetter hinaus und konnten so das leise Plätschern der Wellen und das milde Säuseln des Windes um so mehr genießen.

Hummer darf man nur zu bestimmten Jahreszeiten fangen, erst ab Mitte August. Eine Minute nach Mitternacht am 15. August wird es dann auf der See lebhaft! Von überallher fahren die Boote hinaus, der Kampf um den Hummer hat begonnen! Wir haben nicht mitgekämpft, weil wir unsere eigenen heimlichen Verstecke hatten.

Jeden Morgen warteten die Schwäne unten am Strand. Sie wollten Brotkrusten haben und das sofort. Wild und ungeduldig schrien sie. Hatten wir das Brot vergessen und mußten zum Haus zurücklaufen, um es zu holen, kamen sie aufgeregt und mit heiserem Geheule hinter uns her. Ich hatte stets Angst. Biggy nie.

Und die Wildenten! Ich weiß nicht, wie das Liebesleben anderer Wildenten ist, unsere waren aber «Trigamisten», das fand Biggy sofort heraus. Im Konvoi kamen sie aus der Bucht geschwommen: zuerst Herr Wildente, dann seine drei Frauen, und nach jeder Dame folgten zwei Reihen mit Wildentenkindern. In glücklicher Harmonie schwamm die Familie an uns vorbei, besonders Herr Wildente sah zufrieden aus. «Schämen sollte er sich, dieser Don Juan, ist doch keine Art!» rief Biggy begeistert. Sie konnte stundenlang das Wildenten-Liebesleben mit dem Fernglas beobachten.

Wir verbrachten viel Zeit im Boot. Wir liebten es, auf dem Deck zu liegen und den Himmel und die vorüberjagenden Wolken zu beobachten. Im Spätsommer sind wir oft im Dunkeln geschwommen. Da war das Meer schwarz, und das Meeresleuchten folgte unseren Bewegungen wie schimmerndes Silber.

Und geangelt haben wir! Biggy kam nie auf die Insel, ohne ihr Angelzeug mitzubringen. Auch auf diesem Gebiet war sie eine Spezialistin. Es gibt eben Menschen, die alles können. Beim Angeln saß ich neben ihr, hatte denselben Köder an der Leine, aber bei mir biß kein Fisch an, sie strömten alle zu Biggy. Ging der Motor nicht mehr, reparierte sie ihn in aller Ruhe. Auf der Insel gab es Pilze in Mengen, alle Sorten. So haben wir uns von den Früchten des Meeres und der Erde ernährt.

Manchmal brachte sie ihren geliebten Hanns mit. Dann änderte sich die Insel und wurde von einer gepflegten Boheme-Sphäre, durch Biggys impulsiv-humorvolle Gescheitheit und seine kluge und gütige Toleranz bereichert.

Hanns war reizend, und man mußte ihn einfach gernhaben. Mit ihm zusammen haben wir «Studienfahrten» nach Oslo gemacht und die dortigen Museen und Ausstellungen besucht. Da habe ich Edvard Munchs Kunst durch die lebhaft vermittelte Analyse von Hanns Swarzenski von neuem und erweitert begriffen.

Die Globetrotterin

Einmal im Jahr ging Hanns Swarzenski nach Europa. Diese jährliche Europa-Reise paßte seiner Frau ausgezeichnet. Sie wollte ungern ohne ihn sein, denn «man ist doch immer dort glücklich, wo der Mann ist, nicht?» So fuhr sie jedes Jahr mit ihm, und während er vor allem in London arbeitete, spielte sie Theater, machte TV-Filme oder arbeitete im Funk – oder alles auf einmal – in Deutschland, Österreich oder in der Schweiz. Und wenn sie nicht spielte oder Fernsehaufnahmen hatte, gab es genug zu tun: Überall hatte sie Freunde, und sie war selber ein treuer Freund. Solange ihre Großmutter in Wolfenbüttel lebte, besuchte Biggy sie und pflegte sie bis zu ihrem Tod.

Sie fuhr auch jedes Mal nach Göttingen, um Heinz und Nuschka Hilpert zu besuchen. Dort hatte sie auch ihre Zahnärzte, das Ehepaar Dr. Wolfgang und Dr. Almuth Müller. Die liebte sie sehr und schickte ihnen jedes Jahr einen besonderen Kaviar und Blumen zum Geburtstag. Das waren hervorragende Züge ihres Charakters: Treue und der ständige Wunsch, andere Menschen glücklich zu machen. «Ich bin ja selber so glücklich, warum soll ich nicht anderen Menschen eine Freude bereiten?» sagte sie und meinte es auch so. Sie war nie unaufrichtig. Sie sagte immer, was sie meinte, wenn sie nur andere damit nicht verletzte. Da paßte sie immer auf. Denn wenn sie auch, besonders beim Geschichtenerzählen, ihrer Phantasie freien Lauf ließ und dabei oft ein mehr als souveränes Verhältnis zur Wahrheit an den Tag legte, war sie dennoch ein durch und durch ehrlicher Mensch.

Zum Theaterspielen kam sie leider nicht mehr so viel. Das ist schade, weil sie nicht nur eine gute, sondern auch eine große Schauspielerin war, eine disziplinierte Könnerin mit einer seltenen Ausstrahlung. Stimm-, Körper- und Bühnentechnik beherrschte sie bis zur Vollkommenheit, für Instruktion war sie offen und aufnahmefähig und beim Arbeiten unermüdlich. Für sie kam aber die Liebe an erster Stelle: «Und ich lasse doch nicht meinen Hanns allein, wenn ich ihn endlich gefunden habe!» Sie hatte immer Angebote, schöne Angebote, wenn sie aber mit ihrem Europa-Aufenthalt zeitlich nicht übereinstimmten, sagte sie nein. Sie wollte auch keine Rollen spielen, für die sie nichts fühlte. Als Hilpert ihr einmal eine Rolle anbot, schrieb sie nach langer Zeit zurück:

«Liebster Heinz! So – heute schreibe ich Dir, obwohl noch so vieles unklar ist, aber ich kann schon gar nicht mehr schlafen, weil ich so viel Schuldgefühl habe. Ich denke so viel an Dich und Göttingen, und wie es Euch geht und was Du spielst. Nun habe ich das Stück mehrmals in Ruhe durchgelesen. Ich kann es einfach nicht lieben. Wenn ich das abrechne, was Du hineinzaubern und hineinschreiben würdest, damit das herauskommt, was man gefühlt hat, als ich es das erste Mal las – so bleibt doch immer dieser hohle zweite Akt. Und ich sehe meine Rolle so gar nicht. Die Idee von dem ganzen Stück – oder sagen wir mal von der Rolle – ist so viel viel besser als die Ausführung. – Was meinst Du denn nachdem Du es jetzt noch mal gelesen hast? Bist Du glücklich mit dem Stück? Wenn ich doch bloß mit Dir darüber reden könnte. Hanns sagte schon gestern, er hielte meine Verzweiflung nicht mehr aus. Lieber will er das Geld borgen, und ich sollte auf zwei Tage zu Dir fliegen und alles besprechen. Aber das ist ja technisch gar nicht möglich. Meine Angst, Dich zu kränken oder traurig zu machen ist enorm – und ich will es auch nicht –. Die Zugehörigkeit zu Deiner Familie dort ist so schön und so wichtig für mich. Vielleicht hast Du ein anderes Stück für mich, das Du machen könntest. Wenn Du es aber willst, daß ich es spiele, weil Du es für mich großartig findest – dann spiele ich es natürlich, denn ich habe es Dir ja versprochen ...

Wenn Du aber nicht dies Stück willst, kannst Du ja dem Verlag schreiben, meine Daten wären so unsicher.

Wenn Du aber einen anderen engagieren mußt und für mich nichts hast – dann verstehe ich das sehr gut – und dann gehe ich mit Hanns nach London und lerne die Sprache einmal richtig, was ich auch muß. Nur behaltet mich weiter lieb und sei nicht böse!

Besuchen tue ich Euch sowieso in dem Frühling – so oder so. Ich wollte so gern letzten Sommer, aber der eine Film verzögerte sich und dann nahm ich noch den von Jugert an und der zog sich hin und dazwischen all die herrlichen Fahrten, wo ich Hanns begleiten konnte, und dann verzögerte sich der Braun-Film, und ich mußte wie eine Furie kämpfen, daß ich am 15. Juli fer-

tig wurde. Alle waren böse, aber es war mein letzter Termin.
   Ach Heinz, sei sehr sehr gegrüßt und umarmt und grüße Nuschka und gib ihr einen Kuß,
                              Deine alte glückliche Biggy»

Aus diesem Brief ersieht man, wie ernst Brigitte Horney ihre Arbeit nahm und wie ungern sie eine Rolle ablehnte. Es war für sie eine Gewissensfrage, ob die Rolle für sie richtig war und ob sie sie gut spielen konnte. Wenn sie davon nicht überzeugt war, sagte sie lieber nein, aber erst nach gründlichen Überlegungen.

Noch zweimal trat sie am Deutschen Theater in Göttingen auf, das eine Mal wieder als Elvira in «Santa Cruz» von Max Frisch, eine Rolle, die sie sehr liebte. Die Premiere fand am 27. April 1957 unter Heinz Hilperts Regie statt, und «die Aufführung ist – wenn möglich – noch schöner als die in Zürich geworden!» schrieb sie.

Nach einem solchen Erfolg war sie wieder die strahlende Siegesgöttin, die das Theater, die Presse und die ganze Welt liebte. Vor der Premiere hatte sie sich jedoch wieder einmal wie das letzte Elend gefühlt:
   «Wenn ich bloß nicht diese furchtbare Bühnenangst hätte! Ich spiele eben nicht so gern vor Publikum. Bin überhaupt ein komischer Schauspieler, scheint mir. Es ist eben das Festhalten an der Traumwelt, die ich liebe. Und die Prostitution, die ich hasse. Presse hasse ich – fotografiert werden genauso. Filmen ist anders – da spielt man ja.»
   Aber nach der Premiere:
   «Ach, ist es schön, wieder richtig Theater zu spielen! Ich möchte eigentlich immer nur auf den Brettern ste-

hen! Hier spielt man ja, beim Film sitzt man meistens rum und wartet oder diskutiert die Änderungen des Manuskripts.»

Auch wenn der Erfolg groß war, sehnte sie sich nach ihrem Hanns:

«Ich vermisse ihn so. Das erste Mal, als ich gespürt habe, wie er mir fehlt, war im Museum, als wir durch die Ägyptische Abteilung gingen und er plötzlich weg war, nur für fünfzehn Minuten. Richtig gefehlt hat er mir, und die Welt war grau. Dann stand er wieder neben mir, und es war schön zu leben... Weißt Du, ich bin gar nicht mehr ich – das habe ich vorher nie erlebt. Alles außer ihm ist unwichtig, auch die Arbeit, auch die heißgeliebte Selbständigkeit und Freiheit, die ich wie Festungsmauern so schön herumgebaut hatte, worin ich in philosophischer Unverletzbarkeit saß, das ist alles in nichts aufgelöst – die Mauern. Und da ist ein neues ‹Ich›, das von ihm genährt wird. Man könnte auch sagen, er hat sich in mich gesetzt – in mein Herz. Mit einem Besen hat er da großreinegemacht und alles herausgekehrt, das herumlag, auch die alten verstaubten Dinge aus den Ecken, damit er mehr Platz hat, und dann sich so richtig breitgemacht. Wie ein Eierkuchenteig auf einer Pfanne – so überallhin –»

Dr. Swarzenski war ein gesuchter Wissenschaftler und Kunstsachverständiger. Brigitte Horney versuchte immer, ihren Spielplan nach seinen Daten einzurichten, um mit ihm reisen zu können. Sie war ja selber sehr kunstinteressiert.

Ihr Wagen Arthur hatte seinen festen Platz in einer Garage in Bern. Er war so alt, daß sie sich jedes Jahr freute, daß er noch lief. Arthur besaß sie seit 1949, und er hatte noch immer seinen ersten Motor. Die Garagenleute schüttelten die Köpfe: «Wenn Sie nächstes Jahr mit Arthur fahren, brechen Sie unten durch und müssen mitlaufen!» – «Das ist alles Quatsch mit Sauce und Sauerkraut mit Entenpopo, denn der Motor ist gut, Fischi Mischi, und der Wagen auch. Wir lieben ihn halt. Und wie hätten wir ohne Arthur in Europa reisen können? Mit ihm sind wir frei wie die Vögel. Wir werfen das Gepäck rein und fahren überallhin, wo wir wollen. Wenn die Menschen, die wir sehen möchten, nicht da sind, fahren wir eben weiter. Wir können stehenbleiben, wo wir es am schönsten finden. Kurz, wir sind frei! Wenn wir dann das Reisen hinter uns haben, nehmen wir von Arthur Abschied, stellen ihn wieder in seine Garage in Bern und fliegen nach Boston zurück.»

Am 1. Mai 1959 hatte Brigitte Horney ihre letzte Premiere auf einer deutschen Bühne. Es war in der Uraufführung von Erwin Sylvanus' «Zwei Worte töten». Der Autor, der durch das Warschauer Gettostück «Korczak und die Kinder» berühmt geworden war, schilderte hier das Schicksal eines farbigen kanadischen Soldaten. Der Regisseur – wieder Heinz Hilpert – und die Schauspieler, «besonders die Horney war ab und zu großartig», hatten einen schönen Erfolg.

Einmal hatte sie zwischen den Vorstellungen fünf Tage Zeit und nützte die Gelegenheit, mit ihrem Hanns durch den schwäbischen Barock zu fahren: «Dann habe ich gemerkt, wie wenig ich die herrlichen Dinge in Deutschland kannte. Wir Deutsche fahren meistens weit fort, um das Schöne zu genießen. Hanns und ich sind über die Schwäbische Alb und Nördlingen zum Schloß

Harburg gefahren, wo jetzt die Maihinger Sammlung zusammen ausgestellt war. Es war zu schön! Dann sind wir auf dem Heimweg durch die zauberhaftesten Orte gefahren, wie Blaubeuren, Weingarten, Meersburg, Überlingen und nach Basel gerollt. Dort habe ich Arthur stehengelassen und bin mit dem Zug nach Göttingen zurückgefahren. Ich hatte noch vier Tage zu spielen, dann war die Spielzeit zu Ende. Nach der letzten Vorstellung habe ich gerade noch den Zug zurück nach Basel erwischt. Meine Kollegen in Göttingen waren so reizend, und wir haben uns alle zum Schluß schneller verbeugt, damit ich den Zug noch erreichen konnte! In Basel wartete Hanns mit Arthur, und so sind wir alle drei durch den St. Gotthard nach Lugano gefahren, um die wunderbare Thyssen-Sammlung zu sehen. Dort haben wir herrlich übernachtet, wir hatten sogar Zimmer am See und konnten schwimmen! Ich habe dabei an unsere lustigen Schwimmtouren im Sommer 1947 im Luganer See denken müssen, Fischi Mischi, erinnerst Du Dich noch?

Bei dieser Fahrt sind Hanns und Arthur und ich immer den Spuren eines berühmten Malers und Kunsttheoretikers der Frührenaissance, Piero della Francesca, nachgefahren, durch alle Städte, in denen er gemalt hat, wie Bergamo, Ravenna, Mantua und Rimini. In Arezzo haben wir die Fresken bewundert, und dann waren wir in San Gimignano, das ist eine ganz kleine Stadt, die hoch oben auf einer Felsenkuppe liegt. Die Familien, die dort wohnen, haben alle auf ihre Häuser hohe Türme gebaut, es sieht toll aus! Von oben kann man über die ganze Ebene sehen.

Wie ein Traum ist es, mit Hanns zu reisen! Jedes Jahr sind wir in Florenz. Er kennt die ganze Strecke, ist sie schon früher öfters gefahren, und nun freut er sich, alles wiederzusehen und es mir zu zeigen. Ach, was ich alles von ihm lerne! Bei seiner Führung!»

Hausfrau in Amerika

Brigitte Horney lebte dreiundzwanzig Jahre in Amerika. Und obwohl sie sich jährlich zwei bis drei Monate in Europa aufhielt, blieb sie die meiste Zeit des Jahres in ihrem Bostoner Heim. Wie sah ihr Leben dort aus, wie war der Alltag?
«Für Hanns und mich gibt es keinen Alltag. Für uns ist jeder Tag ein Fest. Weil ich doch so schrecklich gerne glücklich bin.»
Und weil sie eben eine so hundertprozentige Ehe- und Hausfrau war, arbeitete sie mit dem Film, Theater und Fernsehen nur während der zwei bis drei Monate, die sie in Europa verbrachte. In Amerika war sie «nur» Hausfrau. «Denn man kann bloß *eine* Sache gut machen, man kann nicht zugleich staubsaugen, kochen, waschen und dazu noch spielen!»
Sie konnte stundenlang von dem italienischen Markt in Boston schwärmen:
«Da riecht es nach Kräutern und jeder Sorte von Gemüse. Die Waren sind dort frischer und kosten weniger als in den Läden. Ich fahre einmal die Woche hin und freue mich jedesmal darauf! Zuerst gehe ich den ganzen Markt durch, schaue mir alles an und koche in Gedan-

ken. Erst auf dem Rückweg wird eingekauft: Brot hole ich mir in einer Bäckerei für französische und italienische Brote. Dort stehen die Bäcker um drei Uhr auf und walken das Brot aus, es schmeckt wunderbar. Mein Fleischer hat das beste Fleisch in Boston. Wir sind ‹Rezeptfreunde›. Wir tauschen Kochrezepte aus und haben lange Gespräche über die Kochkunst in den verschiedenen Ländern. Er hat mir auch das amerikanische Fleisch-Schneiden beigebracht. Dort schneidet man z. B. einen Ochsen in der Art auf wie eine Wurst, so in Riesenscheiben. Das muß gelernt werden, ach, mein Fleischer ist ein wirklicher Freund!

Das sind sie alle. Wir winken einander zu, wir kennen unsere kleinen Geheimnisse: wer sich vorgestern den Arm gebrochen hat, wer nachts vor Ischias-Schmerzen nicht schlafen kann, wessen Ehe nicht gutgeht, wer wen liebt usw. Es ist wie eine große Familie.

Den Fischladen hättest du sehen sollen! Da gibt es die größte Auswahl von jeder Sorte Fisch, von Hummern, Seeigeln, Krabben und Austern, und sie kosten soviel wie die Würste zu Hause, nicht mehr!

Und Salate! So seltene Sorten gibt es wie Rapunzel, Roghetta und allerlei Kräuter. Nur etwas gibt es nicht: Sellerieknollen. Die muß ich extra bestellen, die brauche ich für Partys, und das muß ich der Salatfrau und den herumstehenden Leuten genau erklären: roh raffeln, mit etwas Majonnaise mischen und auf Kekse und Crackers schmieren. Schmeckt toll!

Stunden kann man dort verbringen. Hanns kocht auch gut, und wenn er Zeit hat, kommt er mit auf den Markt, das ist dann natürlich ein ganz großes Fest.

Hanns und ich sind richtige Gourmets. Warum auch nicht? Es nimmt nicht mehr Zeit und kostet nicht mehr

Geld, das Essen gut zu machen. Wir essen nur einmal am Tag, abends, aber dann richtig. Und wir freuen uns, allein zu sein.»

Sie freute sich aber auch, Gäste zu haben. Beide liebten Menschen. Biggy hatte den Ehrgeiz, das, was sie tat, ordentlich zu tun. So war sie auch die perfekte Gastgeberin, dachte nie an sich selbst, sondern war nur für ihre Gäste da. Sie kümmerte sich um alle, besonders um diejenigen, die so aussahen, als ob sie auf einem falschen Planeten gelandet wären. Da war sie großartig. Sie hatte soviel Verständnis, soviel Güte für andere Menschen. Und alle, sogar die allersteifsten und kältesten Typen, tauten bei ihr auf. So wurde in Boston das Heim der Swarzenskis ein kulturelles Zentrum, ein Treffpunkt für die intellektuelle und künstlerische Welt.

Denn dorthin kamen nicht nur Wissenschaftler und Studenten von der Universität, nicht nur Kunstkenner und Kunstforscher vom Museum. Es verging kaum eine Woche, in der nicht Bekannte aus Europa auf Durchreise «vorbeikamen», Schauspielerkollegen, Filmleute, Maler und andere Freunde von Biggy. Auch der Bühnenbildner Jan Schlubach, den sie beide so gerne mochten. In ihrem Kaminzimmer fanden etwa vierzig Menschen Platz. «Und so eine Stehparty ist sehr praktisch. Man steht so dicht zusammen, daß alle sich schnell und gut kennenlernen!»

In Amerika ist es üblich, für jemand, der auf Besuch kommt, eine Party zu arrangieren, damit er möglichst rasch alle Menschen kennenlernt, die für ihn dort wichtig sind. Und da war Biggy großartig. Sie wußte über alles in Boston Bescheid, kannte immer die richtigen Leute und war in ihrer Hilfsbereitschaft unermüdlich.

Für die Hausfrau war das alles recht anstrengend.

Zum Mittagessen lud Brigitte allerdings nie mehr als ein paar Gäste ein. Dann nahm man sich – inmitten angeregter, geistreicher Unterhaltung – auch Zeit, das Essen zu genießen, denn der gute Ruf der Horneyschen Küche hatte sich schon längst über die Stadtgrenzen Bostons hinaus weit herumgesprochen.

Brigitte fuhr ihren Mann jeden Morgen von Cambridge, wo sie wohnten, zum Museum und holte ihn spätnachmittags ab. Sie half auch im Museum aus, falls es nötig war. «Denn ich bin ja so gerne dort, wo Hanns ist.» Empfänge und Eröffnungen machte sie begeistert mit. In Fachkreisen war Dr. Swarzenski bekannt dafür, noch unbekannte Künstler und Kunstwerke aufzuspüren und für das Bostoner Museum einzukaufen. Jedesmal natürlich ein großes Ereignis. «Ich bin ja so stolz auf ihn», strahlte Biggy.

Sie kamen immer gerade in die schlimmste Hitzezeit, wenn sie Anfang August von Europa wieder nach Boston zurückkehrten. Das einzig Angenehme war, daß alle Menschen dann verreist waren und erst am Labour-Day, dem ersten Montag im September, zurückkamen. Im Museum war es kühl, und in der menschenleeren Stadt haben sich Biggy und Hanns unter den schattigen Bäumen auf den grünen Rasen am Ufer des River Charles oder in den Parks der Stadt ausgeruht und erholt.

Die Feuchtigkeit im Sommer war unangenehm, sonst fand Brigitte Boston wunderschön. Wie ihre norwegischen Vorfahren liebte sie das Meer, und Boston ist ja eine Seestadt mit einem großen Hafen. Sie brauchte nur zwanzig Minuten hinauszufahren und konnte im Meer schwimmen.

Übers Wochenende fuhren die Swarzenskis oft nach Rye, in das Häuschen, das Biggy von ihrer Mutter geerbt hatte. Dort konnten sie ausschlafen und sich nach einer anstrengenden Woche in Boston erholen. Sie fanden Ruhe und Einsamkeit und waren doch nicht weit von den Museen Bostons und New Yorks entfernt.

Brigitte Horney besuchte auch ihre Schwestern und deren Familien: Marianne, die ältere, die Ärztin, in Washington, und Renate, die jüngere, in Mexiko, «wo es wunderbar ist. Man sitzt am Tisch und braucht nur die Hand hochzuheben, um Bananen, Zitronen oder Orangen von den Bäumen zu pflücken. Und die Mexikaner sind so lieb, sehen alle wie erstaunte Kinder aus.»

Zu Hause und anderswo

Am Sonntag, den 3. Juni 1962, schrieb Brigitte Horney aus Wien: «... Gestern um zehn Uhr wurde ich abgeholt vom Disney-Wagen zur Spanischen Reitschule – Vorführung, na!!! Das Schönste, das Vollkommenste an Exaktheit und Konzentration und Können – so herrlich. Und wir hatten die besten Plätze, unten erste Reihe, wo Kaiser Franz Joseph etc. früher saßen. Mit waren noch der amerikanische Regisseur Arthur Hiller, der Schauspieler Eddie Albert, der den Oberbereiter im Film spielt und jetzt täglich mit Oberst Podhajsky, dem Chef der Spanischen Reitschule, reitet, seine Frau und Kinder, und Shirley McLaine, ein Hollywoodstar, jung, nett, die gerade in Wien war, um Swjatoslaw Richters Klavierkonzert im Musikvereinssaal zu hören...

Gestern abend gab es für uns eine Gala-Party im Hotel Imperial, denn am Montag fangen unsere Aufnahmen zu Disneys Lippizanerfilm ‹Das Wunder der weißen Pferde› an. Nachher ging ich mit Lilli Palmer essen, sie malt sogar besser als früher. Heute mußten Lillis Haare dreimal gewaschen werden, weil sie irgendeine Flasche verwechselt haben und sie aussah, als hätte man ihre Haare mit Wachs gewaschen... Der Hiller hat, glaube ich, viel Fernsehen gemacht und scheint genau zu wissen, was er will. All die amerikanischen Schauspieler wie auch Bob Taylor und Eddie Albert sind besonders nett und bescheiden und ganz ohne Angabe. Angenehmer Ton! Curd Jürgens kommt heute an...»

An einem Donnerstag im Spätherbst 1965 schrieb Brigitte Horney aus München: «... Es ist zwölf Uhr nachts und mein dritter Drehtag ist fertig. Auch wieder in die Nacht gedreht von morgen früh wie der Montag. Montag war qualvoll, weil ich mir Samstag einen Schnupfen geholt hatte, wo die Nase nur floß, und dann nur im Bett Sonntag und Pillen und lernen und zwei Stunden abhören lassen und wieder Pillen. Und dann den Text runterrattern am Montag. Ich habe mich oft versprochen. Dienstag, Mittwoch nur gelernt, zwei Stunden pro Tag abhören, wieder lernen. Und heute kam also alles wie Wasser nebst einer neuen Szene. Aber von fünf Uhr früh bis jetzt um zwölf ist lange. Morgen schlafen und Friseur und mal richtig essen. Samstag abend ist so ein Essen hier, wo ich dieses Bambi-Reh überreicht bekomme. Montag und Dienstag wird synchronisiert. Der ganze Film («Ich suche einen Mann») ist stumm aufgenommen (mit Primärton), denn meine Partnerin (Ghita Nørby) ist dänisch und spricht nur englisch. Na, es wird qualvoll. Aber das machen wir schon. Abends habe ich drei Mal mit Hilpert ein Glas Wein getrunken, der den ‹Zerbrochenen Krug› hier inszeniert, aber nur kurz wegen weil Text lernen...»

Und am folgenden Sonntag: «... Gestern abend haben sie mich also mit dem Bambi-Reh beglückt! Mathias Wiemann mußte es mir geben – es wurde geknipst, dann mit Presse essen hier. Dann trank ich noch ein Glas Wein mit Mathias in der Halle... Heute habe ich mit Therese Giehse Mittag gegessen. Therese und Lilli Palmer sehe ich eigentlich oft. Lillis Mann war auch hier, Rex Harrison, sehr nett. Lilli wirkt aber nervös in seiner Nähe. Alleine tratschen wir so schön, d. h. wir tratschen nicht, wir reden zusammen, ruhig und gemütlich. Die beiden sind nicht nur liebe Menschen, ich bewundere sie auch als Schauspielerinnen. Therese heißt eigentlich Gift, da aber die Kritiker ständig schrieben: ‹Fräulein Gift hat alles, was sie hat, wiedergegeben›, mußte sie früh ihren Namen wechseln... Ich war auch bei Dusie (Heinz Wilhelm Schwarz) und seiner Louise Martini, die ein ganz großer Schatz ist. Sie sind sehr glücklich und heiraten im Dezember...»

Als gebürtige Berlinerin liebte Brigitte Horney Berlin und war öfters dort. Ihr Mann hatte wiederholt in den Museen und in der Akademie der Künste zu tun, sie machte ihre Filmaufnahmen und besuchte alte Freunde. Mit Wehmut dachte sie an ihr Haus in Babelsberg, das sie seit März 1945 nicht wiedergesehen hatte. Denn Babelsberg lag in Ost-Berlin, das Haus war beschlagnahmt, und der Zutritt ohne Passierschein verboten. Wiederholt hatte ihr langjähriger Freund, Professor Dr. jur. Ferdinand Sieger, an die dortigen Behörden geschrieben, um zu erfahren, wer darin lebte und was aus ihrer Wohnungseinrichtung geworden sei. Man hat aber nur feststellen können, daß Archiv-Studenten darin wohnten.

«Ich möchte so gerne einmal hin», seufzte sie, «bloß vorbeigehen, vielleicht durch die Fenster gucken. Meine schönen Möbel, wo sind sie? Was ist aus allem geworden? Es war doch mein erstes und einziges Heim...» Es ging ihr sehr nahe, und sie ist mit dieser Sehnsucht gestorben. Hätte sie nur zwei Jahre länger gelebt, hätte sie ihr Haus wiedersehen können.

Beinahe jedesmal wenn sie nach Europa fuhr, kam sie auf die Insel. Da nahm sie sofort vom Haus Besitz, ging schnurstracks in die Küche und band sich eine Schürze um. Alle Schubladen wurden aufgemacht, und ich bekam meine jährliche Portion Vorwürfe, weil ein Küchenmesser oder etwas anderes fehlte. Nachdem ich aber eine gebührend unglückliche Miene aufgesetzt hatte, wurde mir großzügig verziehen, und wir haben das Wiedersehen mit einem Willkommenstrunk gefeiert. Dann wurde ausgepackt, und nach einer halben Stunde war das Haus ganz «Biggyisch» geworden: In den Fenstern standen Blumentöpfe mit Kresse und Kräutern, die sie aus Deutschland eingeschmuggelt hatte. Sonst schienen die Klabautermänner ihr Unwesen getrieben zu haben, denn ich kannte mein Kaminzimmer nicht wieder, überall lag etwas herum. «Setz dich doch!» strahlte Biggy. – «Wo denn?» fragte ich, denn es war kein Stuhl frei. Wir schauten uns an und platzten vor Lachen.

Beide waren wir «Widder»-Menschen, und sie hatte ihren Geburtstag am Tag nach dem meinen. Folglich haben wir immer um zwölf Uhr nachts zwischen unseren beiden Geburtstagen telefoniert und uns gegenseitig gratuliert. Da wir beide meistens vorher gefeiert worden waren, klangen unsere Glückwünsche und gegenseitigen Lobreden dementsprechend beflügelt: «Du bist ein Genie!» – «Nein, das Genie bist du!» – «Quatsch, wir sind beide genial.» – «Was wäre die Welt ohne uns?» – «Ach, sie können uns alle!» usw. Die diensttuenden Telefonistinnen mögen ihren Spaß daran gehabt haben.

Wenn wir nicht telefonieren konnten, haben wir uns telegrafiert oder geschrieben. Ihre Briefe hat Biggy immer – wie ein Kind – mit Blumen in den schönsten Farben bemalt, einmal mit den Worten: «Du bist nicht meine Freundin, denn ‹Freundin› klingt so nach kichernden Backfischen. Du bist meine Schwester, mein Kamerad. – Du bist meine Komplizin.» Da war ich natürlich sehr glücklich.

Im Laufe ihrer Amerika-Jahre drehte Brigitte Horney in Deutschland mehrere Filme. Aber wenn sie ein Jahr keine Angebote hatte, machte ihr das nichts aus, so sehr war ihr Leben mit Liebe gefüllt. Man konnte nicht lange mit ihr zusammensein, ohne daß sie von ihrem Hanns sprach. Da war sie stets wie ein verliebtes junges Mädchen: «Und da fragen die Leute, wieso wir unsere Liebe bewahren können! Nichts verstehen sie! Unsere Liebe ist einfach da, ist ein Teil von uns. Wir *sind* unsere Liebe! Es ist auch so gut, jemand zu haben, mit dem man zusammen lachen kann. Traurig sein kann man allein, mit dem Lachen ist es nicht so einfach. – Hanns und ich, wir lachen über dieselben Dinge, genießen dieselben Dinge, schön, nicht?»

Im Jahre 1972 erreichte Hanns Swarzenski sein Pensionsalter und mußte seine zweite Heimat, das Bostoner Museum of Fine Arts, wo er zwanzig Jahre als Kurator gearbeitet hatte, verlassen. Um ihm ihre Dankbarkeit zu zeigen, haben Kollegen aus Europa und Amerika sich zusammengetan und huldigten ihm zu seinem 70. Geburtstag am 30. August 1973 mit einer Festschrift. Selbst hatte er davon keine Ahnung, Brigitte gehörte aber zu den Eingeweihten. Sie strahlte. Es war für sie die schönste Aufgabe!

Eine Festschrift herauszugeben, ist aber so teuer, daß die Realisierung oft an den Kosten scheitert. Nichts jedoch war unmöglich, wenn Brigitte Horney sich dafür einsetzte! Es wurde ein Prachtexemplar von einem Buch, das Hanns Swarzenski in Zürich mit allen Ehren überreicht bekam. Im Vorwort hatte Alfred Hentzen u. a. geschrieben: «... Es ist ein ziemlich dickes Buch geworden, umfangreicher als wir vorauszusehen wagten, als wir in lebhafter Korrespondenz zwischen Berlin, München und Hamburg die Liste der möglichen Mitarbeiter zusammenstellten, die dann in Cambridge – und bei Gesprächen in Regensburg und Paris – von Brigitte überprüft und ergänzt wurde. Wir müssen Deiner Frau herzlich für ihre unermüdliche Hilfe danken, für die Anregungen, die sie uns gegeben, die Verbindungen, die sie hergestellt hat – unter sehr erschwerten Umständen, weil sie alles vor Deinen mißtrauischen Blicken verbergen mußte...»

Wer war an diesem Tag am glücklichsten? Das Geburtstagskind oder seine Frau? Sicher ist, daß keine ihrer eigenen Preise oder Auszeichnungen Brigitte Horney so viel Freude gemacht haben wie diese große Ehre, die ihrem Mann zuteil wurde.

Nun, da Hanns pensioniert war, wurde die Wohnung in Cambridge zu teuer. Sie siedelten in ihr Haus in Rye über. Der Übergang vom Museumsbetrieb und dem ausgefüllten Leben in Boston war groß. Darüber schrieb Biggy am 15. Februar 1974: «... Die Antwort kommt so spät, weil die Umzieherei ja weiterging durch den Januar, und hier gibt es eben unendlich zu tun. Als wir ankamen, schloß kein einziges Fenster nach außen und die letzten Mieter hatten aber auch alles mitgenommen. Es ist hier eher klein. Sehr klein möchte man sagen – und für ‹Kunst› viel zu unsicher. Aber all das steht auf Lager in Boston. Wir mußten ja schon im Juli aus Raymond Street. Es war zu teuer.

Hier ist eben das Wasser, und so leben wir mit den Wildenten, Schwänen, Wildgänsen und Fasanen. Hanns liebt es hier sehr, Gott sei Dank. Ich hoffe, ich habe ihn über die ‹Retierungs›-Grenze gebracht. Es ist so grausam gefährlich...»

Zurück in Europa

Am Donnerstag, den 18. September 1975, eröffnete das Schauspielhaus Zürich die Saison mit Jean Giraudoux' Nachlaßdrama «Die Irre von Chaillot». In demselben Theater war dieses Stück im Juni 1946 – mit Therese Giehse in der Titelrolle – uraufgeführt worden.

Jean Giraudoux ist einer der beliebtesten und meistaufgeführten französischen Autoren am deutschsprachigen Theater. In dieser traumhaft-poetischen Bühnenfabel warnte er, die zukünftige Welt vorausahnend und fürchtend, vor einer Zeitwelle, welche die menschlichen Werte verschlingt.

«Die Irre von Chaillot» ist für eine große Schauspielerin eine Traumrolle, und mehrere der größten haben sie gespielt, wie eben u. a. Therese Giehse, Hermine Körner und Elisabeth Bergner.

Der Intendant Harry Buckwitz führte Regie und holte für die Titelrolle Brigitte Horney.

Es war sechzehn Jahre her, daß sie auf einer Bühne gestanden hatte, nämlich 1959 am Deutschen Theater in Göttingen in der Hauptrolle von Erwin Sylvanus' «Zwei Worte töten» mit Heinz Hilpert als Regisseur. Hilpert war ihr «Bühnenvater», sein Theater ihr «Mutterhaus» gewesen. Sie hatte sich bei ihm sicher und gut aufgehoben gefühlt. Er und seine Frau Nuschka hatten zu ihren ältesten Freunden gehört. Nun waren sie beide tot, zuerst starb Nuschka, dann Heinz. Brigitte war darüber tief unglücklich, vermißte sie sehr und fühlte sich wie eine Heimatlose, was das Theater betraf. Filme drehte sie, viele und schöne Filme, und sie liebte sie alle. Bei der Filmarbeit fühlte sie sich auf sicherem Boden, da war sie nie nervös, hatte sie keine Angst. Es war eben kein Publikum dabei, nur die Kollegen und übrigen Filmleute. Sie hatte immer hervorragende Regisseure, besonders schätzte sie die Zusammenarbeit mit Heinz Wilhelm Schwarz. Eine Kopie des bezaubernden Films «Ein Stern in einer Sommernacht» unter seiner Regie sah sie sich immer wieder an, bis kurz vor ihrem Tod.

Am Theater liebte sie die Proben. Sie freute sich jedesmal darauf, konnte eigentlich nie genug proben. Vor dem Publikum aber hatte sie Angst. Diese Angst kann man nicht erklären oder begründen, sie ist einfach da. Eine kleine Dosis Lampenfieber wirkt oft wie eine Triebfeder, die richtige Bühnenangst aber kann lähmend sein. Brigitte Horney hatte immer diese Angst.

An jeder Rolle arbeitete sie enorm und konzentriert – mit und ohne Korken zwischen den Zähnen. Sie lebte nur für diese Rolle und konnte sie sogar im Schlaf auswendig. Sie war einer der intelligentesten Menschen, denen ich je begegnet bin, vor einer Theaterpremiere aber war sie nur Instinkt und Aberglaube. Sie hatte immer etwas «Magisches» bei sich, denn wie die meisten ihrer Kollegen glaubte auch Brigitte Horney an die Wunderkraft eines solchen Amuletts, das sie vor jedem Bühnenauftritt berührte. Während ihres Gastspiels in

Zuckmayers «Ulla Winblad» im Oktober 1953 bei Hilpert am Deutschen Theater in Göttingen verlor sie ihren Talisman, ein ganz kleines Steintierchen, und untersuchte resolut und konsequent alles: ihre Garderobe, den Zuschauerraum, die Bühne und jeden Müllkasten in der Nähe des Theaters. Sogar den Rasen unter dem Garderobenfenster hat sie Zentimeter für Zentimeter abgesucht. Nicht eins der faulenden Blätter blieb an seinem Platz. Stück um Stück wurde sorgfältig von ihr selbst aufgenommen und genau untersucht, aber alles vergebens. Als geborene Optimistin glaubte sie immer felsenfest daran, daß ihre Talismane eines Tages zu ihr zurückkehren würden, was sie vielleicht auch manchmal taten.

Am Zürcher Schauspielhaus genoß sie die Proben mit Harry Buckwitz, herrliche Kostüme wurden für sie entworfen. Aber die Premiere rückte jeden Tag näher, und mit der Premiere kam die Angst. Man mußte Biggy sehr gut kennen, um das zu merken, denn sie hatte sich immer sehr unter Kontrolle.

Es wurde aber ein Erfolg: «... Brigitte Horney hat eine Intonation gefunden, nicht nur im Sprechen, auch in den Bewegungen, Gesten, die sie aus dem Ensemble heraushebt: Sie geht der Spur von Zauber nach, die Giraudoux dieser Rolle gegeben hat; es ist eine grazile, zarte Irre und erscheint gerade deshalb als eine Anwältin der Vernunft. Sie täuscht die Welt der ‹Feinde› mit schillernden Röcken, mit papageienfarbenen Gebilden von Hüten. Vernünftige Verrücktheit war in dieser Figur, wie sie Brigitte Horney mit ihrem Spiel entworfen hat. Und auch wenn die Souffleuse für diese Schauspielerin mehrmals ein lautes Flüstern haben mußte, so war doch diese Gestalt Giraudoux und seiner Poesie sehr nahe, so daß man für Augenblicke meinte, das Stück habe an der Zeit nicht gelitten...», so Hugo Leber in der NZZ vom 25. 9. 75.

«Ja, leider hat meine Angst mein Erinnerungsvermögen gelähmt, und ich bekam Gedächtnislücken. Es war furchtbar», erzählte Biggy mir später. «Gott sei Dank haben meine Kollegen mir wunderbar geholfen, und bei den folgenden Aufführungen war der Text wieder da, und alles ging gut. Es war das erste Mal, daß mir das passierte, und wird auch das letzte Mal sein. Denn ich will nicht mehr auf der Bühne spielen. Vielleicht liebe ich es zu sehr, und nur der Gedanke daran, daß mir so etwas wieder passieren könnte, macht mich nervös. Es würde mich zuviel kosten. Von jetzt ab werde ich ausschließlich bei Funk und Fernsehen arbeiten. Da fühle ich mich sicher und bin glücklich.» Und dabei blieb es. Sie sprach nie mehr darüber, aber empfindlich, wie sie war, weiß ich, daß sie noch lange darunter litt. Mit der Zeit verdrängte sie es aber aus ihrem Gedächtnis, so daß sie sich nur noch an das Schöne dieser Zürcher Aufführung erinnerte, denn sie wollte ja immer «so schrecklich gerne glücklich sein».

Es ist klar, daß sich das Ehepaar Swarzenski in seinem kleinen Landhaus am Meer auf die Dauer isoliert fühlte. Für Bücher und Bilder der beiden war dort kein Platz, auch für die Möbel nicht. Alles stand in einem Lagerhaus in Boston. Nur mit der Natur und den wilden Schwänen und Gänsen umzugehen, kann etwas einseitig werden.

Nachdem Dr. Swarzenski beruflich nicht mehr gebunden war, erhielt er immer häufiger Anfragen aus Europa, war er doch in seinem Fach eine internationale

Größe. Auch Brigitte Horneys Funk- und Fernsehangebote nahmen zu. Beide wurzelten sie tief in der Erde Europas, beide arbeiteten meistens in Europa. Die Reisen hin und zurück waren teuer und anstrengend. Kurz, der Gedanke, sich wieder in Europa niederzulassen, ließ sie nicht los.

In Oberbayern fanden sie den Traum ihrer Träume: Bei lieben Freunden mieteten sie auf Lebenszeit die Hälfte eines Hauses. «Sagst du ‹Haus›? Ein Schloß ist es, ein Märchenschloß aus ‹Tausendundeiner Nacht›!» schwärmte Biggy. Sie durfte ihre Wohnung nach Belieben umbauen, ließ Wände abtragen, dirigierte die Handwerker, plante und war selig.

Das Resultat lohnte ihre Mühe. Schon bei der Einrichtung ihres Babelsberger Hauses hatte Brigitte Horney viel Geschmack bewiesen.

«Und meine große Eßküche, ist sie nicht himmlisch? Ich habe sie ganz nach meinen Vorstellungen umgebaut. Mit mengenweise Schrank, und merke dir: Alle Pfannen hängen!»

Das Haus lag auf einer Anhöhe, etwa hundert Meter über einer kleinen Bahnstation südlich des Starnberger Sees – von Tannen, Birken und Obstbäumen umgeben. Ich habe nie so große Tannen gesehen. Sie standen schön, gerade und frei. An ihren dunkelgrünen Zweigen kletterte wilder Wein hoch, rot, golden und gelblich grün. Im Garten gab es ein Gewächshaus, wo Biggy ihre Tomaten und Kräuterpflanzen anbaute. Die Enten schnatterten, und die Schafe blökten, und die Hühner gackerten und folgten uns neugierig, wenn wir ganz früh morgens barfuß durch das taunasse Gras zu einem Bassin wanderten.

In der Umgebung war Wald, dunkel und düster, hie

und da von Sonnenstreifen durchbrochen. Da ging ich spazieren. Einmal traf ich Hanns: «Fischi Mischi, würdest du mir einen Gefallen tun?» – «Immer, Hanns.» – «Falls mir etwas passieren sollte, würdest du dich bitte um Brigitte kümmern? Sie hat viele, die man so Freunde nennt, aber dich hat sie lieb.» – «Ich hab sie auch lieb, Hanns. Ich habe euch beide lieb. Und natürlich werde ich mich um Biggy kümmern.» – Mehr wurde nicht darüber gesagt. Später habe ich aber oft an seine Worte denken müssen.

Wir haben uns gegenseitig besucht, wenn wir frei waren. Unsere Abende – ach, wie haben wir schön gegessen, getrunken und gelacht. Biggy war stets dasselbe Kochwunder, und besonders liebte ich ihre Pesto alla Genovese, davon bekam ich nie genug! Wir erzählten uns Geschichten und tranken schönen Wein, bis das Glas in der Hand ein bißchen zu sehr schwankte und wir schlafen gingen.

Biggy und Hanns waren viel verreist. Hanns bekam wissenschaftliche Aufträge aus London, Paris, aus der Schweiz, aus Italien, aus Amerika, und Biggy hatte mehr als genug in Film und Fernsehen zu tun. Beide liebten ihre Arbeit, versuchten aber so viel wie möglich zusammenzusein. Bei Filmaufnahmen – ob nun in Europa, Amerika, Kanada oder Südamerika – sorgte Biggy immer dafür, auch ein Zimmer für Hanns zu bekommen, damit er bei ihr wohnen und arbeiten konnte. Sie machte die unvergeßlichen Serien «Heidi», «Tom Sawyer und Huckelberry Finn» und seit 1982 «Jakob und Adele», die beliebte Serie mit ihrem liebenswerten Freund und Kollegen Carl Heinz Schroth. Dazwischen spielte sie in anderen Fernsehfilmen mit. Auch im Funk arbeitete sie fleißig, in Deutschland, Österreich und in der Schweiz. Besonders hat sie ihre Rolle in «La voix humaine» von Jean Cocteau geliebt: «... das Gerede einer vom Liebhaber verlassenen Frau fünfundvierzig Minuten ins Telefon, bevor sie sich umbringt. Eine tolle Aufgabe...» Sie war ausgefüllt, glücklich mit ihrer Liebe und ihrer Arbeit. Und doch war es, als ob sie nie genug haben konnte, als ob sie Angst hatte, etwas zu verpassen, als ob sie dem Leben auch noch den letzten Funken Glück entreißen wollte.

Dachte sie daran, daß kein Glück Spuren der Ewigkeit in sich birgt, daß alles im Leben ein Ende hat, auch das Leben selbst?

Ich betrachtete sie. Wir saßen im Zug zwischen Weilheim und München. Die immer Fleißige flickte ein Hemd von Hanns. Sie ließ das Nähzeug sinken und strahlte mich an. Eine Weile später, als sie sich unbeobachtet glaubte, sah ihr Gesicht müde und einsam aus.

Ich machte mir Sorgen.

Die Witwe

Es war Juni 1985. Der Sommer war so, wie wir ihn uns in Norwegen nur erträumen konnten: sonnenklar, warm und windig. Die Insel war voll fröhlicher Gäste; es wurde gebadet, gesegelt und gelacht.
Das Telefon klingelte, es war Biggy:
«Fischi Mischi? Bist du da?»
Ihre Stimme klang ganz anders als sonst, fern, wund, wie aus einer anderen Welt.
«Ja, Biggy, was ist los?»
«Hanns ist tot.»
Der Schock war enorm. Ich wußte, daß Hanns krank gewesen war, Biggy hatte es aber bagatellisiert: «Ich werde ihn schon hochkriegen.»
«Wie bitte? Was sagst du da?»
«Hanns ist tot. Er liegt hier neben mir.»
Unmöglich. Es konnte nicht stimmen. Irgendwo mußte ein Mißverständnis sein, ein Irrtum...
«Er ist heute nacht gestorben. Kann ich zu dir kommen?»
Sie sprach wie ein verzweifeltes Kind, schien dem Zusammenbruch nahe.
«Klar, Biggy, wann immer du willst. Ich komme zu

der Beerdigung, nachher fahren wir zusammen hier rauf.»

«Nein, komm bitte nicht zur Beerdigung, es werden so viele Leute hier sein. Bleib lieber dort, ich komme, so bald ich kann.»

Eine Woche später war sie da. Ich wartete am Flughafen. Schick, frisch und sportlich stieg sie aus dem Flugzeug. Die Selbstkontrolle war in Ordnung. Sie war aber blaß, und die Augen zeigten die Spuren von Tränen. Trotz Trauer, Verzweiflung und Tränen wurde es doch eine schöne Zeit. Das Wetter war herrlich, wir waren viel draußen, lebten gesund und sprachen von Hanns. Er sei an Leukämie gestorben, es sei verhältnismäßig schnell gegangen. Er hätte kaum Schmerzen gehabt. «Diesmal schaffen wir es leider nicht mehr, Brigitte», hätte er als letztes gesagt. Nach den vielen Nachtwachen sei sie so übermüdet gewesen, daß sie gerade in dem Augenblick eingeschlafen sei, als er wegging. Und das wäre so furchtbar.

«Man sagt aber, das Gehör sei das letzte, was der Mensch vor dem Tode verliert. Und da sein Nacken noch warm war, habe ich neben dem Bett gekniet und in sein Ohr geflüstert. Ich habe ihn um Verzeihung gebeten, daß ich manchmal heftig und eigenwillig war, und ihm gesagt, er soll doch bitte auf mich warten, damit wir das letzte Stück zusammen gehen können. Glaubst du, daß er mich gehört hat, Fischi Mischi?»

«Bestimmt, Biggy, ganz bestimmt.»

Sie seufzte erleichtert. Es war spät, wir saßen beim Abendessen in der kleinen Küche. Das Kerzenlicht flakkerte.

«Glaubst du, daß Hanns jetzt bei uns ist?»

«Er ist bei uns jetzt, und er wird immer bei dir sein,

Biggy. Er kann dich nie verlassen. Er wird immer um dich sein und auf dich aufpassen.»
«Mit Mutti zusammen?»
«Ja, mit deiner Mutter zusammen.»
Sie lächelte, und wir gingen schlafen.
Am nächsten Morgen erzählte sie mir, daß sie in der Nacht viel geweint habe. Ich sagte, das sei gut und richtig so, und sie solle nur weinen.
Es ging ihr jeden Tag besser. Jetzt, da sie Hanns nicht mehr hätte, würde ihre Film- und Funkarbeit an erster Stelle stehen. Ihre ganze Kraft würde sie dafür einsetzen.
«Da wird sich ja Hanns auch freuen, nicht?»
Sie war auch in ganz guter Form, als sie wegfuhr. Sie kam noch einmal im Herbst schnell auf ein paar Tage wieder. Wir angelten und sammelten Pilze, saßen abends vor dem offenen Kamin, und ich hörte ihre Rolle ab. Es schien ihr äußerlich gutzugehen.

Zu Weihnachten lud sie mich nach Abano ein: «Laß doch bitte dies eine Mal deine Kinder und Enkelkinder alleine feiern. Wir werden im heißen Quellenwasser schwimmen, uns Venedig und Padua anschauen und es nur schön haben!» Natürlich konnte ich nicht nein sagen.

Sie holte mich mit ihrem Wagen am Flughafen München ab, war strahlend gelaunt, und in Vorfreude sausten wir durch den Sankt Gotthard und die Nebelschichten der Poebene.

Es wurde eine der schönsten Weihnachtsfeiern meines Lebens.

Niemand konnte so generös, warmherzig, anregend und unterhaltend sein wie Biggy. Sie zeigte mir die Kunstschätze in Venedig und Padua, machte Führungen für mich allein, so wie es Hanns mit ihr und uns gemacht hatte. Sie war jetzt auch Hanns geworden. – «Nicht ‹geworden›, Fischi Mischi, ich war immer ein Teil von ihm, ich war Hanns und bin es auch jetzt.» – Sie hatte stets viel Kunstverstand gehabt und nun noch dazu von Hanns gelernt. In den alten Kirchen und Palästen ging sie überall wie zu Hause herum, wußte über alles Bescheid und hielt die schönsten kunstgeschichtlichen Vorlesungen.

Sie schob sich selbst ganz zur Seite, dachte nur daran, wie sie mir Freude machen konnte. In den Geschäften wagte ich kaum, mir etwas anzuschauen, weil sie es dann sofort für mich kaufen würde. «Denk doch bitte an dich, Biggy!» – «Kommt nicht in Frage! Ich kann diese Selbstliebe nicht ausstehen. Scheint mir eine Art seelische Selbstmassage. Sich selbst zu lieben soll jetzt höchste Mode sein. Einen anderen müßte man lieben, so wie ich Hanns und Hanns mich.» Hanns war immer dabei.

Wir hatten jetzt mehr Zeit und konnten so gut miteinander reden: «Das Spielen verlangt alles von mir. Zu Hause bei Hanns war ich voll und ganz Hausfrau. Ich konnte aber nie beides gleichzeitig machen, kochen, waschen, reparieren und auch noch spielen. Der schwere Prozeß des Spielens, das Auswendiglernen, die Konzentration, die man für eine Rolle nötig hat, schließt alles andere aus. Wenn ich beim Filmen bin, isoliere ich mich vollkommen und versuche nur, mich in die Rolle hineinzudenken.»

Für sich selbst war sie stets bescheiden. Nun hatte sie sich aber einen schönen Pelzmantel gekauft, sich auch sonst erneuert und sah wieder verblüffend jung aus. Sie war fest entschlossen, sich ausschließlich der Arbeit zu widmen.

«Ich werde bald fünfundsiebzig, aber das ist doch

kein Alter, wie? Alt ist man wohl, wenn man jung ist, und jung, wenn man älter wird, nicht? Ich meine, Alter ist nur das, was man daraus macht. So kann ich nämlich andere ältere Menschen glücklich machen, ihnen zeigen, daß das Leben gar nicht vorbei ist, sondern daß man noch drinnen steht und eine Zukunft hat. Du hast doch gesagt, daß in Norwegen das Leben erst mit achtzig anfängt, und da ich schließlich ein Viertel Norwegerin bin, habe ich noch viel im Leben vor mir!

Die Serien ‹Teufels Großmutter›, ‹Jakob und Adele› und ‹Das Erbe der Guldenburgs›, die jetzt kommen, haben nämlich einen tieferen Sinn: Das Alter soll kein Hemmschuh sein. Man muß immer wieder auf das Leben losgehen, sich gar nicht von der Zahl der eigenen Jahre stören lassen.

Es ist so lustig und schön, mit Carl Heinz Schroth zusammen zu spielen. Nun bin ich auf die neue ‹Guldenburg›-Serie gespannt. Ach, es gibt doch so viel, worauf man sich freuen kann. Die Freude ist immer da, man muß sie bloß sehen.»

Freude und Leid

Brigitte Horney war ein Mensch mit einem starken Willen, sie schien beinahe übernatürliche Kräfte zu haben.
«Ja, ich hatte immer viel Kraft, woher sie auch kommen mag!»
Trotz Sorgen und Sehnsucht hatte sie viel Lebensfreude, sie wirkte kerngesund.
«Ja, von meinen Lungenentzündungen, Tuberkulosen, Augenkrankheiten und meiner Arthritis abgesehen, fehlt mir eigentlich nichts!»
Ob sie nicht gut sehen konnte? Schon seit ihrer Jugend fiel sie öfters hin. Oder kam es daher, daß sie so gerne in ihrer Traumwelt weilte und die Außenwelt nicht bemerkte? Interessierte sie die Außenwelt überhaupt? Sie las nie Zeitungen, hörte sich nie Nachrichten an. «Ach, das erfährt man doch sowieso.» Ihre Mutter sei auch so gewesen.
«Mit den Augen habe ich keine Probleme, Dank sei meinem Vetter Berndt Gramberg-Danielsen, der in Hamburg Professor für Augenkrankheiten und ein wunderbarer Mensch ist. Wenn ich wegen meines grauen Stars etwas aus dem Auge verliere, eine Linse oder so, ersetzt er sie sofort mit einer aus Plastik und so schön, daß

man es nicht sehen kann. Siehst du einen Unterschied?»
Und sie riß die Augen auf.

Ihre Arthritis war manchmal so schlimm, daß sie morgens zum Briefkasten kriechen mußte, weil ihr das Gehen unmöglich war. Man merkte ihr aber nie etwas an. Sie war nicht nur beim Film und Theater diszipliniert. Sie war es auch privat: «Das fehlte noch! Soviel Selbstachtung muß man doch haben.»

Ihr fünfundsiebzigster Geburtstag brachte ihr viel Lob, Dank, Liebe und Huldigungen ein, offiziell und privat, auch von allerhöchster Stelle:

Der Bundespräsident   Bonn, den 22. März 1986

«Verehrte Frau Horney,
spontane Natürlichkeit, kluge Nachdenklichkeit, verschmitzter Charme, tiefer Ernst, menschliche Wärme und souveräne Selbstbeherrschung verbunden mit einer Meisterschaft der künstlerischen Mittel, die meist nur leiser Andeutung bedarf – das ergibt eine einmalige Mischung, mit der Sie seit vielen Jahrzehnten Ihr Publikum in Theater, Film und Fernsehen bezaubern. Heute zeigen Sie Millionen von begeisterten Fernsehzuschauern, wieviel ärmer wir alle ohne unsere Großmütter wären. Sie machen uns vor, wie Alter und Jugend sich wechselseitig bereichern können, wenn sie sich füreinander öffnen. Die Jungen und die Alten – und die dazwischen natürlich auch – danken es Ihnen mit Liebe und Bewunderung. Zu Ihrem Geburtstag gratuliere ich Ihnen herzlich mit allen guten Wünschen und freundlichen Grüßen
        Ihr Richard von Weizsäcker»

Bundesrepublik Deutschland
Der Bundeskanzler   Bonn, den 26. März 1986

«Sehr verehrte Frau Horney,
zu Ihrem Geburtstag gratuliere ich Ihnen sehr herzlich. Mein Glückwunsch gilt einer großen deutschen Schauspielerin, die mit der Ausstrahlungskraft ihrer Persönlichkeit über fünf Jahrzehnte Generationen von Zuschauern fasziniert.
Ihre Verdienste um den deutschen Film sind durch hohe Auszeichnungen gewürdigt worden, in denen zugleich Achtung und Sympathie eines großen Publikums zum Ausdruck kommen.
Ich wünsche Ihnen weiterhin Glück und Wohlergehen.
Mit freundlichen Grüßen
gez. Helmut Kohl»

«Ich weinte beinahe vor Glück. Wenn bloß Hanns und Mutti das hätten miterleben können! Aber sie tun es bestimmt, glaubst du nicht?» sagte Biggy am Telefon.

Im Frühling 1986 hielt ich Vorlesungen in den USA, und als ich zurückkam, erfuhr ich, daß Biggy in Hamburg operiert worden war. Bei einer Routineuntersuchung sei im Magen etwas entdeckt worden, was da nicht hingehörte. «Was raus muß, das muß eben raus», hatte sie gesagt. «Und so wurde ich operiert.» Es sei alles so schön gewesen, im Krankenhaus hätte sie nur Engel getroffen: «Wenn du meine Ärzte gesehen hättest, würdest du dir nur wünschen, von ihnen sofort operiert zu werden!» Man hätte sie sogar im Krankenwagen zum

Filmatelier gefahren und während der Aufnahmen auf sie aufgepaßt. «Besser kann man es doch nicht haben!» Anfang August wurde sie wieder operiert. Danach rief sie mich an und bat mich, bald nach Wilzhofen zu kommen. Etwas in ihrer Stimme machte mich ängstlich. Zu meiner Überraschung holte mich dann aber eine vitale und strahlend aufgelegte Biggy am Bahnhof Weilheim ab. Sie wirkte nicht krank. «Bin ich auch nicht. Ich hatte bloß Darmverschluß. Während einer Eßpause bei den ‹Guldenburg›-Aufnahmen in Berlin ging ich zur Toilette, um mich frisch zu machen. Es war in einem Restaurant. Als ich da so vor dem Spiegel stand, überkam mich plötzlich ein Schmerzanfall, so furchtbar, daß ich umfiel. Und da blieb ich liegen. Ich konnte mich nicht bewegen, nicht rufen, nicht sprechen, die grausamen Schmerzen lähmten mich. Ich war ganz klar und dachte: Jetzt sterbe ich. Niemand kam mir zu Hilfe. Die Berliner Nutten kamen herein, schritten über mich hinweg, dachten wohl, ich sei auch so eine und dazu noch betrunken, und ließen mich da weiterliegen. Es war unbeschreiblich, und ich glaube, nur den Gedanken, auf dem Toilettenboden sterben zu müssen, fand ich so komisch, daß ich am Leben blieb! Endlich kamen meine Filmleute herein, um nachzusehen, wo ich geblieben sei, und dann wurde ich natürlich sofort ins Krankenhaus gefahren und operiert. Sie haben viele Meter von meinem Darm weggeschnitten, nun habe ich nur noch drei übrig. Das genügt mir aber vollkommen, was soll denn der ganze Quatsch!»

Sie lachte, und dann kam es: «Ich habe bloß ein bißchen Krebs. Das meiste haben sie wegoperiert, aber es sitzt noch etwas in der Leber, das sie nicht wegnehmen können. Es ist bloß ganz klein und wird mich nicht stören!» Sie lachte wieder, und ich lachte mit, mir wurde aber schwer ums Herz. Ein Tumor in der Leber, mag er auch noch so klein sein, das klang nicht gut.

«Mach dir doch bitte deswegen keine Sorgen, Fischi Mischi, Sorgen soll man sich nie im voraus machen. Es kann lange dauern, und ich kann an etwas ganz anderem sterben. Bloß habe ich eine Bitte an dich: Falls mir etwas passieren sollte und ich vor dir gehen müßte... Erinnerst du dich an dein Versprechen damals?» – «Über deine Biographie?» – «Eigentlich mag ich keine Ich-Bücher, aber etwas möchte man doch hinterlassen: Zeiten, die man durchmachte, Gedanken, die man in sich trug, Menschen, die man ehren möchte. Du hast ja genug Material dafür bekommen, und etwas haben wir zusammen daran gearbeitet, aber überfleißig waren wir nie.» Sie trank etwas Wein und lächelte: «Also machen wir weiter.» Natürlich konnte ich nicht nein sagen, obwohl ich wußte, daß sie nicht mitmachen konnte.

Sie seufzte erleichtert. «Na, man muß ja auch etwas Vertrauen zum Leben haben. Komm, nun gehen wir zu Hanns.»

Sie ging täglich zum Grab. Es liegt schön und frei, etwas höher als die St.-Valentin-Kirche in Wilzhofen und ist immer voller Blumen. Statt eines Grabsteins steht da ein schmiedeeisernes Kreuz, das Biggy nach einem Vorbild aus dem Mittelalter anfertigen ließ. Auf der anderen Seite des Kirchhofzaunes weideten Kühe. Sie kamen neugierig her und beobachteten uns beim Blumengießen. Biggy wollte eine Weile allein sein und kniete neben dem Grab, sprach leise mit Hanns und betete.

Einmal bat sie mich, ein Bild von ihr neben dem Grab zu machen. Nachher sagte sie scherzhaft: «Später kannst du das Grab noch einmal fotografieren, dann hast

du ein Bild von mir draußen und eins von mir drinnen.»
– Das tat weh.
Jetzt sahen wir uns oft in Wilzhofen oder auf der Insel. Die Aufnahmen zu «Jakob und Adele» und «Das Erbe der Guldenburgs» hielten Brigitte Horney am Leben. Und natürlich ihre Ärzte, die stets für sie da waren und ihr halfen. Im Ganzen war sie wie sonst, energisch und lebensfroh, ging in die Sauna, sprang ins Wasser und machte gymnastische Übungen. Sie ruhte etwas mehr aus als früher, sprach oft vom Tod und davon, daß Hanns Swarzenskis und ihre Kunstsammlung an bestimmte Museen gehen sollte.
Wie viele Menschen in derselben hoffnungslosen Situation dachte sie manchmal daran, sich das Leben zu nehmen. Einmal sagte sie: «Du mußt mir bitte eine Tablette verschaffen, Fischi Mischi. Ich habe es mir so gedacht: Wir machen einen schönen Abend bei mir in Wilzhofen, essen schön, trinken schön, alles schön. Nachher lege ich mich ins Bett, du gibst mir die Tablette, und wir sagen uns ‹auf Wiedersehen›, denn du weißt ja, daß wir uns wiedersehen werden. Es ist alles bloß eine Zeitfrage. Dann mußt du hinausgehen, denn die letzte Zeit will ich allein sein. Das ist nämlich die Zeit, da man allein sein soll. – Versprichst du mir das, Fischi Mischi?»
Natürlich habe ich ja gesagt, ich hätte ihr alles versprochen. Ich dachte, kommt Zeit, kommt Rat, wurde aber schlaflos vor Angst und Nervosität.
Gott sei Dank sprach sie nie mehr von dieser Idee. Die Gedanken ließen sie aber nicht los, besonders wenn die Schmerzen schlimm wurden:
«Ich könnte mich natürlich in den Wagen setzen und irgendwo von einem hohen steilen Abhang mit Vollgas

losfahren. – Aber das wäre ja schade um den Wagen», und sie schaute traurig vor sich hin.

Dazwischen kamen Zeiten, da alles wieder schön wurde. Nach jeder Krankenhaus-Behandlung blühte Biggy auf und bekam neuen Lebensmut. Strahlend rief sie mich an: «Fischi Mischi, ich habe den Krebs besiegt!!» Das Filmen machte ihr noch mehr Freude, und «Frau Hansen» verhielt sich ruhig.

«Frau Hansen» war der Tumor. Meistens gaben wir nämlich Dingen, die wir nicht mochten, andere Namen, damit man leichter über sie reden konnte. «Frau Hansen» war natürlich immer mehr der Inhalt unserer Gespräche und wuchs sich – buchstäblich – in unser Leben hinein.

Wir telefonierten jetzt zweimal in der Woche, manchmal rief sie mich auch nachts an:

«Frau Hansen macht sich immer breiter, sie stört mich so. Wenn sie bloß nicht so viel essen würde – und das auch noch auf meine Kosten! Ist doch keine Art.»

Wir plauderten, bis sie ruhig wurde.

Irgendwann in dieser Zeit schrieb sie u. a.: «... Ich bin ja gut durchgekommen durch alle Katastrophen mit dem hundertprozentigen Willen zum Leben. Ich glaube auch wie Du an die Existenz und Macht der Katastrophen, aber ich habe keine Furcht davor seltsamer Weise. Gar keine. Sie sind doch Leben. Leben ist doch nicht wie ich es mir denke, sondern eben unberechenbar. Herrlich – grausam – wunderbar – wild – schrecklich – zart – hart, eben alles. Das denke ich ist Leben. Vielleicht kommt das, weil ich ja wirklich genug erlebt habe an Katastrophen. Nicht seelisch meine ich, sondern der Krieg. Ich glaube *dann* an das Unabänderliche des Schicksals, wenn die Dinge stärker sind als ich und meine Kraft dagegen zu kämpfen. Und ich glaube an meinen Engel. Wie ein Kind, wirst Du jetzt denken, aber wie soll ich das sonst erklären, das Gefühl, daß mir jemand hilft durchzukommen. Vielleicht ist die Mutti der Engel vorher gewesen und auch jetzt noch. Vielleicht wäre sie das Kind, und nicht ich. Was weiß man schon von den Dingen dahinter, von dem, was wir mit Gott bezeichnen, von dem, was sein muß, um einen zu einem ganzen Menschen zu machen...»

In ihrem letzten Brief aus Wilzhofen schrieb sie mir von ihrem Balkon unter den großen Tannen, die sie «die drei Heiligen» nannte: «Ich sitze jetzt hier, es ist still, so schön. Meine drei Heiligen sind da. Sie schreiten der untergehenden Sonne entgegen. Und die zwei großen Tannen, die so aussehen wie *ein* Baum, die sind jetzt gerade vor mir. Und das ist wie Hanns und ich – er ist ein bißchen höher und hält schützend eine Hand über mich. Zu schön. Es ist wunderbar, hier zu sitzen. So gar kein Geräusch. Ich höre nur Hanns.»

Ein letzter Besuch

Am Donnerstag, den 30. Juni 1988, kam Brigitte Horney das letzte Mal zur Insel. Sie hatte anstrengende und arbeitsreiche Monate hinter sich. Ende April flog sie nach Amerika, um noch einmal ihr Häuschen in Rye zu sehen. Von New York fuhr sie direkt zu der Goldenen-Kamera-Feier nach Berlin. In Hamburg machte sie «Guldenburg»-Aufnahmen und bekam Behandlungen im Universitäts-Krankenhaus Eppendorf. Ende Mai war sie zurück in Wilzhofen und hatte in München Funkaufnahmen, die letzte am 14. Juni. Dann ging es nach Hamburg zurück, wieder mit Filmarbeit und Therapie.

Immer fleißig. Nie sich schonen. Bis zum Schluß vor der Kamera. Die Arbeit war ihre letzte Liebe. Durch das Fernsehen hatte sie eine neue Karriere aufgebaut, mit Witz, Charme und Ironie spielte sie ihre Großmütter. Eine dritte Karriere. Wer kann ihr das nachmachen?

Ich hatte sie einige Monate nicht gesehen, wir hatten aber ständig telefoniert. Ihre Stimme war wie sonst, mal deprimiert, mal wieder optimistisch. Sie fühle sich müde, und «Frau Hansen» breite sich überall aus. Sie wolle aber doch kommen, denn «ich brauche dringend die Luft und die Ruhe bei dir».

Auf dem Flughafen sah ich das Flugzeug landen, sah die Passagiere aussteigen, aber keine Biggy. Nachdem der letzte Fluggast bei der Zollabfertigung verschwunden war und ich sie noch immer nicht sah, wollte ich zur Information gehen, um mich näher zu erkundigen. Da sah ich ein krumm gebeugtes Geschöpf aus dem Flugzeug wanken, das sich auf einen Stock stützte. Ich wunderte mich, daß niemand zu Hilfe kam, und wollte gerade dem Personal Bescheid sagen, als mich die Kleidung an Biggy erinnerte: Ja, sie war es! Ich stürzte durch die verschiedenen Schranken hinaus und raste zu ihr hin. Sie fiel mir um den Hals, sah mir treuherzig in die Augen und flüsterte erschöpft: «Fischi Mischi, ich habe es geschafft!»

Ich trug sie halbwegs durch die Paß- und Zollabfertigung in den wartenden Wagen. Wie üblich hatte sie viele und schwere Koffer dabei, auch alle Angelsachen von Kostja. Der Stock, auf den sie sich gestützt hatte, war seine Angelrute. Ich hatte damals keinen eigenen Wagen, und so fuhren wir mit einem Taxi zu der kleinen Bucht, wo der alte Fischer mit seinem Motorboot wartete. Biggy sah grau, elend und müde aus. «Rühr dich bitte nicht!» sagte ich zu ihr, als ich den Taxifahrer bezahlen wollte. In Sekundenschnelle riß sie sich aber los, wollte begeistert zu dem alten Fischer stürzen, um ihn zu begrüßen, stolperte und fiel. Wir haben sie ins Boot getragen, und auf der Insel wollte ich sie sofort ins Bett legen. Da protestierte sie aber: sie wolle nicht im Bett essen. Und trotz Schmerzen saß sie am Tisch, aufrecht und kontrolliert – immer die Dame!

Hatte sie bei dem Sturz Rippen gebrochen? Sie wollte keinen Arzt haben. Zu einem Krankenhaus hinfahren, um die Brust röntgen zu lassen, wollte sie auch nicht.

«Ich möchte bloß meine Ruhe haben. Ich werde mich gerade schlafen, wie ich es sonst immer tat!»

Die nächsten Tage ging es auch besser. Zwar konnte sie sich schwer bewegen, so daß ich sie halbwegs tragen mußte. Da sie das salzige Wasser so erfrischend fand, aber nicht baden konnte, holte ich Meerwasser in großen Eimern und duschte sie damit ab. Sie lag tagsüber draußen auf der Veranda und genoß die frische Luft. Sie aß nicht viel, aber immerhin etwas, und wollte jeden Abend Wein haben, denn «wie du weißt, jeder Tag ein Fest!»

Sie verlangte ein paarmal täglich auf die Waage getragen zu werden, vor und nach den Mahlzeiten: «Denn ich muß vier Pfund abnehmen. Bei den nächsten Guldenburg-Aufnahmen werde ich ein wunderbares lila Kleid tragen, einen Traum, sage ich dir! Es hat so einen tollen Schnitt! Wie die meisten meiner Filmkleider hat Charlotte Flemming auch dies entworfen. Ich glaube, es ist mein bisher schönstes, bloß ist es mir zu eng. Ich muß aber in das Kleid rein, Fischi Mischi, ich muß!»

Ich traute meinen Ohren nicht. Dieses liebe, abgemagerte Geschöpf wollte am Rande des Todes wegen eines schönen Kleides abnehmen! Welche Lebenskraft!

Gott sei Dank vergaß sie es bald. Denn plötzlich wurde alles anders. Sie bekam Fieber, konnte kein Essen behalten, klagte über Schmerzen und wollte nur im Bett bleiben.

Sie sprach oft davon, wie wir in einem Jahr unsere 50jährige Freundschaft in Abano feiern würden:

«Den Wagen nehmen wir aber diesmal nicht», meinte sie, «für das Autofahren bin ich jetzt zu müde.»

«Klar», sagte ich. «Wir mieten ein Luxusflugzeug und fliegen durch die perlmuttfarbenen Wolken in die

Abendsonne hinein. Dort ist es schön warm, und du brauchst nicht zu frieren.»
Ihre Hand war fieberheiß, und sie hatte Schüttelfrost.
«Wir wollen Sekt trinken», sagte sie. «Jeder Tag soll ein Fest sein, und wir wollen uns über das Leben freuen. Hanns muß aber dabei sein. Ohne ihn geht es nicht.»
Nein, ohne Hanns ging es nie. Hanns war immer dabei, wo wir auch waren.
Ich war verzweifelt und sagte, sie müsse nach Hamburg, ins Krankenhaus, zurück.
Das kam aber nicht in Frage: «Ich bleibe hier, ich will nicht weg.» Sie hatte immer die Hoffnung, eines Morgens ohne Schmerzen aufzuwachen, damit wir wie früher im Boot zu den äußersten kahlen Schären, die sie so liebte, hinausfahren und angeln konnten.
Sie blieb aber im Bett und wurde jeden Tag schwächer. Ich probierte immer wieder: «Biggy, du hast doch bald wieder Filmaufnahmen!» – «Na und?» – «Es wäre doch gut, ein paar Tage vorher ins Krankenhaus zu fahren, damit du vor den Aufnahmen zu Kräften kommst.»
«Du möchtest mich also loswerden?» fragte sie traurig.
«Nein, Biggy, du weißt doch, daß ich das nicht möchte. Ich fühle mich bloß so hilflos. Ich kann dich nur pflegen, dir aber nicht helfen.»
Zuletzt hat sie nachgegeben und sich doch entschlossen, einige Tage früher zu fahren.
Die letzten Tage ging es ihr sehr schlecht. Sie lag meistens im Bett und las und schlief.

Die Klarheit der Gedanken und der Sprache hat sie immer beschäftigt. Das «Buch der Gespräche» des chinesischen Philosophen Konfuzius, etwa 500 v. Chr. geschrieben, war stets ihre Richtschnur gewesen, und zwar folgende Zeilen:

> Wenn die Sprache nicht stimmt,
> dann ist das, was gesagt wird,
> nicht das, was gemeint ist.
> Ist das, was gesagt wird,
> nicht das, was gemeint ist,
> so kommen keine guten Werke zustande.
>
> Kommen keine guten Werke zustande,
> so gedeihen Kunst und Moral nicht.
> Gedeihen Kunst und Moral nicht,
> trifft die Justiz nicht,
> so weiß das Volk nicht,
> wohin Hand und Fuß setzen.
>
> Also dulde keine Willkürlichkeit
> in den Worten.
> Das ist es, worauf es ankommt.

Diese Zeilen lagen immer auf ihrem Nachttisch, zusammen mit Briefen von ihrem geliebten Hanns, anderen Briefen und den beiden Zuckmayer-Gedichten. Im letzten Jahr kam noch eins dazu. «Mein Gebet» stammte von ihrem sehr jungen, im Krieg verstorbenen Verwandten Berndt Horney:

> Gib am Ende meiner Wanderschaft
> wenn der Abend langsam sich herniedersenkt

daß ein Schall von Feierabendglocken
süß und tröstend mir zu Ohren dringt.

Gib ein Haus mit hohen Giebeln
ganz von Blumen eingehegt
und am Gartentore wartend
steht ein Kind, das meine Züge trägt.

Nie werde ich ihre Abreise vergessen. Mein ältester Sohn kam aus Oslo geflogen, um bei dem Transport behilflich zu sein. Die letzte Nacht tobte ein starker Sturm, die See war schwarz mit weiß-schäumenden Wogen. Wir schliefen überhaupt nicht. Das Flugzeug ging um neun Uhr morgens, und der Weg zum Flughafen war lang. Um fünf Uhr mußte Biggy gewaschen und angezogen werden. Sie war klar, ruhig und lieb. In Sturm und strömendem Regen trugen wir sie ins Boot. Zusammengesunken saß sie in meinen Armen und betrachtete zum letzten Mal die kahlen Felsen und die kleinen Schären, die sie so liebte. Sie wußte, es war der Abschied.

Ich wollte sie nach Hamburg begleiten und hatte schon meine Flugkarte. In letzter Minute bekam ich aber Bescheid, einen kranken Kollegen vertreten zu müssen. So erhielt Biggy meine Flugkarte, damit sie Platz hatte, sich im Flugzeug hinzulegen. Sie wurde während des Fluges vom Personal des Roten Kreuzes betreut.

Der Abschied war grausam: «Du mußt nicht weinen, Fischi Mischi, du kommst mich ja bald besuchen, dann sehen wir uns wieder.»

Ein letzter Blick. Ihr ganzes Leben lag darin: die geschwundene Hoffnung, die verlorene Vergangenheit, die erloschene Zukunft.

In Hamburg wurde sie von ihrem alten Freund Erik Blumenfeld abgeholt und direkt ins Krankenhaus gefahren. Ich schrieb ihr täglich und rief jeden Tag im Krankenhaus an, wurde aber immer mit den üblichen Worten: «Wir können leider keine Auskunft geben» abgewiesen.

Brigitte Horney hat es geschafft, noch einen Tag in der TV-Serie «Das Erbe der Guldenburgs» zu drehen. Sie hatte das schöne lila Keid an.

Wir sahen uns nie wieder.

Denn als ich endlich frei wurde und zu ihr fahren konnte, war sie nicht mehr da.

Die Beerdigung fand am 5. August 1988 in Wilzhofen statt. Es war ein schöner Tag, die Sonne strahlte von einem wolkenlosen Himmel. In der St.-Valentin-Kirche hielten der Wielenbacher Pfarrer Bernhard Schönmetzler, der damalige Bürgermeister Josef März und der Geistliche, Professor Dr. Franz J. Ronig, ergreifende Reden. Die Klänge der neuen Orgel, die Brigitte Horney zum Tod ihres Mannes Hanns Swarzenski gestiftet hatte und jetzt nicht mehr hören konnte, begleiteten sie auf ihrem letzten Weg. Die Trauergemeinde folgte dem schlichten Eichensarg zu dem Grab, wo ihr Mann vor drei Jahren seine letzte Ruhe gefunden hatte. Durch ein Blumenmeer wurde sie zu ihm hinuntergesenkt.

Auch am Grab hörte man Worte des Dankes, der Trauer und der Liebe von Kollegen des Theaters und vom Film.

Von meiner Insel, die sie so sehr liebte, hatte ich einen Stein mitgebracht. Mit ein paar Worten legte ich ihn neben das Grab.

Danksagung

Das Material, das mir Brigitte Horney überließ, war nicht vollständig. Den Briefen, Artikeln und Interviews fehlten oft Orts- und Zeitangabe, Titel und Namen. Eine Übersicht über ihre Rollen am Theater, in Film und Fernsehen gab es nicht, und ihre Erinnerung daran war lückenhaft. Manche Archive wurden während des Krieges zerstört, und viele ihrer Freunde und Kollegen sind tot. Ich habe daher an mehrere Instanzen und mir unbekannte Menschen schreiben müssen, die mir liebenswürdig und in großzügiger Weise ihre Erlebnisse mit und Auskünfte über Brigitte Horney mitgeteilt haben.
Dafür danke ich von ganzem Herzen:

der Akademie der Künste, Berlin; Norbert Baensch, Chefdramaturg des Deutschen Theaters, Göttingen; Dr. Klaus Becké, Staatsanwalt, Bremerhaven; Dr. Sigrid Berdel, Wohltorf; Ruth Brotkorb Lund, Sofiemyr, Norwegen; Friedrich Denk, Weilheim; OMR Dr. Hans-Peter Diettrich, Berlin; Michael Dillmann, Berlin; M. D. Marianne von Eckardt, New York; Professor Dr. Leo Eitinger, Oslo; Mathias Erhard, Berlin; Marianne

Feilchenfeldt, Zürich; Max Frisch, Zürich †; Hanni Geiser, Stadtarchiv Zürich; Professor Dr. Berndt Gramberg-Danielsen, Hamburg; Winnetou Guttenbrunner-Zuckmayer, Wien/Saas Fee; Dr. Victor Henckel, München; Jasper Heuser, Ebersberg; Inge Hildebrandt, ZDF, Mainz; Marianne Hoppe, Soegsdorf; Gordon Hølmebakk, Chefredakteur, Gyldendal Verlag, Oslo; Professor Dr. Dietrich Kötzsche, Berlin; Professor Dr. Lieselotte Kötzsche, Berlin; Kameramann Ewald Krause, Berlin; Kulturabteilung der Botschaft der BRD, Oslo; Christine Lehmann, Theater Basel; Christine Lemke, Stadttheater, Chur; Dr. Nicolas Maikoff, Zürich; Märkisches Museum, Berlin; Angelika-Ditha Mildenberger, Schauspielhaus Zürich; Rude Foto, Oslo; Dr. Lothar Schirmer, Berlin-Museum, Berlin; Jan Schlubach, Berlin; Mia Schmied, Theaterverein Chur; Regisseur Rolf Schnabel, Berlin; Dr. Karin Seiffert, Berlin; Johann Michael Semler, München; Henning Siebs, Kameramann CDK, Neubaldham; Professor Dr. Ferdinand Sieger, Stuttgart; Brigitte Spiegel, Archiv der Volksbühne, Berlin; Eberhard Spiess, Deutsches Institut für Filmkunde, Frankfurt; Dr. Ulrich Wagner, Archivdirektor, Würzburg; Maria Wiget, Mohrbooks, Zürich; Carola von Wisnewski, Berlin, und den Hörspielredaktionen der verschiedenen Rundfunkanstalten der ARD, des ZDF, in Österreich und in der Schweiz.

Brigitte Horneys Theater-, Film- und Fernsehrollen von 1930 bis 1988

Theater

Stadttheater Würzburg (Eugen Keller)

1930 TRIO Lustspiel von Leo Lenz. Regie: Paul R. Henker. Mit: BH* (Rita), Paul R. Henker, Joachim Ernst, Edith Wien u. a.

1930 ... VATER SEIN DAGEGEN SEHR! Komödie von E. Ch. Carpenter. Regie: Ludwig Schmid-Wildy. Mit: BH (Maria Credaro), Alois Sator, Dorothea Baberadt u. a.

1931 OLYMPIA Spiel von Franz Molnar. Regie: Ludwig Schmid-Wildy. Mit: BH (Olympia), Franziska Heuberger, Joachim Ernst u. a.

1931 ELISABETH VON ENGLAND Schauspiel von Ferdinand Bruckner. Regie: Willy Keller. Mit: BH (Isabella), Lili Rodewaldt u. a.

1931 MARGUERITE DURCH DREI Lustspiel von Fritz Schwiefert. Regie: Ludwig Schmid-Wildy. Mit: BH (Die Dame Marguerite), Paul R. Henker, Joachim Ernst u. a.

* BH = Brigitte Horney; in Klammern: ihre Rolle

1931 HURRA, EIN JUNGE! Schwank von Franz Arnold und Ernst Bach. Regie: Ludwig Schmid-Wildy. Mit: BH (Helga Lüders), Alois Sator, Edith Wien u. a.

1931 VORUNTERSUCHUNG Schauspiel von Max Alsberg und Otto Ernst Hesse. Regie: Willy Keller. Mit: BH (Melitta Ziehr), Günter Langenbeck, Joachim Ernst, Vera Spies u. a.

Lessingtheater Berlin (Heinz Saltenberg/Robert Klein)

1931 ZUM GOLDENEN ANKER Komödie von Marcel Pagnol. Regie: Heinz Hilpert. Mit: BH (Fanny), Mathias Wieman, Rosa Valetti, Jacob Tiedtke u. a.

Deutsches Theater Berlin (Max Reinhardt)

1931 KAT Schauspiel nach Ernest Hemingway, Bühnenfassung: Carl Zuckmayer, Heinz Hilpert. Regie: Heinz Hilpert. Mit: BH (Miß Fergusson), Gustav Fröhlich, Paul Hörbiger, Franz Nicklisch, Hans Deppe, Käthe Dorsch u. a.

Kurfürstendammtheater Berlin (Max Reinhardt)

1931 DIE HEILIGE AUS USA Historie von Ilse Langner. Regie: Ludwig Berger. Mit: BH (Auguste Stetson), Elsa Bassermann, Paul Kemp, Hans Deppe, Eduard v. Winterstein, Egon Friedell, Hubert v. Meyerinck, Agnes Straub u. a.

Deutsches Theater Berlin (Max Reinhardt)

1932 TIMON Schauspiel von Ferdinand Bruckner. Regie: Heinz Hilpert. Mit: BH (Myrthis und Aphrodite), Oscar Homolka, Leopold Biberti, Oscar Sima, Fritz Odemar, Paul Dahlke u. a.

Volksbühne Theater am Bülowplatz Berlin (Heinz Hilpert)

1932 DIE RATTEN Tragikomödie von Gerhart Hauptmann. Regie: Heinz Hilpert. Mit: BH (Pauline Piperkarcka, Dienstmädchen), Eugen Klöpfer, Paul Dahlke, Otto Wernicke, Käthe Dorsch, Paul Verhoeven, Maria Fein u. a.

1932 DAS NEUE PARADIES Komödie von Julius Hay. Regie: Heinz Hilpert. Mit: BH (Diana Clark), Adolf Wohlbrück, Gerda Maurus, Ernst Karchow, Paul Dahlke, Paul Verhoeven u. a.

1932 DIE SARDINENFISCHER (ANGÈLE DUFOUR) Schauspiel von Elisabeth Castonier. Regie: Rudolf Zindler. Mit: BH (Packerin), Ernst Karchow, Gisela von Collande, Erika Dannhoff, Paul Dahlke u. a.

1933 VIEL LÄRM UM NICHTS Lustspiel von William Shakespeare. Regie: Heinz Hilpert. Mit: BH (Margaretha), Ernst Karchow, Paul Dahlke, Ewald Balser, Grete Mosheim u. a.

Volksbühne, Theater am Horst-Wessel-Platz (Heinz Hilpert)

1933 DER BAUER ALS MILLIONÄR Romantisches Zaubermärchen von Ferdinand Raimund. Regie: Heinz Hilpert. Mit: BH (Die Zufriedenheit), Käte Haack, Gisela von Collande, Gerda Maurus, Paul Dahlke u. a.

Deutsches Theater Berlin (Heinz Hilpert)

1939 PYGMALION Komödie von Bernard Shaw. Regie: Heinz Hilpert. Mit: BH (Eliza), Paul Dahlke, Gerd Höst, Adolph Spalinger u. a.

Schauspielhaus Zürich (Oskar Wälterlin)

1946 SANTA CRUZ Schauspiel von Max Frisch. Uraufführung. Regie: Heinz Hilpert. Mit: BH (Elvira), Emil Stöhr, Robert Freitag, Ernst Ginsberg, Agnes Fink, Herman Wlach, Armin Schweizer, Traute Carlsen, Walter Morath u. a.

Stadttheater Chur (Dr. Hans Curjel)

1946 VERKÜNDIGUNG Schauspiel von Paul Claudel. Regie: Vasa Hochman. Mit: BH (Mara), Hans Gaugler, Walther Gloor, Jean-Pierre Gerwig, Peter W. Loosli, Walter Roderer u. a.

1946 DAS WINTERMÄRCHEN Märchenspiel von William Shakespeare. Regie: Vasa Hochman. Mit: BH (Hermione), Walther Gloor, Walter Roderer, Jean-Pierre Gerwig u. a.

1947 IST GERALDINE EIN ENGEL? Lustspiel von Hans Jaray. Regie: Vasa Hochman. Mit: BH (Geraldine), Hans Gaugler, Willy Fueter, Peter W. Loosli u. a.

1947 DIE SPIELER von Nikolaj Gogol
DER HEIRATSANTRAG von Anton Tschechow. Regie: Heinz Hilpert. Mit: BH (Natalia)

1947 DIE HEILIGE JOHANNA Dramatische Chronik von Bernard Shaw. Regie: Vasa Hochman. Mit: BH (Johanna), Willy Fueter, Hans Gaugler, Walther Gloor, Jean-Pierre Gerwig, Hannes Schmidhauser, Walter Roderer, Peter W. Loosli, Valerie Steinmann u. a.

Stadttheater Basel (Egon Neudegg)

1947 JEGOR BULYTSCHOW UND DIE ANDEREN Schauspiel von Maxim Gorki. Deutschsprachige Uraufführung. Regie: Ernst Ginsberg. Mit: BH (Glafira, Stubenmädchen), Leonard Steckel, Milena von Eckardt, Bernhard Wicki u. a.

1947 HAMLET Tragödie von William Shakespeare. Regie: Kurt Horwitz. Mit: BH (Gertrude, Königin von Dänemark und Hamlets Mutter), Ernst Ginsberg, Erwin Kohlund, Paul Bösiger, Alfred Schlageter, Bernhard Wicki, Margrit Winter u. a.

1947 BERNARDA ALBAS HAUS Frauentragödie von Federico García Lorca. Deutschsprachige Erstaufführung. Regie: Ernst Ginsberg. Mit: BH (Magdalena), Ellen Widmann, Angelica

Arndts, Valerie Steinmann, Margrit Winter, Therese Giehse u. a.

1948 BLAUBART Ein Versteckspiel des Schicksals von Walter Jost. Uraufführung. Regie: Kurt Horwitz. Mit: BH (Elisa, eine Schloßherrin), Hermann Gallinger, Paul Bösiger, Bernhard Wicki, Erwin Kohlund, Agnes Fink u. a.

Schauspielhaus Zürich (Oskar Wälterlin)

1948 DIE SCHMUTZIGEN HÄNDE Schauspiel von Jean-Paul Sartre. Deutschsprachige Erstaufführung. Regie: Oskar Wälterlin. Mit: BH (Olga), Anneliese Roemer, Walter Richter, Will Quadflieg, Fred Tanner, Sigfrit Steiner u. a.

1949 ALS DER KRIEG ZU ENDE WAR Schauspiel von Max Frisch. Uraufführung. Regie: Kurt Horwitz. Mit: BH (Agnes), Robert Freitag, Walter Richter, Pinkas Braun, Lukas Ammann u. a.

Deutsches Theater in Göttingen (Heinz Hilpert)

1953 AMPHITRYON Lustspiel von Heinrich von Kleist. Regie: Heinz Hilpert. Mit: BH (Alkmene), Oscar Dimroth, Peter Arens, Ilse Künkele u. a.

1953 ULLA WINBLAD oder MUSIK UND LEBEN DES CARL MICHAEL BELLMAN von Carl Zuckmayer. Uraufführung. Regie: Heinz Hilpert. Mit: BH (Ulla Winblad), Siegfried Breuer, Carl Raddatz, Hugo Lindinger, Mila Kopp u. a.

1957 SANTA CRUZ Schauspiel von Max Frisch. Regie: Heinz Hilpert. Mit: BH (Elvira), Günther Ungeheuer u. a.

1959 ZWEI WORTE TÖTEN Ein Stück von Erwin Sylvanus. Uraufführung. Regie: Heinz Hilpert. Mit: BH (Ruth Benzin), Joachim Wichmann, Günther Ungeheuer u. a.

Schauspielhaus Zürich (Harry Buckwitz)

1975 DIE IRRE VON CHAILLOT Drama von Jean Giraudoux. Regie: Harry Buckwitz. Mit: BH (Aurélie), Anne-Marie Blanc, Grete Heger, Hanna Burgwitz, Gert Westphal, Klaus Knuth, Jodoc Seidel, Erwin Parker u. a.

Filme
(zusammengestellt in Zusammenarbeit mit dem DEUTSCHEN INSTITUT FÜR FILMKUNDE)

1930 ABSCHIED (deutsch) Produktion: Universum-Film A.G. (UFA). Regie: Robert Siodmak. Buch: Emmerich Preßburger und Irma v. Cube. Musik: Erwin Bootz. Darsteller: BH (Hella), Aribert Mog, Gisela Draeger, Wladimir Sokoloff u. a.

1931 FRA DIAVOLO (deutsch-italienisch-franz. Gemeinschaftsproduktion). Regie: Mario Bonnard. Buch: Nach der gleichnamigen Oper von Scribe und Auber. Musik: G. Becce unter Verwendung der Melodien von Auber. Darsteller: BH (Anita), Tino Pattiera, Margarete Hruby u. a.

1932 RASPUTIN (DER DÄMON DER FRAUEN) (deutsch) Produktion: Gottschalk Tonfilm GmbH. Regie: Adolf Trotz. Buch: Ossip Dymow, Adolf Lantz, Conrad Linz. Musik: Fritz Wenneis, Prof. Metzl. Darsteller: BH (Luscha), Conrad Veidt, Carl Ludwig Diehl, Paul Henckels u. a.

1933 HEIDESCHULMEISTER UWE KARSTENS (deutsch) Produktion: UFA. Regie: Carl Heinz Wolff. Buch: Christian Uhlenbrock, nach dem Roman von Felicitas Rose. Musik: Ludwig Schmidseder. Darsteller: BH (Marthe Detlefsen), Marianne Hoppe, Olga Tschechowa, Paul Henckels u. a.

1934 EIN MANN WILL NACH DEUTSCHLAND (deutsch) Produktion: UFA. Regie: Paul Wegener. Buch: Philipp Lothar Mayring, Fred Andreas, nach dem gleichnamigen Roman von Fred Andreas. Musik: Hans-Otto Borgmann. Mit: BH (Manuela Ortiguez), Carl Ludwig Diehl, Siegfried Schürenberg, Willy Birgel, Hans Zech-Ballot u. a.

1934 DER EWIGE TRAUM (Der König vom Montblanc – deutsch) Produktion: UFA. Regie: Dr. Arnold Fanck. Buch: Dr. Arnold Fanck, nach dem Roman «Paccard wider Balmat» von Karl Ziak. Musik: G. Becce. Mit: BH (Maria), Eduard v. Winterstein, Hans-Herrmann Schaufuß u. a.

1934 LIEBE, TOD UND TEUFEL (deutsch) Produktion: UFA. Regie: Heinz Hilpert und Reinhart Steinbicker. Buch: Kurt Heuser, Pelz von Felinau, Liselotte Gravenstein, nach der Novelle «Das Flaschenteufelchen» von Robert Louis Stevenson. Musik: Theo Mackeben. Darsteller: BH (Rubby), Käthe v. Nagy, Albin Skoda, Aribert Wäscher, Erich Ponto, Paul Dahlke, Rudolf Platte, Oskar Sima, Albert Florath, Marita Gründgens u. a.

1935 BLUTSBRÜDER (Bosniaken) (deutsch). Produktion: Alka-Film GmbH, Regie: J. A. Hübler-Kahla. Buch: Franz Tanzler, J. A. Hübler-Kahla, Musik: Willy Schmidt-Gentner. Darsteller: BH (Mara), Attila Hörbiger u. a.

1935 DER GRÜNE DOMINO (deutsch) Produktion: UFA. Regie: Herbert Selpin. Buch: Harald Bratt, Emil Burri, nach Motiven des Schauspiels «Der Fall Claasen» von Erich Ebermayer. Musik: Gottfried Huppertz, Walter Schütze. Darsteller: BH (Ellen Fehling, Marianne, ihre Mutter), Carl Ludwig Diehl, Erika v. Thellmann, Alice Treff, Hans Leibelt, Trude Hesterberg, Ernst Waldow u. a.

1936 SAVOY HOTEL 217 (Mord im Savoy) (deutsch) Produktion: UFA. Regie: Gustav Ucicky. Buch: Gerhard Menzel. Musik: Walter Gronostay. Darsteller: BH (Nastasja Andrejewna Daschenko), Hans Albers, René Deltgen, Gusti Huber, Käthe Dorsch, Aribert Wäscher, Hans Leibelt u. a.

1936 STADT ANATOL (deutsch) Produktion: UFA. Regie: Viktor Tourjanski. Buch: Peter Francke, Walther Supper. Musik:

Walter Gronostay. Darsteller: BH (Franziska), Gustav Fröhlich, Harry Liedtke, Aribert Wäscher, Hilde Sessak, Otto Stoeckel u. a.

1936 THE HOUSE OF THE SPANIARD (englisch) Produktion: IFP-Phoenix-Film, London. Regie: Reginald Danham. Buch: Basil Mason, nach einem Roman von Arthur Behrend. Darsteller: BH (Margarita de Guzman), Peter Haddon, Jean Galland, Minnie Rayner u. a.

1937 SECRET LIVES (USA-Titel: I MARRIED A SPY) (englisch) Produktion: IFP-Phoenix-Film, London. Regie: Edmond T. Creville. Buch: Basil Mason, nach einem Roman von Paul de Saint-Colombe. Darsteller: BH (Lena Schmidt), Neil Hamilton, Frederick Lloyd, Leslie Perrins u. a.

1938 DER KATZENSTEG (deutsch) Produktion: Euphono-Film GmbH. Regie: Fritz Peter Buch. Buch: Hans H. Zerlett, nach dem gleichnamigen Roman von Hermann Sudermann. Musik: Walter Gronostay. Darsteller: BH (Regine), Hannes Stelzer, Eduard v. Winterstein, Otto Wernicke, Karl Dannemann u. a.

1938 VERKLUNGENE MELODIE (deutsch) Produktion: UFA. Regie: Viktor Tourjanski. Buch: Emil Burri. Musik: Lothar Brühne, Marta Linz. Darsteller: BH (Barbara Lorenz), Willy Birgel, Carl Raddatz, Hans Brausewetter, Erich Fiedler, Werner Finck u. a.

1938 REVOLUTIONSHOCHZEIT (deutsch) Produktion: Euphono-Film GmbH. Regie: Hans H. Zerlett. Buch: Hans H. Zerlett, nach dem gleichnamigen Bühnenwerk von Sophus Michaelis. Musik: Walter Gronostay. Darsteller: BH (Aline), Paul Hartmann, Bernhard Minetti, Carla Rust u. a.

1938 ANNA FAVETTI (deutsch) Produktion: Fanal-Film GmbH. Regie: Erich Waschneck. Buch: Walter v. Hollander, nach seinem Roman «Licht im dunklen Haus». Musik: Werner Eisbrenner. Darsteller: BH (Anna Favetti), Mathias Wieman,

Maria Koppenhöfer, Franz Schafheitlin, Karl Schönböck, Rolf Wernicke, Paul Bildt, Hubert v. Meyerinck u. a.

1938 DU UND ICH (deutsch) Produktion: Minerva-Tonfilm GmbH. Regie: Wolfgang Liebeneiner. Buch: Curt I. Braun, Eberhard Frowein, nach dem Roman von Eberhard Frowein «Du selber bist das Rad». Musik: Wolfgang Zeller. Darsteller: BH (Anna Uhlig), Joachim Gottschalk, Paul Bildt, Karl Platen u. a.

1938 ZIEL IN DEN WOLKEN (deutsch) Produktion: Terra-Filmkunst GmbH. Regie: Wolfgang Liebeneiner. Buch: Philipp Lothar Mayring, Eberhard Frowein, nach dem gleichnamigen Roman von Hans Rabl. Musik: Wolfgang Zeller. Darsteller: BH (Margot Boje), Leny Marenbach, Albert Matterstock, Werner Fuetterer, Volker v. Collande, Elsa Wagner u. a.

1939 AUFRUHR IN DAMASKUS (deutsch) Produktion: Terra. Regie: Gustav Ucicky. Buch: Philipp Lothar Mayring, Jacob Geis, nach dem Manuskript von Herbert Tjadens. Musik: Willy Schmidt-Gentner. Darsteller: BH (Vera Niemeyer), Joachim Gottschalk, Hans Nielsen, Ernst v. Klipstein u. a.

1939 DER GOUVERNEUR (deutsch) Produktion: Terra. Regie: Viktor Tourjanski. Buch: Emil Burri, Peter Francke, nach dem Schauspiel «Die Fahne» von Otto Emmerich Groh. Bild: Konstantin Irmen-Tschet. Musik: Wolfgang Zeller. Darsteller: BH (Maria), Willy Birgel, Hannelore Schroth, Ernst v. Klipstein, Albert Florath, Walter Franck, Paul Bildt u. a.

1939 EINE FRAU WIE DU (deutsch) Produktion: Bavaria-Filmkunst GmbH. Regie: Viktor Tourjanski. Buch: Emil Burri, Peter Francke, Dinah Nelken, nach dem Roman «Ich an Dich» von Dinah Nelken. Musik: Lothar Brühne. Darsteller: BH (Fräulein Dr. Maria Pretorius), Joachim Gottschalk, Hans Brausewetter, Volker v. Collande, Kurt Meisel, Albert Florath, Hans Leibelt, Hubert v. Meyerinck, Rudi Schuricke u. a.

1939 BEFREITE HÄNDE (deutsch) Produktion: Bavaria-Filmkunst GmbH. Regie: Hans Schweikart. Buch: Dr. Erich Ebermayer,

Kurt Heuser, nach dem gleichnamigen Roman von Dr. Erich Ebermayer. Musik: Lothar Brühne, Ludwig van Beethoven (5. Symphonie). Darsteller: BH (Dürthen), Olga Tschechowa, Ewald Balser, Carl Raddatz, Paul Dahlke u. a.

1940 FEINDE (deutsch) Produktion: Bavaria-Filmkunst GmbH. Regie: Viktor Tourjansky. Buch: Emil Burri, Arthur Luethy, Viktor Tourjanski. Musik: Lothar Brühne. Darsteller: BH (Anna), Willy Birgel, Ivan Petrovich, Carl Wery, Gerd Höst, Beppo Brehm, Nikolai Kolin u. a.

1941 DAS MÄDCHEN VON FANÖ (deutsch) Produktion: Bavaria-Filmkunst GmbH. Regie: Hans Schweikart. Buch: Kurt Heuser, nach dem gleichnamigen Roman von Günther Weisenborn. Musik: Alois Melichar. Darsteller: BH (Patricia), Joachim Gottschalk, Gustav Knuth, Paul Wegener, Viktoria v. Ballasko, Paul Bildt u. a.

1941 ILLUSION (deutsch) Produktion: UFA. Regie: Viktor Tourjanski. Buch: Werner Eplinius, Viktor Tourjansky. Musik: Franz Grothe. Darsteller: BH (Maria Roth), Johannes Heesters, Hilde Sessak, Otto E. Hasse, Theodor Danegger u. a.

1942 GELIEBTE WELT (deutsch) Produktion: Bavaria-Filmkunst GmbH. Regie: Emil Burri. Buch: Emil Burri, Peter Francke. Musik: Lothar Brühne. Darsteller: BH (Karin Ranke), Willy Fritsch, Paul Dahlke, Else v. Möllendorff, Mady Rahl, Margarete Haagen, Gustav Waldau u. a.

1943 MÜNCHHAUSEN (deutsch) Produktion: UFA. Regie: Josef v. Baky. Buch: Berthold Bürger (d. i. Erich Kästner). Musik: Georg Haentzschel. Darsteller: BH (Katharina II.), Hans Albers, Ilse Werner, Käte Haack, Leo Slezak, Ferdinand Marian, Gustav Waldau, Eduard v. Winterstein, Hubert v. Meyerinck, Hans Brausewetter u. a.

1943 AM ENDE DER WELT (deutsch) Dieser im Frühjahr 1943 hergestellte Film wurde von der Filmprüfstelle nach mehrmaliger Zensurvorlage im Dezember 1943 endgültig verboten!

Produktion: Wien-Film GmbH. Regie: Gustav Ucicky. Buch: Gerhard Menzel. Musik: Willy Schmidt-Gentner. Darsteller: BH (Roberta Bell), Attila Hörbiger, Trude Hesterberg u. a.

1948 DIE FRAU AM WEGE (Österreich) Willi-Forst-Filmproduktion GmbH. Regie: Eduard v. Borsody. Buch: Walter und Irma Firner, E. v. Borsody, nach dem Schauspiel von Fritz Hochwälder. Musik: Willy Schmidt-Gentner. Darsteller: BH (Christine), Otto Woegerer, Robert Freitag u. a.

1949 VERSPIELTES LEBEN (Ulyssa) (BRD) Produktion: Camera-Film GmbH. Regie: Kurt Meisel. Buch: Gerd Ammeis. Musik: Mark Lothar. Darsteller: BH (Ulyssa), Axel v. Ambesser, Kurt Meisel, Hans Quest, Edith Schultze-Westrum, Erich Ponto u. a.

1950 MELODIE DES SCHICKSALS (BRD) Produktion: Junge Film-Union. Regie: Hans Schweikart. Buch: Adolf Schutz, Paul Baudisch. Musik: Werner Eisbrenner. Darsteller: BH, Viktor de Kowa, Mathias Wieman, Fita Benkhoff, Franz Schafheitlin, Otto Gebühr, Maria Litto u. a.

1953 SOLANGE DU DA BIST (BRD) Produktion: Neue Deutsche Filmgesellschaft. Regie: Harald Braun. Buch: Jochen Huth. Musik: Werner Eisbrenner. Darsteller: BH (Mona Arendt), Maria Schell, O. W. Fischer, Hardy Krüger, Mathias Wieman, Paul Bildt, Walter Richter, Liesl Karlstadt, Anneliese Uhlig u. a.

1954 GEFANGENE DER LIEBE (Gefangene der Ehe) (BRD) Produktion: Rhombus-Film GmbH und Süd-Film GmbH. Regie: Rudolf Jugert. Buch: Walter Forster. Musik: Werner Eisbrenner. Darsteller: BH (Dr. Hildegard Thomas), Annemarie Düringer, Curd Jürgens, Bernhard Wicki, Mady Rahl, Paul Esser u. a.

1954 DER LETZTE SOMMER (BRD) Produktion: Neue Deutsche Filmgesellschaft. Regie: Harald Braun. Buch: Harald Braun, Emil Burri, Georg Hurdalek, nach Motiven der Novelle von

Ricarda Huch. Musik: Werner Eisbrenner. Darsteller: BH (Tatjana), Hardy Krüger, Liselotte Pulver, Mathias Wieman, René Deltgen, Nadja Tiller, Werner Hinz, Leonard Steckel, Käte Haack, Paul Bildt, Claus Biederstaedt, Kurt Horwitz u. a.

1957 DER GLÄSERNE TURM (BRD) Produktion: Bavaria-Filmkunst AG. Regie: Harald Braun. Buch: Odo Krohmann, Wolfgang Koeppen. Musik: Werner Eisbrenner. Darsteller: BH (Frau Dr. Brüning), Lilli Palmer, O. E. Hasse, Peter van Eyck, Hannes Messemer u. a.

1959 DAS ERBE VON BJÖRNDAL I (Österreich) UND EWIG SINGEN DIE WÄLDER Produktion: Wiener Mundus-Film. Regie: Gustav Ucicky. Buch: Per Schwenzen, nach dem gleichnamigen Roman von Trygve Gulbransen. Musik: Rolf A. Wilhelm. Darsteller: BH (Tante Elo), Joachim Hansen, Maj-Britt Nilsson, Hans Nielsen, Ellen Schwiers, Franz Schafheitlin, Hans Christian Blech, Michael Hinz u. a.

1960 DAS ERBE VON BJÖRNDAL II (Österreich) Produktion: Wiener Mundus-Film. Regie: Gustav Ucicky. Buch: Per Schwenzen, nach dem gleichnamigen Roman von Trygve Gulbransen. Musik: Rudolf A. Wilhelm. Darsteller: BH (Tante Elo), Joachim Hansen, Maj-Britt Nilsson, Michael Hinz, Ellen Schwiers u. a.

1960 NACHT FIEL ÜBER GOTENHAFEN (BRD) Produktion: Deutsche Film-Hansa. Regie: Frank Wisbar. Buch: Frank Wisbar, Victor Schuller, nach dem STERN-Bericht über den Untergang der «Wilhelm Gustloff». Musik: Hans-Martin Majewski. Darsteller. BH (Generalin v. Reuss), Sonja Ziemann, Gunnar Möller, Erik Schuman, Mady Rahl, Edith Schultze-Westrum, Wolfgang Preiss, Dietmar Schönherr, Günter Pfitzmann u. a.

1961 DER RUF DER WILDGÄNSE (Österreich) Produktion: Wiener Mundus-Film. Regie: Hans Heinrich. Buch: Per Schwenzen, nach dem gleichnamigen Roman von Martha Ostenso. Musik: Rolf A. Wilhelm. Darsteller: BH, Ewald Balser, Heidemarie Hathheyer, Marisa Mell, Gertraude Jesserer, Horst Jansen, Per Schwenzen.

1964 FLUCHT DER WEISSEN HENGSTE (USA/BRD) MIRACLE OF THE WHITE STALLIONS Produktion: Disney. Regie: Arthur Hillen. Buch: A. J. Carothers. Musik: Paul Smith. Darsteller: BH, Lilli Palmer, Robert Taylor, Curd Jürgens u. a.

1965 NEUES VOM HEXER (BRD) Produktion: Rialto Film. Regie: Alfred Vohrer. Buch: Herbert Reinecker, nach dem gleichnamigen Roman von Edgar Wallace. Musik: Peter Thomas. Darsteller: BH (Lady Aston), Barbara Rütting, Margot Trooger, Heinz Drache, Hubert v. Meyerinck, René Deltgen u. a.

1966 ICH SUCHE EINEN MANN (BRD) Produktion: Franz-Seitz-Filmproduktion. Regie: Alfred Weidenmann. Buch: Herbert Reinecker. Musik: Friedrich Meyer. Darsteller: BH (Helene Schmidt), Walter Giller, Monika Dahlberg, Harald Leipnitz, Gerd Baltus, Georg Thomalla, Paul Hubschmid u. a.

1966 THE TRIGON FACTOR (Das Geheimnis der weißen Nonne) (GB) Produktion: Rialto Film. Regie: Cyril Frankel. Buch: Derry Quinn, Stanley Munro, nach Edgar Wallace. Musik: Peter Thomas. Darsteller: BH, Susan Hampshire, Stewart Granger, Siegfried Schürenberg, Cathleen Nesbitt, Eddi Arent u. a.

1983 BELLA DONNA – KANN DENN LIEBE SÜNDE SEIN? (BRD) Produktion: Von-Vietinghoff-Film. Regie: Peter Keglevic. Buch: Peter Keglevic. Musik: Brynmor Jones. Darsteller: BH (Jutta), Friedrich-Karl Praetorius, Erland Josephson, Ilse Ritter, Kurt Raab u. a.

Fernsehen

1959 GESCHLOSSENE GESELLSCHAFT TV-Film, Südwestfunk. Regie: Hans Schweikart. Buch: Hans Schweikart, nach dem Schauspiel «Huis Clos» von Jean-Paul Sartre. Mit: BH, Kurt Meisel, Ursula Lingen, Walter Ladengast.

1961 EIN STERN IN EINER SOMMERNACHT TV-Film, WDR. Regie: Heinz Wilhelm Schwarz. Buch: Tad Mosel. Mit: BH, Peter René Körner u. a.

1962 DAPHNE LAUREOLA TV-Spiel, ARD. Regie: Heinz Wilhelm Schwarz. Buch: Nach der Komödie von James Bridie. Mit: BH, Walter Richter u. a.

1963 DIE MÖWE TV-Spiel, ARD. Regie: Wolfgang Glück. Buch: Nach der Komödie von Anton Tschechow. Mit: BH, Helmut Lohner, Ida Krottendorf, Erich Schellow, Erika Pluhar, Franz Schafheitlin u. a.

1964 DANN GEH ZU THORP TV-Spiel, ARD. Regie: Hans Lietzau. Buch: Nach dem Schauspiel «Va donc chez Thorpe» von François Billetdoux. Mit: BH, Rolf Boysen, Wolfried Lier u. a.

1967 EINE ETWAS SONDERBARE DAME TV-Spiel der CCC-Television GmbH, Berlin. Regie: Karlheinz Bieber. Buch: Nach der Komödie «The curious Savage» von John Patrick. Mit: BH (Mrs. Savage), Eva Pflug, Ilse Steppat, Friedrich W. Bauschulte, Harald Leipnitz, Dieter Borsche, Monika Peitsch u. a.

1970 AUKTION BEI GWENDOLYN TV-Film, ZDF. Regie: Georg Wildhagen. Buch: Muschamp. Mit: BH, Fritz Tillmann, Ulli Lommel, Hans Richter u. a.

1970 ANTONIA TV-Film, HR. Regie: Klaus Kirschner. Buch: Klaus Kirschner. Mit: BH, Joachim Teege u. a.

1971 PARADIES DER ALTEN DAMEN TV-Spiel, ZDF. Regie: Karlheinz Bieber. Buch: Nach dem Kriminalspiel von Edward Percy und Reginald Denham. Mit: BH, Lil Dagover, Edith Herdeegen, Ursula Herking u. a.

1971 DIE AUFERSTEHUNG DES STEFAN STEFANOW TV-Film, ORF. Regie: Herbert Fuchs. Buch: György Sebestyén. Mit: BH, René Deltgen, Eric Pohlmann u. a.

1972 DAS GEHEIMNIS DER ALTEN MAMSELL TV-Film, ZDF. Regie: Herbert Ballmann. Buch: Karl Wittlinger, nach dem gleichnamigen Roman von Eugenie Marlitt. Mit: BH, Dieter Borsche, Volker Kraeft, Ingeborg Schöner u. a.

1972 DIE VITRINE TV-Spiel, ZDF. Regie: Karlheinz Bieber. Buch: Nach einer Komödie von Hans Rothe. Mit: BH, Ernst Stankowski, Ursula Herking, Eva-Maria Meineke u. a.

1973 TOD EINES HIPPIEMÄDCHENS TV-Film aus der Reihe «Der Kommissar». Regie: Theodor Grädler. Buch: Herbert Reinekker. Mit: BH, Eric Ode, Fritz Wepper, Kornelia Boje, Dorothea Wieck, Helma Seitz u. a.

1974 JÄHES ENDE EINER INTERESSANTEN BEZIEHUNG TV-Film aus der Reihe «Der Kommissar». Regie: Theodor Grädler. Buch: Herbert Reinecker. Mit: BH, Eric Ode, Fritz Wepper, Vadim Glowna, Johanna von Koczian, Klaus Löwitsch, Werner Hinz u. a.

1974 DAMALS AM FLUSS TV-Film, Neue Münchner Fernsehproduktion. Regie: Franz Peter Wirth. Mit: BH, Werner Hinz u. a.

1974 STRYCHNIN UND SAURE DROPS TV-Episodenfilm, ZDF. Regie: Franz Peter Wirth. Buch: Leopold Ahlsen. Mit: BH, Carl Heinz Schroth, Gisela Uhlen, Peter Pasetti, Werner Hinz, Attila Hörbiger u. a.

1976 HEIDI TV-Serie, 26 Folgen. Regie: Joachim Hess, Tony
-77 Flaadt. Buch: Nach dem gleichnamigen Roman von Jo-

hanna Spyri. Mit: BH, René Deltgen, Sonja Ziemann, Klausjürgen Wussow, Sonja Sutter u. a.

1977 EINE NACHT IM OKTOBER TV-Film aus der Reihe «Derrick». Regie: Wolfgang Becker. Mit: BH, Horst Tappert, Fritz Wepper, Bernhard Wicki, Günther Stoll, Traugott Buhre, Ella Büchi, Gertrud Kückelmann u. a.

1977 ER KANN'S NICHT LASSEN TV-Film. Rhowes Film-Production, London.

1977 DER ALTE SCHLÄGT ZWEIMAL ZU TV-Film aus der Reihe «Der Alte». Regie: José Giovanni. Mit: BH, Siegfried Lowitz, Michael Ande u. a.

1977 EICHHOLZ UND SÖHNE TV-Serie, 13 Folgen. Regie: Michael
-78 Braun. Buch: Bruno Hampel. Mit: BH, Werner Hinz, Michael Hinz, Knut Hinz u. a.

1978 ICH HAB' DICH LIEB TV-Film, Nova Film, Berlin

1978 KLEINE BUNTE FREUDENSPENDER TV-Film, ZDF. Regie: Eberhard Pieper. Mit: BH, Wolfgang Wahl, Dieter Prochnow u. a.

1978 HAUS DER FRAUEN TV-Spiel, SR, Telefilm Saar. Regie: Krysztof Zanussi. Buch: Nach dem Schauspiel von Zofia Nalkowska. Mit: BH, Joanna Gorvin, Lina Carstens, Karin Baal, Cordula Trantow, Eva-Maria Meineke, Edith Schultze-Westrum u. a.

1978 SONNE, WEIN UND HARTE NÜSSE – DIE SACHE MIT DEM BACKOFEN TV-Film. Regie: H. P. Kaufmann. Mit: BH, Eric Ode, Hilde Volk, Gerd Haucke u. a.

1978 WO DIE LIEBE HINFÄLLT – ERINNERUNG AN EIN ALTES BALLHAUS TV-Episodenfilm. Regie: Konrad Sabrautzky. Mit: BH, Gustav Knuth u. a.

1978 EINZELZIMMER TV-Film, ZDF. Regie: Wolfgang Panzer. Buch: Johannes Reben. Mit: BH, Rudolf Platte, Tilli Breidenbach, Gunnar Möller u. a.

1978 EHRLICH WÄHRT AM LÄNGSTEN TV-Film, ARD. Regie: Arno Assmann. Buch: Ben Travers. Mit: BH, Edith Herdeegen, Reiner Schöne u. a.

1978 TOM SAWYERS ABENTEUER TV-Serie, 26 Folgen, ZDF und CDN. Regie: Jack B. Hirely, Ken Jubenvill, Don S. Williams, Michael Berry. Buch: Nach dem gleichnamigen Roman von Mark Twain. Mit: BH, Dinah Hinz, Gunnar Möller, Heinz Schimmelpfennig u. a.

1979 DAS WUNDER EINER NACHT TV-Film. Regie: Konrad Sabrautsky. Mit: BH, Jochen Brockmann, Walter Richter, Barbara Rütting u. a.

1980 ALTPAPIER TV-Film, ZDF. Regie: Alfred Weidenmann. Buch: Lida Winiewicz. Mit: BH, Paul Hoffmann u. a.

1980 DIE ENTSCHEIDUNG TV-Film aus der Serie «Derrick». Regie: Theodor Grädler. Buch: Herbert Reinecker. Mit: BH, Horst Tappert, Fritz Wepper, Hannes Messemer, Gisela Uhlen, Christiane Krüger u. a.

1980 TEEGEBÄCK UND PLATZPATRONEN TV-Spiel, ZDF. Regie: Wolfgang Spier. Mit: BH, Rudolf Platte, Werner Hinz, Gisela Trowe, Thomas Fritsch, Charles Regnier u. a.

1980 LEUTE WIE DU UND ICH – HAPPY-END TV-Episodenfilm. Mit: BH, Gustav Knuth, Harald Juhnke, Brigitte Mira, Heli Finkenzeller, Tilly Lauenstein u. a.

1980 BARRIERS TV-Serie, Großbritannien, Tyne Tees Television, Newcastle

1981 DIE KARTEN LÜGEN NICHT TV-Sketch, ZDF, nach einer Erzählung von Henry Slesar. Regie: Alfred Weidenmann. Buch:

Herbert Reinecker. Mit: BH, Marianne Hoppe, Paul Hoffmann, Käthe Gold, Sabine Sinjen, Klaus Schwarzkopf u. a.

1981 BILLY TV-Serie, 20 Folgen, Großbritannien. Regie: Bob Hird, Tony Kysh. Mit: BH, Benedict Tylor, Ursula Lingen, Siegfried Rauch u. a.

1982 TEUFELSKÜCHE TV-Serie «Der Alte». Regie: Theodor Grädler. Mit: BH, Siegfried Lowitz, Michael Ande u. a.

1982 URLAUB AM MEER TV-Film. Regie: Michael Günther. Mit: BH, Fritz Fürbringer u. a.

1982 VIER ERSTKLASSIGE DAMEN TV-Film, TV 2000, Wiesbaden. Regie: Alfred Vohrer. Mit: BH, Andrea Jonasson, Erika v. Thellmann, Luitgard Im, Peter Fricke, Hans Jörg Felmy u. a.

1982 SO ODER SO IST DAS LEBEN – MEIN FREUND WILLY TV-Episodenfilm, ORF. Regie: Eugen York. Mit: BH, Gustav Knuth, Elisabeth Lennartz, Gila v. Weitershausen, Jutta Speidel, Dietmar Schönherr u. a.

1983 EIN MORD LIEGT AUF DER HAND TV-Film, ZDF. Regie: Ralf Gregan. Buch: Nach Motiven von Oscar Wilde. Mit: BH, Uwe Friedrichsen, Rudolf Platte, Harald Leipnitz u. a.

1983 RENDEZVOUS DER DAMEN TV-Episodenfilm. Regie: Alfred Vohrer. Mit: BH, Peter Fricke, Gerd Vespermann, Corny Collins u. a.

1983 DER FALSCHSPIELER TV-Reihe «Das Traumschiff». Regie: Alfred Vohrer. Buch: Herbert Reinecker. Mit: BH, Sascha Hehn, Ivan Desny, Barbara Rütting u. a.

1983 JAKOB UND ADELE TV-Serie, ZDF. Regie: Hans-Jürgen Tögel,
-88 Ulrich Stark. Buch: Herbert Reinecker, Mit: BH, Carl Heinz Schroth u. a.

1984 CHARLOTTE S. TV-Film, ARD. Regie: Franz Weisz. Buch: Judith Herzberg, Franz Weisz, basierend auf dem Leben von Charlotte Salomon. Mit: BH, Birgit Doll, Elisabeth Trissenaar u. a.

1984 MAMAS GEBURTSTAG TV-Film, ORF. Regie: Egon Günther. Buch: Klaus Poche. Mit: BH, Helmut Lohner, Angelica Domröse, Michael Hinz u. a.

1985 DIE GROSSE PRÜFUNG TV-Serie «Alte Gauner», 8 Folgen. Regie: Konrad Sabrautsky. Buch: Karl Wittlinger. Mit: BH, Johannes Heesters, Brigitte Mira, Martin Semmelrogge u. a.

1985 TEUFELS GROSSMUTTER TV-Serie, 12 Folgen. Regie: Bob Herzet. Buch: Justus Pfaue. Mit: BH, Peter Pasetti, Loni v. Friedl, Gerd Baltus u. a.

1986 EIN ABEND FÜR JOHANNES HEESTERS NDF, Hamburg

1986 DAS ERBE DER GULDENBURGS TV-Serie. Regie: Jürgen Goslar,
-88 Gero Erhardt. Buch: Michael Baier. Mit: BH, Jürgen Goslar, Christiane Hörbiger, Katharina Böhm, Iris Berben, Ruth Maria Kubitschek, Susanne Uhlen u. v. a.

Brigitte Horneys Ehrungen

1930 der Max-Reinhardt-Preis
1965 der Bambi-Reh-Preis
1972 der deutsche Filmpreis in Gold
1983 die Goldene Kamera der Zeitschrift *Hörzu*

Bild- und Quellennachweis

Privat: 1-5, 7, 8, 9, 13, 14, 22, 24; Hipp-Foto, Berlin: Vorsatz; Gottschalk-Tonfilm, 1932: 6; Terra-Film, 1939: 11, 12; Foto UFA, 1941: 15; Foto UFA – v. Stwolinski, 1943: 16; Peter Zimmermann, Stadtarchiv Zürich: 17; Junge Film-Union Foto Wesel/National: 18; PIK Presse-Illustrationen Kluwe, Göttingen: 19; Deutsches Theater, Göttingen: 20; Pitt Severin, «Kristall», 1961: 21; Peter Bischof, Worpswede: 23.

«So oder so ist das Leben», Musik: Theo Mackeben, Text: Hans Fritz Beckmann, © 1934 by Ufaton Verlagsgesellschaft mbH, Berlin–München.

Briefe von Erich Maria Remarque: Copyright © by the Estate of Erich Maria Remarque.

Wir danken dem S. Fischer Verlag, Frankfurt a. M. für die Abdruckgenehmigung der zwei Gedichte von Carl Zuckmayer: «Kleine Strophen von der Unsterblichkeit» und «Elegie von Abschied und Wiederkehr». Aus: ders., Gedichte. Copyright 1948 by Bermann-Fischer Verlag, Amsterdam; © 1977 S. Fischer Verlag GmbH, Frankfurt am Main.

Zuletzt

Obwohl ich all die 49 Jahre Brigitte Horney nahestand und gut kannte, gab es in ihrem Leben manches, das mir fremd blieb. Während der dreijährigen Arbeit an diesem Buch habe ich es daher notwendig gefunden, Quellen wie Bücher, Zeitschriften etc. zu konsultieren. Nach und nach wurden es so viele, daß es unmöglich wäre, hier alle zu erwähnen, daher folgt nur eine Auswahl:

Bauer, A.: *Deutscher Spielfilm Almanach 1929–1950.* Filmladen Christoph Winterberg, München 1976
Bauer, A.: *Deutscher Spielfilm Almanach 1946–1955.* Filmbuchverlag Winterberg, München 1981
Beyer, F.: *Die UFA-Stars im Dritten Reich. Frauen für Deutschland.* Wilhelm Heyne Verlag 1991
Bloch, P., Buddensieg, T., Hentzen, A., Müller, Th.: *Intuition und Kunstwissenschaft, Festschrift für Hanns Swarzenski zum 70. Geburtstag am 30. August 1973.* Gebr. Mann Verlag 1973
von Cziffra, G.: *Es war eine rauschende Ballnacht. Eine Sittengeschichte des deutschen Films.* Herbig Verlag, München–Berlin 1985
Dillmann, M.: *Heinz Hilpert. Leben und Werk.* Edition Hentrich 1990, Akademie der Künste, Berlin
Dreifuss, A.: *Deutsches Theater Berlin.* Henschel Verlag, Berlin 1983
Drewniak, B.: *Der deutsche Film 1938–1945. Ein Gesamtüberblick.* Droste Verlag, Düsseldorf 1987
Eitinger, L., Retterstöl, N.: *Nevroser* S. 136: **Karen Horney.** Universitetsforlaget Oslo 1970

Klünder, A., Lavies, H.-W.: *Fernsehspiele in der ARD 1952–1972*. Deutsches Rundfunkarchiv Nr. 11, Frankfurt am Main 1978
Klünder, A.: *Die Fernsehspiele 1973–1977*. Deutsches Rundfunkarchiv Nr. 15. Frankfurt am Main 1981
Klünder, A.: *Lexikon der Fernsehspiele 1978–1987*, Band I, II, III, K. G. Sauer Verlag München 1991
Quinn, S.: *A mind of her own. The life of Karen Horney*. Summit books, New York 1987
Romani, C.: *Die Filmdivas des Dritten Reiches*. Bahia Verlag 1982
Rubins, J. L.: *Karen Horney. Sanfte Rebellin der Psychoanalyse*. Fischer Taschenbuchverlag, Frankfurt am Main 1983
Weinschenk, H. E.: *Schauspieler erzählen*. Wilhelm Limpert Verlag, Berlin 1938
Werner, P.: *Die Skandalchronik des deutschen Films von 1900–1945*. Fischer Taschenbuchverlag, 1990
Zuckmayer, C.: *Als wär's ein Stück von mir*. S. Fischer Verlag, Frankfurt am Main 1967

Und die beiden Fernsehinterviews:
Charlotte Kerr: *Brigitte Horney gestern und heute*. Eine Sendung des Bayerischen Rundfunks 1974
Friedrich Luft: *Ein Gespräch mit Brigitte Horney*. Eine Produktion des freien Senders Berlin 1983

Gerd Høst Heyerdahl

Die Norwegerin Gerd Høst Heyerdahl, Professor für germanische Philologie an der Universität Oslo, trat in ihrer Jugend als Schauspielerin in Deutschland auf, u. a. mit Hans Albers in dem Tobis-Film *Sergeant Berry*, bei Heinz Hilpert am Deutschen Theater Berlin u. a. in Tschechows *Kirschgarten* und Shaws *Pygmalion*. 1939 traf sie Brigitte Horney, und eine lebenslange Freundschaft entstand.

Nach Studium und Habilitation gründete Gerd Høst Heyerdahl 1960 das Deutsche Institut an der Universität Trondheim. Sie verfaßte zahlreiche wissenschaftliche Publikationen, veröffentlichte zwei Gedichtbände und übersetzte u. a. die Werke des Friedensnobelpreisträgers Elie Wiesel ins Norwegische. Für ihre Verdienste um die kulturellen Beziehungen zwischen Deutschland und Norwegen wurde ihr das Große Bundesverdienstkreuz verliehen.